10년 동안 적금밖에 모르던 39세 김 과장은
어떻게 1년 만에 부동산 천재가 됐을까?

5년 만에
자산을 100배 불린
투자고수 렘군의
단기속성 부동산 스쿨

10년 동안
적금밖에
모르던
39세 김 과장은 어떻게
1년 만에
부동산 천재
가 됐을까?

김재수(렘군) 지음

비즈니스북스

10년 동안 적금밖에 모르던 39세 김 과장은
어떻게 1년 만에 부동산 천재가 됐을까?

1판 1쇄 발행 2018년 9월 15일
1판 43쇄 발행 2024년 7월 15일

지은이 | 김재수(렘군)
발행인 | 홍영태
편집인 | 김미란
발행처 | (주)비즈니스북스
등 록 | 제2000-000225호(2000년 2월 28일)
주 소 | 03991 서울시 마포구 월드컵북로6길 3 이노베이스빌딩 7층
전 화 | (02)338-9449
팩 스 | (02)338-6543
대표메일 | bb@businessbooks.co.kr
홈페이지 | http://www.businessbooks.co.kr
블로그 | http://blog.naver.com/biz_books
페이스북 | thebizbooks
ISBN 979-11-6254-038-1 03320

* 잘못된 책은 구입하신 서점에서 바꾸어 드립니다.
* 책값은 뒤표지에 있습니다.
* 비즈니스북스에 대한 더 많은 정보가 필요하신 분은 홈페이지를 방문해 주시기 바랍니다.

비즈니스북스는 독자 여러분의 소중한 아이디어와 원고 투고를 기다리고 있습니다.
원고가 있으신 분은 ms1@businessbooks.co.kr로 간단한 개요와 취지, 연락처 등을 보내 주세요.

눈을 조금만 돌리면 다른 세상이 보인다

오랫동안 간절히 서울 입성을 바랐다. 회사 발령으로 몇 년간 아내와 단둘이 지방에서 사는 동안, 한번은 서울 생활을 해보자 입버릇처럼 말해왔다. 그러나 본사로 발령받고 마침내 시작한 서울 생활은 그야말로 지옥이었다. 출퇴근만 해도 그랬다. 버스에 지하철에, 몇 번이나 갈아타고 오가는 그 길은 생각만 해도 끔찍했다. 아침잠이 많은 내가 예전보다 좀 더 일찍 일어나야 한다는 그런 수준의 문제였다면 참을만했겠지만 그것만이 아니었다.

　가장 큰 문제는 주거 환경이었다. 지방에서는 쾌적한 신도시의 새 아파트에서 살았다. 그다지 비싸지도 않을뿐더러 지역별로 가격 편차가 심하지도 않았다. 외벌이로 아끼며 살면, 열심히 돈을 모으면 감당할 수 있는 금액대였다. 그런데 서울은 달랐다. 회사와 가까운 곳이나 역세권, 신도시의 새 아파트는 내 월급으로는 도저히 감당할 수 없을 만큼 비쌌다. 연봉 전체를, 하나도 쓰지 않고, 30년쯤은 모아야 원하는 곳에서 살 수 있었다. 아니, 살 수 없을지도 몰랐다. 30년 후에 그곳은 훨씬 더 비싸져 있을테니. 대체 그런 곳은 월급쟁이가 어떻게 들어갈 수 있는지 누군가를 잡고 물어보고 싶을 정도였다.

지방에서는 평당 1,000만 원 정도 예산을 잡으면 선택지가 많았지만 서울은 턱도 없었다. 회사에 30분 내로 출근할 수 있는 역세권이면서 한강이나 큰 공원을 끼고 있는 입지, 그리고 상권이 어느 정도 형성되어 있는 10년 차 이내의 대단지 아파트는 평당 2,000만 원이 넘었다. 거기에 학군까지 고려하면 가격은 천정부지로 뛰었다. 그래서 결국 나는 대중교통을 두 번이나 갈아타야 회사에 갈 수 있는 오래된 아파트를 선택할 수밖에 없었다.

직장생활 자체도 삶의 질 저하에 한몫했다. 과장 승진을 기다리는 연수 꽉 찬 대리였기에 연달아 프로젝트가 있었고, 야근을 밥 먹듯이 해야 했다. 낮에는 일보다 회의를 위한 회의가 더 잦았는데, 다들 입 다물고 있는 게 답답해서 아이디어를 내면 자연스럽게 나의 일이 되어버렸다. 회식은 또 왜 그렇게 자주 하는지, 먹기 싫은 술자리의 건배사도 지긋지긋했다. 인사고과 시기에 S니 A니 B니 하고 등급이 나뉘는 것도 썩 기분 좋은 일이 아니었다. 하지만 외벌이 가장의 선택지는 '그냥 버틴다'밖에 없었다. 아이 둘을 둔 아빠로서 가정에서 해야 하는 일도 많다. 아내가 살림과 육아를 도맡고 있긴 하지만 아빠의 손길이 필요한 부분도 있다. 노력한다고 했지만, 아내에게도 아이들에게도 너무나 많이 부족했을 것이다.

결혼하자마자 외벌이가 된 나는 내 꿈과 이상보다는 현실을 어떻게 극복해야 하는가를 고민하는 생계형 노동자 중 한 명이었다. 들어오는 수입은 뻔히 정해져 있고, 할 줄 아는 거라곤 절약과 저축밖에 없었다. 은행 금리가 낮다는 것은 누구나 다 아는 사실이지만 적금 말고는 특별히 할 수 있는 것이 없었다. 평소에는 바쁘다는 핑계로, 나는 열심히 살고 있다는 변명으로 넘어갔지만 가끔씩 내 마음 어딘가에선 이런 소리가 들렸다.

'정말 열심히만 살면 되는 걸까? 생각 없이 열심히만 살고 있는 건 아닐까? '열심히'라고 핑계대면서 해야 할 고민들을 하지 않는 건 아닐까?'

이런 고민 속에 시작한 것이 바로 부동산 공부였다.

내 집 하나 갖고 싶다는 마음 그리고 쫓겨나듯 전셋집에서 나오게 된 일, 지방에서 서울로 올라와 만족스럽지 못한 삶의 질을 체감하며 다시금 공부에 열을 올렸다. 아무리 아껴 써도 한계가 있는, 열심히 벌어도 모이지 않는 불안한 생활, 이렇게 30년을 일해도 달라지지 않을 암담한 미래는 더 이상 걱정하고 싶지 않았다. 그나마 잘하는 현재의 일을 그만두고 나면 어떻게 살아야 할지 싶은 막막함도 이제 그만 느끼고 싶었다.

그런 간절함으로 회사를 다니면서 부동산 관련 인터넷 카페에 시도 때도 없이 접속해 게시물을 몽땅 읽고, 관련된 교육이 있으면 웬만한 것은 찾아 들었다. 전국을 두 번이나 돌며 각지의 부동산을 실제로 보고 조사하기도 했다. 이제는 눈을 감으면 유명한 아파트나 건물들이 바로 떠오르고 시세도 이야기할 수 있을 정도다. 실제로 매매를 하고 돈을 벌기 시작하면서부터는 블로그를 통해 나의 경험담을 전하고, 회사 퇴근 후에는 사람들을 만나 무료 상담을 해주기 시작했다. 내가 공부한 것들, 경험한 것들이 누군가에게 어떻게 도움이 되는지 확인하고 싶었기 때문이다. 나는 돌다리도 아주 천천히 두드리는 사람이었기에 아주 천천히 그러나 꾸준히 나아갔다.

주변에 부동산 투자를 하는 사람 중에는 경영학이나 경제학을 전공한 사람들이 많았다. 나는 경영정보학을 전공하기도 했고, 회사에서는 시스템 운영 및 개발 업무를 했기 때문에 그러한 능력을 어떻게 부동산에 접목시킬 수 있을까 고민했다. 부동산 관련 정보는 언제 어디서든 찾아볼 수 있어 누구나 마음먹으면 꼼꼼하게 따져 투자 성공에 이를 수 있지만, 또 너무 산발적인 탓에 유용하게 해석되지 못할 때가 많다. 부동산 자료들을 연결해서 원하는 내용으로 보여주는 알고리즘이 있다면 부동산을 잘 모르는 사람도 쉽게 해석할 수 있는 정보가 될 수 있다는 생각이 들었다. 그렇게 만들어진 것이 부동산 빅데이터 플랫폼 'zip4'(현재 이 플랫폼은 '알리알리'로 리뉴얼되었다)였다. 절박함으로 시작했던 공부는 그렇게 하나둘씩 새로운 세상의 문을 열고 있다.

이 책은 내가 지금껏 부동산 투자를 하고 공부를 하면서 생각했던 것, 경험했던 것을 원칙별로 정리해놓은 것이다. 나는 특정인만 할 수 있는 구체적인 사례 대신에(그런 것들은 나 말고 잘 설명해줄 수 있는 많은 분들이 있을 것이기에) 데이터로 정리해서 말할 수 있는 원칙들을 설명하고 싶었다. 이 책은 그런 의미에서 조금은 친절하지 않다. 도표들도 많고 외워야(?) 하는 내용들도 많이 담고 있다. 그러나 누구나 공부를 처음 할 때는 기본적인 이해 이외에도 암기가 필요하듯이 이 책을 암기하는 마음으로 봐주시길 감히 부탁드린다.

또한 이 책은 단순히 어디에 투자하는 것이 좋다는 즉, 물고기를 잡아서 주는 책이 아니다. 그런 것을 기대하셨다면 책을 덮으셔야 한다. 그러나 물고기를 낚는 법은 정리되어 있다. 이제는 직장생활을 하지 않고, 그럼에도 10개의 직업을 가지고 있으며, 이전보다 훨씬 더 여유롭고 행복한 나로 살 수 있게 한 부동산 원칙들이 정리되어 있다.

이 책을 통해 늘 같은 길만 가던 사람들에게 다른 세상을 펼쳐 보일 수 있다면 더 이상 바랄 것이 없겠다. 아쉽게도 단 한 번의 투자로 일확천금을 벌 수 있는 일은 없다. 그러나 천천히, 꾸준히, 열심히 걸어간다면 돈 걱정 없는 40대 또는 50대는 남의 일이 아닐 것이다. 건투를 빈다.

제1장 시작해야 미래가 바뀐다

제2장 언제 사고팔까

제3장 어디를 사야 할까 1 (신도시)

제4장 어디를 사야 할까 2 (구도심)

제5장 실전! 투자 성공을 위한 지역 분석

제6장 내게 꼭 맞는 투자 물건 찾기

제1장

시작해야
미래가 바뀐다

집 한 칸 꿈꾸던 내가 경제적 자유인이 되기까지 • 작
은 세상 부동산을 통해 깨달은 것 • 늘 '하락'만 외치는
사람들 • 'What'이 아니라 'Why'를 찾아라 • 당신이 해
야 하는 세 가지 질문

집 한 칸 꿈꾸던 내가
경제적 자유인이 되기까지

경남 창원에서 근무할 때였다. 신혼집을 마련하려고 부동산중개소의 문을 두드렸지만 전세 매물이 없다는 답변만 돌아왔다. 당시 전세가 너무 귀해 나오자마자 다들 집도 안 보고 계약한다면서 나한테도 예약을 해두라고 했다. 하지만 신혼집인 만큼 안 보고 계약을 할 수는 없었다. 기다린 지 5개월쯤 됐을 때 "전세 나왔는데 보실래요?"라는 전화를 받았고, 20년이 넘은 복도식 20평 아파트를 겨우 계약할 수 있었다. 아파트 이름은 개나리였다.

이사 후 잠을 청하는데 잠이 오지 않았다. '아파트 공화국이라고까지 불리는 대한민국에 왜 내 집 하나가 없을까?' 하는 생각 때문이었다. 파카를 걸쳐 입고 싸늘한 거실로 나와 컴퓨터를 켰다. 검색창에 '부동산 투자', '소형 아파트', '재테크'라는 키워드를 입력했다. 눈에 띄는 카페에 죄다 가입해 게시물을 읽었다. 밤을 새워가며 카페 게시글을 모두 읽었다. 회사에 출근해서도 간밤에 읽은 글들이 머릿속에서 떠나지 않았다. 내가 모르는 새로운 세상이었다. 퇴근하자마자 또 다른 카페의 글을 읽었다. 글을 읽다 보니 지방 아파트 가격이 오르리라고 예견하는 사람들이 보였다. 적잖은 충격이었다. 그 논리가 너무나 명확했다. 부동산에 대한 열정이 활활 타오르는 순간이었다. 이후 7년 동안 나는 내 삶을 몰라보게 변화시켰다.

7년 동안 일곱 번 이사하다

전세에서 매매로, 구도시에서 신도시로, 지방에서 서울로, 20평대에서 50평대로 바뀌었다. 7년 동안 일곱 번의 이사를 했으니 매년 이사를 한 셈이다. 전세로 거주할 때도 2년을 채운 적이 없다. 이사를 자주 다닌 이유는 여러 도시에 거주해보고 싶어서였다. 직접 살아봐야 그 지역의 특징을 제대로 이해할 수 있으리라고 생각했고, 실제로 도움이 많이 됐다. 오래된 아파트도 오를 수 있다는 것, 신도시는 입주 시점이 다가오면 더 오른다는 것, 중소형이 강세를 이끌어 호황기가 되면 중대형도 오른다는 것, 입지 좋은 곳은 더 많이 오른다는 것 등을 자연스럽게 알게 됐다.

신기하게도, 내가 살았던 곳의 아파트가 대부분 많이 올랐다. 덕분에 투자와 거주 만족도 두 마리 토끼를 쫓는 방법도 알게 됐다. '내 집 하나 있었으면' 하는 마음으로 시작했는데, 어느새 나는 전국에 알짜배기 부동산을 소유한 전국구 투자자가 되어 있었다. 현재도 다음 이사하고 싶은 곳을 미리 사두었지만 입주 여부는 불투명하다. 지금 거주지도 충분히 만족스럽기 때문이다.

전국 두 바퀴를 돌다

부동산 투자를 위해 한곳에 머무는 일 없이 전국 방방곡곡을 다녔다. 그렇게 다니다 보니 어느새 전국을 두 바퀴나 돌게 됐다. 인구가 10만이 안 되는 도시부터 1,000만 인구 도시에 이르기까지 다양한 지역을 구석구석 훑어봤다. 택지개발지구와 신도시는 허허벌판이던 때부터 대부분 다녀왔다. 내가 밟고 지나간 곳들은 시간이 지나면서 건물이 빼곡히 들어찼고 도시의 형태를 갖춰나갔다. 그래서 이제는 허허벌판의 모습을 보고도 건물이 다 들어선 미래의 모습을 그려볼 수 있게 됐다. 큰 도시, 작은 도시, 수도권, 지방 할 것 없이 가격이 오르는 곳들을 자연스럽게 체감하게 됐다. 처음에 돌아다닐 때는 무엇을 봐야할지 몰랐으나 계속 보다 보니 점차 다양한 것들이 보이기 시작했다. 내가 특출나서가 아니라 많이 보다 보니 눈에 들어오는 것이다.

3년 동안 전국 3,000명의 수강생을 만나다

체득하게 된 투자 감각과 노하우를 기억하고 나누기 위해 나는 블로그를 시작했고, 그것이 입소문을 타면서 많은 사람이 나를 찾아줬다. 나는 한 번에 대박을 노리는 것이 아니라 좋은 부동산을 선택하는 기준을 알려주는 데 집중했다. 많은 사람이 헤매지 말고 이기는 투자를 했으면 하는 바람에서였다.

의도를 좋게 봐준 이웃 분들이 더 구체적인 방법을 궁금해했고 가까이에서 이야기를 듣고 싶어 했다. 용기를 내어 그분들을 모아놓고 20분 동안 강의를 했다. 반응이 폭발적이었다. 이후 몇 차례 더 강의를 개설했는데 거의 모든 강의가 1분 만에 마감되는 기염을 토했다. 그렇게 부동산 강의를 통해 3년 동안 전국을 누비며 약 1,000명이 넘는 사람을 만났다. 지금은 오프라인을 넘어 온라인상에서도 많은 사람들과 소통하기 위해 노력하고 있다. 최근엔 유튜브에 영상을 올려 성공적인 부동산 투자법뿐 아니라 진정한 부(자유, 가족, 건강)에 관한 이야기도 나누고 있다.

부동산 빅데이터 플랫폼을 개발하다

나는 매주 일요일 화상회의를 진행하고 있다. 내가 운영하는 '알리알리' 사이트(aliali.co.kr) 관련 회의다. 알리알리는 부동산 관련 각종 데이터를 의미 있게 가공하여 제공하는 부동산 빅데이터 플랫폼이다. 전문가나 관계자가 아니어도 누구나 쉽게 이해할 수 있는 플랫폼을 오랫동안 구상해왔다. 지금은 감으로 투자하는 시대가 아니다. 모든 거래는 흔적이 남으며 데이터로 확인할 수 있다. 알리알리는 지역 분석 같은 정성적인 부분도 정량적으로 데이터화했기 때문에 클릭 한 번이면 지역 분석이 끝난다. 전국 실시간 급매물도 클릭 한 번으로 찾을 수 있다. 알리알리는 손품 들일 시간을 획기적으로 줄여준다.

알리알리가 부동산 빅데이터의 선두주자라고 자신한다. 단순히 데이터를 가공해 보기 좋게 보여주는 플랫폼이 아니라 집을 언제 사야 하는지, 언제 팔아야 하는지, 어디를 사야 하는지, 왜 그러한지 등 부동산 투자에 있어 가장 중요한 물음에 알고리즘으로 풀어가기 때문이다. 최근에는 모의투자 로봇을 개발하고 있다. 그리고 매주 부동산을 매입하고 수익률을 기록하며 퀀트 투자 기법을 부동산에 적용해보고 있다. 한국, 미국, 아시아, 유럽 등 국가별 로봇을 만들고 원하는 수익률이 확인되면 우수 AI 회사들과 협업을 진행할 생각이다.

2011년에 한 부동산 카페의 글을 읽지 않았더라면 나는 여전히 다람쥐 쳇바퀴 도는 생활을 계속하고 있을지도 모른다. '어떻게 하면 부동산 투자 잘했다고 소문 날까? 어떻게 하면 부동산이 오르고 내리는 타이밍을 찾을 수 있을까?'를 반복해서 자문하지 않았다면 지금의 나는 없을지도 모른다. 부동산 투자에서 한두 번의 성공을 거둬 돈을 좀 벌었다고 해서 인생이 크게 바뀌는 것은 아니다. 시작하기 전 마음가짐이 중요하다고 생각한다. 작은 것도 스스로 개척해나가는 마음, 알게 된 정보를 세상과 공유한다는 마음으로 접근한 것이 더 큰 깨달음을 얻게 해줬다.

　나의 가치관과 그에 따른 행동의 궤적이 다른 사람에게 귀감이 되는 삶을 살 수 있다면 좋겠다. 그러기 위해 나는 매일 도전하고 있다.

작은 세상
부동산을 통해 깨달은 것

앞에서 나는 부동산이라는 작은 세상을 통해 세상에 눈을 떴다고 말했는데, 사실 그 점을 처음부터 알고 시작한 것은 아니다. 누구나 그렇듯이, 나도 처음엔 돈 좀 벌어볼려고 부동산 투자를 시작했다. 그런데 7년이 지난 지금 되돌아보니 돈보다 더 많은 것을 얻었다는 생각이 든다. 이전과 달라진 점이 있다면, 여전히 부동산을 좋아하지만 집착하지 않게 됐다는 것이다. 욕망을 완전히 버릴 수는 없지만 어느 정도 통제할 수 있게 됐다. 삶의 방향성도 많이 달라졌다. 내가 진정으로 좋아하는 일을 찾아 마음껏 펼쳐나가고 있다.

사람들은 내가 성공한 이유를 발품을 많이 팔았거나 분석을 잘했거나 책을 많이 읽어서라고 생각한다. 물론 그런 노력도 필요하지만 부수적인 것일 뿐 필연적인 것은 아니다. 부동산 투자를 시작하면서 성공한 사람들의 책을 많이 읽었고 재테크 카페의 글도 많이 읽었다. 그러면서 많은 도움을 받았는데, 그들의 이야기 중 내가 모르고 있던 내용을 받아들이는 것보다 이미 알고 있던 내용이 틀리다는 걸 인정하고 내려놓기가 더 힘들었다. 하지만 한번 내려놓고 나니까 그다음부터는 쉬웠다. 그동안 알고 있던 것을 대부분 내려놓았고, 떠도는 얘기에 귀를 닫았다. 전문가들의 이야기도 참고는 하되 맹신하지 않았고, 내가 알고자 하는 것의 1퍼센트도 해당하지 않는다고 믿었다. 부동산 분야에서만큼은 모든 것을 당연하게 생각하지 않겠다고 결심한 것이다. 그리고 이 결심이 나를 지금의 자리로 안내했다.

부동산이라는 작은 세상을 통해 나는 많은 것을 배웠다. 그중 가장 대표적인 것이 다음의 다섯 가지다.

레버리지

부동산 투자를 시작하려고 마음먹은 사람들을 보면 대개 돈이 없다. 부동산 투자는 돈이 많아야만 할 수 있는 건 줄 알고 엄두를 내지 못하다가 조심스럽게 문을 두드려보는 이들이 대부분이다. 지금 같은 초저금리 시대에 예전처럼 저축만 해서는 부자가 되기보다 오히려 손해를 보게 된다는 걸 알기에 무어라도 해보려는 생각에서다.

나도 돈이 없었다. 첫 책 《당신에겐 집이 필요하다》에서도 밝혔듯이, 신용대출 5,000만 원을 활용해 첫 번째 투자를 했다. 2011년 당시에는 금리가 5.2퍼센트였다. 든든한 직장이 있어서 그나마 낮은 이율을 적용받은 것이다. 한 달 이자가 25만 원 정도였는데 다니던 회사에서 쫓겨나 일용직을 하더라도 충분히 부담할 수 있겠다 싶어서 대출을 받았다. 그렇게라도 하지 않으면 아무것도 시작하지 못할 거라는 생각이 들었다. 물론 소중한 돈을 아무 생각 없이 막무가내로 투자하진 않았다. 3개월 동안 재테크 관련 책 50권을 읽었고, 50개의 카페에 가입해 올라온 글을 모두 읽었으며, 현장에 최소 50번은 다녀오는 발품을 팔면서 첫 번째 투자를 결심했다.

첫 번째 투자에서는 은행에서 빌린 5,000만 원으로 지방의 소형 아파트 2채를 매입했고, 매달 25만 원이 내 통장에 입금됐다. 수중에 돈이 없었는데도 은행의 돈을 활용해 매달 통장에 25만 원이 들어오다니, 정말 신기한 경험이었다. 1억 원을 투자해서 5퍼센트 수익률로 월세를 받는다는 얘기는 들어서 알고 있었지만 내 돈 한 푼 없이도 가능하다는 건 미처 몰랐다. 그동안 나는 빌린 돈으로 투자하는 것, 그러니까 레버리지를 활용하는 것은 무조건 위험한 것이라고 생각해왔다. 욕심이 화를 부른다는 생각에 레버리지를 멀리해야 한다고만 믿고 있었다. 그런데 첫 번째 투자를 통해 레버리지를 어떻게 활용하느냐에 따라 안전할 수도 있다는 걸 알게 됐다.

앞으로 금리가 오를 것을 우려한다면 변동금리가 아닌 고정금리로 받으면 된다. 나도 당시 고정금리로 대출을 받았기 때문에 금리가 올라도 크게 걱정이 없었다. 아파트 가격이 하락할까 봐 투자를 하지 못한다면 그것은 레버리지를 벗어나는 이야기므로 다른 관점에서 살펴봐야 한다.

　부동산 투자를 잘하는 사람들은 레버리지를 잘 활용한다. 레버리지 공부를 하다 보면 상당히 복잡하다는 걸 알게 된다. 종목(토지, 상가, 아파트 등)에 따라 대출 가능 여부가 달라지고, 매입 방법(매매, 경매 등)에 따라 대출 가능 금액이 달라진다. 또 명의(개인, 개인사업자, 법인 등)에 따라서도 달라진다. 많이 알수록 활용할 수 있는 폭이 넓어진다. 사실 제일 좋은 것은 레버리지를 활용하지 않는 것이지만, 처음 시작하는 사람은 레버리지를 어느 정도는 활용할 줄 알아야 한다. 자신이 감당할 수 있는 수준으로 활용하면 된다. 예컨대 전세금도 일종의 레버리지 성격을 갖는다.

　부동산에서 레버리지를 배웠는데, 세상에 나와보니 그 개념이 그대로 적용됐다. 부동산에서는 레버리지가 대부분 돈의 성격이었지만 세상에서는 돈이 아닌 시간으로 대체됐다. 당신이 지금 직장에 다니고 있다면 당신의 사장이 자신의 꿈을 이루기 위해 당신을 레버리지로 활용하는 것이다. 즉, 합당한 돈을 주고 당신의 시간을 빌린 것이다. 급여를 주고도 더 큰 수익을 일으킬 수 있다면 직원을 고용하지 않을 이유가 없기 때문이다. 직원을 채용한 기업들은 모두 바보일까? 레버리지의 위험을 무시하고 한탕주의에 빠진 것일까? 전혀 그렇지 않다. 수익률을 높이기 위해 가장 안전하면서도 확실한 방법을 선택한 것이다.

　네이버가 돈을 버는 이유, 유튜브가 돈을 버는 이유는 사람들이 시간을 소비하게 만들기 때문이다. 한 사람, 한 사람의 시간을 오랫동안 빼앗을 수 있다면 그 시간에 광고를 내보낼 수 있다. 사람들의 시간을 누가 더 많이 빼앗을 수 있느냐가 곧 누가 더 많은 돈을 버느냐가 된다. 타인의 시간을 레버리지한 것으로, 대부분이 당연하다 생각하고 지나친다.

부의 시스템

여기서 시스템이란 일하지 않으면서도 현금흐름이 생기는 것을 가리킨다. 시스템은 한번 갖춰지면 견고하게 작동한다. 처음 만들기가 힘들지, 만들고 나면 너무나 수월하게 돌아간다. 부동산으로 시스템을 만드는 데에는 세 가지 방법이 있다. 월세로 현금흐름을 만들거나, 전세가를 높여 투자금을 회수한 후 다른 곳에 재투자하거나, 매도하여 시세차익을 얻어 더 많은 곳에 투자하는 방법이다. 또한 사업적인 부분을 적용해 또 다른 현금흐름을 만들 수 있다. 에어비앤비, 셰어하우스 같은 사업을 직접 하며 현금흐름을 발생시키고 사업을 확대해나가는 방법도 있다.

부동산에서의 시스템은 현실 세계에서도 그대로 적용된다. 부동산처럼 단순히 사고파는 개념이 아니라 프로세스를 만드는 것이다. 토지를 사서 공장을 짓고 설비를 갖추고 인력을 투자하여 상품을 만들고 판매를 해서 수익을 일으키는 프로세스가 시스템의 전형적인 모습이다. 부동산 영역과 연계한다면 인테리어 사업을 할 수도 있으며 중개 플랫폼을 만들 수도 있다.

사업뿐만 아니라 개인이 만들어내는 콘텐츠도 시스템의 성격을 가진다. 콘텐츠가 책의 형태를 띠면 인세가 들어오고, 영상의 형태를 띠면 광고료가 들어오며, 강의 형태를 띠면 강의료가 들어오고, 작곡일 경우 음원수입이 들어온다. 모두 한 번만 세팅해두면 돈이 창출되는 나무가 된다. 엠제이 드마코가 쓴 《부의 추월차선》에서는 돈이 창출되는 나무를 다음 다섯 가지로 정의하고 있다. 바로 임대, 컴퓨터·소프트웨어, 콘텐츠, 유통, 인적자원 시스템이다. 그중 첫 번째인 임대 시스템은 부동산에 투자하면 자연스럽게 갖게 된다. 부동산이 다른 것들보다 좋은 점은 전문적인 지식이 없더라도 진입장벽 없이 시작할 수 있다는 것과 다른 분야보다 더 적은 시간을 투입하면서 유지할 수 있다는 것이다.

비즈니스의 생태계와 수익구조

세상에서 빠르게 움직이고 있는 것들을 보면 대개 그 이면에는 돈과 욕망이 관련되어 있다. 사람들은 생태계 전반을 보지 못하고 최종적인 소비 부분만 보는 경향이 있다. 예를 들어 부동산이 오르면 부동산을 여러 채 가진 사람들을 떠올리면서 그들이 가격을 올려 돈을 다 벌어갔다고 생각한다. 하지만 실질적으로는 먹이사슬 앞 단계에서 90퍼센트를 가져가고, 나머지 소비자는 10퍼센트를 가지고 옥신각신하는 것이다.

부동산에는 나름의 생태계가 있다. 그물망이 워낙 복잡하여 다 설명할 순 없지만 도시의 생성이라는 부분만 놓고 보면 '지주 → LH → 시행사 → 건설사 → 분양사 → 은행 → 분양 계약자(투자자 및 실거주자)' 순으로 먹이사슬이 형성된다. 지주가 가장 큰 힘을 가지고 있지만, 공공의 이익을 목적으로 한다는 법률을 근거로 정부가 도시 형성을 위해 토지를 일괄 매입할 수 있다. 매입 후 토지 기반을 다지고 구획을 나눠 사업자에게 판매함으로써 수익을 낸다. 가장 안정적인 수익구조라고 볼 수 있다. 이후 사업자는 미래를 보고 투자를 한다. LH가 분양한 토지에 경쟁 입찰하여 토지를 확보하고 분양하는 것인데, 분양이 완판되면 엄청난 차액을 남긴다. 토지 매입 후에는 리스크를 헤지하기 위해 건설 및 분양 전반을 관리하는 시행사와 건축만 하는 건설회사 그리고 분양만 하는 분양회사로 분업이 된다. 시행사는 토지만 매입한 후 건축과 분양은 돈을 거의 들이지 않고 진행할 수 있다. 건축에 따른 비용 50퍼센트는 분양 계약자에게 계약금으로 받고 일부는 은행에서 대출을 받기 때문이다. 건설사는 건축에 따른 마진을 안정적으로 가져가고 분양사는 분양 결과에 따라 수익을 가져간다. 은행은 시행사와 개인에게 대출을 해주고 안정적인 수익을 가져간다. 최종적으로 분양을 받은 사람들이 등기 후 취득세를 납부하면 국세와 지방세로 유입되기에 정부로서도 안정적인 세수 확보가 된다.

이렇듯 큰 부는 앞 단계에서 이미 다 가져가고, 마지막에 들어가는 사람들은 남은 콩고물을 가지고 옥신각신하는 것이다. 나는 부동산을 공부하면서 전체적인 생태계와 수익구조가 어떻게 되는지 이해할 수 있었다. 이는 부동산만이 아니라 모든 비즈니스에서도 동일하게 적용된다.

가격 상승을 결정하는 재화의 태생

부동산이 재테크로서의 의미를 가지는 것은 가격이 상승하는 재화라는 인식에서 출발하는데, 가격이 상승할 수 있었던 건 주거 정착이라는 생활 환경의 변화가 있었기 때문이다. 초기 인류는 농경사회에 이르러 수렵과 채집을 위해 더는 떠돌이 생활을 할 필요가 없게 됐다. 이후 공업사회와 정보화사회를 거쳐 일자리도 정착됐다. 오늘날 대부분 일자리는 한곳에 정착되어 있지 이곳저곳으로 바뀌는 일이 거의 없다. 일자리를 중심으로 주거지가 형성되고 인구가 집중된다. 당연히 일자리 인근 지역은 가격이 비싸고 먼 곳은 저렴해진다. 주거용 부동산의 가격에서 교육이나 상권, 자연환경과 같은 부분도 중요한 요소지만 기본적으로는 일자리가 가장 큰 역할을 한다. 일자리와 멀리 떨어진 곳이라 하더라도 획기적인 교통망을 갖춘 곳은 직주근접(직장과 집의 거리가 가까움)이 가능해지며 가격이 상승한다.

이렇듯 주거용 부동산에서 가장 중요한 역할을 하는 것이 무엇인지 그 태생을 따라가 보면 일자리가 가장 중요한 요소임을 알 수 있다. 주거용 부동산에 투자한다면 직주근접을 1순위로 체크해야 한다. 다만, 이 역시 지역에 따라 우선순위가 달라진다. 예컨대 서울은 매우 큰 도시여서 출퇴근에 한 시간 이상 소요되는 경우가 많고, 그 소요 시간에 따라 금액 차이가 크게 난다. 반면 지방 소도시는 도시가 작아 끝에서 끝으로 이동하는 데 30분이면 충분한 경우가 많으므로 직주근접보다는 다른 요소가 중요해진다.

상업용 부동산은 일자리보다는 상업시설을 이용해줄 소비자가 가장 중요하다. 그래서 돈을 쓸 수 있는 소비자가 있는 곳으로 몰리게 된다. 중심상업지구 형태로 집중되어 멀리서 찾아오게 하든지, 주거시설 가까운 곳에 분산되어 자주 이용할 수 있도록 해야 한다. 따라서 상업용 부동산은 사람들이 사는 공간을 무시하고 발전해나갈 수 없다. 결론적으로 일자리를 따라 주거용 부동산이 형성되고, 주거용 부동산을 따라 상권이 형성된다고 요약할 수 있다. 즉 모든 키를 일자리가 쥐고 있는 것이다.

앞으로 도시는 어떻게 될까? 과거와 같이 지방에 공장이 많이 들어서게 될까, 아니면 도심의 일자리가 더 고도화될까? 아마도 후자에 더 가까울 것이다. 작은 사무실에서 온라인으로 전 세계에 서비스를 하며 1년 매출 1조 원이 넘는 유니콘 기업이 탄생하는 일이 많아질 것이다. 일자리가 움직이지 않으면 도심은 더 집중될 수밖에 없으며, 따라서 부동산의 가격은 직주근접 여부에 따라 차별화될 것이다.

자본주의

사람들은 부자가 되길 원한다. 기왕이면 남들보다 빨리 부자가 되길 원한다. 그래서 주식, 부동산, 창업, 비트코인 등 수많은 공부를 한다. 하지만 정작 자본주의 자체를 공부하는 사람은 드물다. 자본주의를 이해하면 돈을 버는 방법에는 어떤 것들이 있는지, 어떤 것을 해야 돈을 벌 수 있는지를 보다 명확하게 알 수 있다.

자본주의는 교환에서 출발한다. 물론 자본주의 이전 시대에도 교환은 있었다. 쌀과 쟁기를 교환하고 목화와 가축을 교환하는 식으로, 대개 물물교환이었다. 이러한 물건과 물건 사이에 화폐가 끼어든 것이 자본주의의 시작이다. 화폐의 역할이 매우 커진 것이다. 덕분에 교환이 훨씬 쉬워졌고 시공간을 초월하게 됐다. 이때부터 세상은 빠르게 변하기 시작했다. 교환이 쉽고 빨라졌을 뿐 아니라 더 많은 물건을 만들고 더 많은 돈으로 교환할 수 있게 됐다.

화폐 또는 돈은 교환하는 것이 고유 역할이다. 하나의 도구에 불과한데도 사람들은 돈을 갖고만 있어도 무조건적으로 좋은 것이라고 생각한다. 쟁기는 밭을 매는 데 쓰여야 농작물을 생산할 수 있는데, 그대로 창고에 두고 농작물이 저절로 생산되길 바라는 것처럼 말이다. 그렇다. 화폐 또는 돈은 교환되어야 그 가치가 빛을 발할 수 있다.

교환의 시작은 가치를 비교하는 것이다. 어떤 사람이 A라는 재화를 화폐로 교환했다면 그가 A 재화와 화폐를 비교했을 때, A 재화의 가치는 하락하고 화폐의 가치가 높아질 거라고 생각한 것이다. 반면 화폐를 B라는 재화로 교환했다면, 이번에는 화폐의 가치는 하락하고 B 재화의 가치는 높아질 거라고 본 것이다. 이처럼 자본주의는 재화와 화폐를 비교해 둘 중 하나를 선택하는 것부터 시작한다. 항상 재화보다 화폐 또는 돈이 좋다면 모두 돈을 움켜쥐려 할 것이다. 하지만 다들 예상하다시피 돈을 움켜쥐고 있다고 부자가 되지 않는다.

애덤 스미스가 쓴 《국부론》을 보면 화폐를 통한 교환은 두 가지로 나넌다. 첫째는 단순 교환이고 둘째는 복잡한 교환이다. 여기서 '복잡'은 단순히 물건과 화폐를 교환하는 것이 아니라 복잡한 프로세스가 개입한다는 의미다. 부동산으로 예를 들면 돈으로 토지를 매입한 후 시간이 지나 매도한다면 이는 단순 교환이다. 교환에 따른 시세차익을 보는 것이다.

그에 비해 복잡 교환이란, 돈으로 토지를 매입한 후 땅을 고르고 건축을 하고 분양을 하고 매도하는 일련의 과정을 거쳐 가치를 키우는 것이다. 이를 기업에 대입해보면 기업을 사고파는 개념이 아니라, 돈을 투자해 사람을 고용하고 물건을 조립하고 생산하여 영업과 홍보 과정을 거쳐 판매를 통해 수익을 내는 것이다. 단순 교환보다는 복잡한 교환이, 그리고 복잡한 정도가 클수록 수익이 커진다. 결국 자본주의에서는 교환만이 살길이라고 보는 것이다. 교환을 얼마나 빨리 얼마나 많은 사람에게 할 수 있는지가 관건이다. 농경사회에서 공업사회를 지나 정보화사회가 도래한 이유 역시 교환의 한계를 극복하기 위한 몸부림이라고 볼 수 있다. 정보는 이동에 따른 비용이 없고 하루에도 수천만 번 교환될 수 있기 때문이다.

이러한 자본주의 사회에서 당신은 무엇을 교환하고 있는가? 회사에서 일을 하고 그 대가로 급여를 받는 것 외에 어떤 교환을 하고 있는가? 앞으로 교환을 선택하겠는가, 아니면 차곡차곡 돈만 모으겠는가? 10년 동안 은행 적금만 붓는다면 손에 쥐는 돈은 그리 크지 않을 것이다. 그러나 교환을 통해 새로운 부를 얻는다면 이전과는 다른 수준의 돈을 벌 수도 있을 것이다. 가장 큰 부자는 교환을 쉽게 할 수 있도록 생태계를 만드는 사람이고, 그보다 작은 부자는 교환을 잘 이용하는 사람이다.

당신이 선택한 작은 세상은 어디인가

이상의 다섯 가지를 나는 부동산이라는 작은 세상에서 배웠다. 그리고 그 세상에서 시야를 돌려 더 큰 세상에 적용해보니 놀랍게도 들어맞았다. '어떤 부동산에 투자해야 더 높은 수익을 낼 수 있을까?', '어떤 지역에 투자하는 게 좋을까?'처럼 단편적인 질문을 하던 시절에는 과정 자체가 참 힘들었다. 하지만 근본을 파고들게 되자 과정이 즐거워졌고 결과도 좋았다.

살면서 꼭 필요한 것들이 의식주라고 할 때 21세기 한국에서 먹는 것과 입는 것으로 힘들어하는 사람은 많지 않다. 다만 사는 곳에 대한 문제는 아직 해결하지 못한 사람이 많다. 지금 등 붙이고 살 공간이 없어서 불만인가? 그렇지 않을 것이다. 불만이 있다면 아마도 더 좋은 집에서 살고 싶다는 욕구 때문일 것이다. 더 좋은 교통, 더 좋은 상권, 더 좋은 교육 여건, 더 쾌적한 곳, 직장과 더 가까운 곳으로 가고 싶은 것 아닌가? 이 모든 것은 누군가 해결해줄 수 있는 게 아니다.

욕구 해결이 아니라 세상을 보는 눈을 키우는 데 초점을 맞추면 분명 다른 길이 보일 것이다. 나는 부동산으로 시작했지만 모든 시작이 꼭 부동산일 필요는 없다. 세상을 온전히 느낄 수 있는 분야는 그 외에도 많기 때문이다. 자신이 선택한 작은 세상에서 원하는 것을 얻어낼 수 있다면 더 큰 세상에서도 분명히 원하는 것을 얻어낼 수 있다. 원리는 같기 때문이다.

이 이야기가 누군가에게는 인생의 터닝포인트가 되리라고 믿는다.

자신이 3년 전부터 그려온 궤적과 최근 3개월 동안 한 일들을 선으로 그어보라. 그 궤적으로 앞으로 3년이 이어진다. 미래는 변화무쌍할 것 같지만 전혀 그렇지 않다. 현재의 연장선일 뿐이다. 그래서 현재 어떤 생각을 하느냐가 매우 중요하다. 다만, 터닝포인트를 만나면 각도가 살짝 꺾인다. 시간이 지나면 그 꺾인 각도에 의해 전혀 다른 곳에 도달하게 된다. 나의 작은 깨달음이 누군가의 인생에 터닝포인트가 될 수 있기를 바란다.

늘 '하락'만
외치는 사람들

삶의 변화를 꿈꾸며 부동산 투자를 결심했다면 한 건의 성공보다 평생 써먹을 수 있는 투자 방법을 터득하려고 노력해야 한다. 이미 시작한 사람이라면, 이제는 누군가에게 의지하지 말고 스스로 개척하려고 노력해야 한다. 또 스스로 개척해나가고 있는 사람이라면, 성공에 이른 방법을 움켜쥐고 있지 말고 그것을 꼭 필요로 하는 사람들에게 전해주어야 한다. 부동산을 통해 인생이 바뀐 사람이라면, 부동산에만 매몰되지 말고 세상을 좀 더 이롭게 하는 사람이 되면 좋겠다.

부동산에 투자하고자 할 때, 당신의 결심을 방해하는 이들이 나타날 것이다. 기준을 제시하지 않고 결론만 이야기하는 사람들, 늘 '하락'만 외치는 사람들 말이다. 부동산 하락을 예언하는 사람들에겐 다음과 같은 특징이 있다.

경제 지표를 많이 갖다 붙인다

일반인이 잘 모르는 전문 용어를 가져와 부동산에 미치는 영향을 설명한다. 환율, 선물, 회계, 통화, 금리와 관련해 한 단계 더 들어간 구체적인 용어를 사용한다. 일반인은 처음 들어보는 단어를 접하기에 호기심 속에 귀를 기울이게 된다.

물론 어떤 이슈에 그런 용어를 사용해서 부동산 현상을 이야기하는 게 안 될 건 없다. 하지만 그 이슈라는 것 대부분은 부동산에만이 아니라 사회 전반적으로 영향을 줄 수 있는 것들이다. 또한 문제가 될 수도 있고 큰 문제 없이 지나갈 수도 있다. 그런데도 그 이슈 때문에 부동산은 하락할 수밖에 없다는 결론으로 이끌고 간다. 일반인은 새로운 용어와 지식을 알게 됐다는 기쁨을 느끼며 다른 사람들은 보지 못하는 혜안을 가진 것 같은 착각에 빠져 예언하는 사람을 신뢰하기 시작한다. 그리고 새롭게 접한 설익은 지식을 다른 사람들에게 퍼뜨린다. 이런 일이 반복됨으로써 부동산 하락이 기정사실화되곤 한다.

부동산은 실물자산이다. 예컨대 금리가 1퍼센트 변동하는 것보다 우리 집 앞에 지하철이 개통되는 것이 더 중요하다. 어려운 경제 용어에 해박해야만 부동산을 잘 이해할 수 있는 것이 아님을 명심하자.

인구 감소를 큰 이유로 든다

과거에는 인구가 늘었기 때문에 가격 상승이 가능했지만 앞으로는 인구가 줄기 때문에 같은 현상은 발생하지 않는다는 것이 그들의 논리다. 그런 얘기가 하도 자주 나오다 보니 인구 감소로 부동산은 하락한다는 인식이 사람들 뇌리에 박혀 있다.

인구와 부동산의 상관관계를 그렇게 신뢰한다면, 인구가 증가하는 곳에 집을 사면 되지 않는가? 수도권만 놓고 보더라도 서울은 인구가 줄지만 경기도는 인구가 늘었다. 그렇다면 서울은 하락하고 경기도는 상승할 테니 경기도에 내 집을 마련하는 건 어떨까? 그런데 이렇게 물으면 경기도는 외곽에 공급이 많으니 하락한다는 이야기를 덧붙인다. 결론적으로 수도권은 모두 하락이라는 것이다. 과연 그럴까?

인구가 부동산 가격에 전혀 영향을 미치지 않는다고 할 수는 없다. 인구 증가가 호재이고 인구 감소가 악재임에는 틀림이 없다. 그렇다고 단순하게 인구수가 직접적으로 영향을 준다고 말하기는 어렵다. 단적인 예가 가구수다. 인구는 줄어들지만 1~2인 가구의 증가로 세대수가 오히려 증가하는 곳이 더 많다. 서울만 보더라도 인구수는 줄었지만 가구수는 꾸준히 증가하고 있다(〈도표 1-1〉).

인구도 줄고 가구수도 줄면 과연 하락할까? 도심화와 함께 일자리가 집중되면서 도심에는 거주할 공간이 줄어들어 점차 외곽으로 밀려나는데, 이때 도심의 가격이 하락할까? 오히려 상승할 확률이 높다.

통계청의 자료를 인용한 한 기사를 보면 2023년부터 서울의 가구수가 줄어들 거라고 한다(〈도표 1-2〉). 하지만 서울은 가구수가 준다고 하더라도 집중화되는 경향이 있으므로 가격이 내린다고 볼 수는 없다. 그렇다면 전국적으로는 어떨까? 통계청이 내놓은 '장래가구추계 시·도 편: 2015~2045년'을 보면 전국 가구수가 2043년 이후로 감소한다고

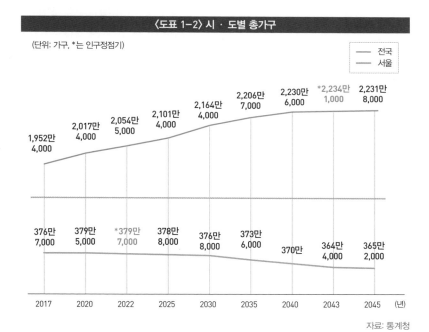

〈도표 1-1〉 증가하는 서울 가구수					
연도	2000년	2005년	2010년	2015년	2018년
가구수	312만	335만	357만	378만	379만

자료: 통계청

〈도표 1-2〉 시·도별 총가구

(단위: 가구, *는 인구정점기)

전국
서울

1,952만 4,000
2,017만 4,000
2,054만 5,000
2,101만 4,000
2,164만 4,000
2,206만 7,000
2,230만 6,000
*2,234만 1,000
2,231만 8,000

376만 7,000
379만 5,000
*379만 7,000
378만 8,000
376만 8,000
373만 6,000
370만
364만 4,000
365만 2,000

2017 2020 2022 2025 2030 2035 2040 2043 2045 (년)

자료: 통계청

한다. 2043년이 되려면 아직 25년이나 남았다. 지금부터 하락을 준비할 것인가? 이는 죽기 25년 전부터 죽음을 준비해야 한다는 주장과 같다.

일본을 따라간다고 한다

한국은 20년의 시차를 두고 일본을 따라가기 때문에 일본의 '잃어버린 20년'을 답습할 가능성이 크다고 얘기한다. 일본의 부동산 폭락이 고령화와 인구 감소, 장기 불황과 저성장, 부동산 거품 때문에 발생했으며 우리나라도 그와 같은 길을 가게 될 거라고 한다. 그게 맞는 말일까?

《부동산의 보이지 않는 진실》(이재범, 김영기 공저)이라는 책에 보면 구체적인 반박이 잘 나와 있다. 내용을 좀 발췌해보면 부동산 버블이 터진 곳은 일본만이 아니었고 덴마크, 스웨덴 등 다른 나라도 마찬가지였다. 일본과 그 외 나라의 차이점은 일본은 버블이 터진 후에도 공급을 줄이지 않은 반면, 나머지 나라들은 버블이 터진 후 공급을 줄였다는 것이다. 우리나라 역시 공급이 많은 시기에 공급을 적절히 줄였다. 용인처럼 단기간에 무분별하게 건설해서 하락한 지역도 있지만, 대부분의 지방은 공급이 너무나 부족하여 10년 가까이 오르기도 했다.

일본의 부동산 불황은 정부와 민간 건설업체가 주택 공급을 지속적으로 확대했던 데 있다. 게다가 거품 심한 상가와 토지의 타격이 컸을 뿐 주택은 크게 하락하지 않았다. 당시 은행 담보대출이 토지 가격의 200퍼센트까지 이르렀으니 거품이 끼는 것도 당연했다. 그에 비해 우리나라는 상가와 토지는 일반적으로 50~60퍼센트 수준이고 주택은 70퍼센트 선이다. 최근에는 정책의 영향으로 서울은 40퍼센트 미만으로 나타나고 있다.

이렇듯 일본 부동산의 침체에 대한 근거 자체가 미약하거나 잘못된 부분이 많다. 한마디로 부동산 가격에 영향을 미치는 요인이 무엇인지 잘 모르는 것이다.

'What'이 아니라
'Why'를 찾아라

세상 원리를 이해하는 것이 어려운 일이 아니라고 이야기했지만, 그렇다고 쉽다는 건 아니다. 문제 자체가 어려워서가 아니다. 문제를 풀기 위해서는 나의 소중한 시간과 돈이 투자되어야 하고 희생이 뒤따라야 하기 때문이다. 창업을 하거나 취직을 하거나 여행작가가 되거나 공무원이 되거나 의사가 되는 등 모든 선택에는 엄청난 투자가 요구된다. 그래서 시작을 결정하기가 쉽지 않다.

부동산이라는 작은 세상도 마찬가지다. 토지, 상가, 오피스텔, 주택, 아파트, 재건축, 재개발, 분양권 중 어떤 투자를 하는 게 가장 좋은지 선택하기 어렵다. 선택을 한 후에도 많은 시간을 들여야 하고 그만큼 희생이 따른다. 사람들은 그 시간과 희생을 획기적으로 줄이고 싶어 한다. 예컨대 휴대폰 하나를 구매할 때도 많은 노력과 시간을 들인다. 직접 비교하기가 어렵다면 리뷰를 살펴본다. 리뷰를 읽으면서 장단점을 파악해 최선의 선택지를 찾고자 한다. 하지만 부동산 투자는 휴대폰 구매처럼 간단한 문제가 아니다. 구매 후 마음에 안 든다고 해서 반품하고 다른 제품으로 갈아타기도 어렵다. 그러므로 선뜻 시작할 엄두를 내지 못한다. 선택 이후 어떤 세상이 펼쳐질지 경험해보지 못했기 때문에 무섭고 막막할 것이다. 이 책을 읽을 때는 한번 뛰어들어 보겠다고 생각했다가도 책을 덮고 나면 여전히 망설여질 것이다. 그게 현실이다. 부동산 투자가 어려운 건 선택의 연속이기 때문이다. 어떤 선택을 하고 나면 또 다른 선택이 기다리고 있다. 매번 누군가에게 도움을 청할 수도 없다.

이 현실을 극복하는 방법이 있다. 그냥 하는 것이다. 정답이 없기 때문에 일단 해보고 몸으로 먼저 부딪치는 것이다. 정답을 미리 찾으려 하지 말고 말이다. 어차피 정답이란 없다. 시작하지 않고 정답만 찾는 사람은 결코 정답을 찾을 수 없다. 토익 900점 성공 후기만 읽는 사람은 절대 토익 900점을 받을 수 없는 것처럼 말이다.

"부동산은 잘못 선택하면 후유증이 너무나 크잖아요. 자칫 잘못하면 회복 불가능이 될 수도 있지 않나요?"라고 말하고 싶을지도 모르겠다. 당신은 첫 번째 투자에 자산을 '몰빵'할 생각인가? 아무런 준비 없이 무작정 하라는 이야기는 아니다. 다만 어느 정도 준비를 했다면 그만 머뭇거리고 실전에 나서라는 얘기다. 준비만 하다가 시작을 못 하는 사람을 많이 봐왔기에 하는 말이다.

그렇다면 준비를 어느 정도 해야 할까? 시작하는 데 문제가 되지 않을 정도면 된다. 시작하고 나서 더 빨리 배우게 되니까. 어차피 초보 시절에 완벽한 선택이란 있을 수 없다. 다소 부족하더라도 감내할 수 있는 수준으로 선택하면 된다. 첫 투자에 모든 것을 쏟아붓는 어리석은 사람은 없길 바란다. 또한 첫 투자에서 대박이 터질 것이란 기대를 하는 사람도 없길 바란다. 첫 투자는 시작으로서 의미가 매우 크다. 그 시작의 반복으로 큰 성과가 이뤄지는 것이다.

시작하는 것은 나의 몫이 아닌 당신의 몫이다. 무작정 시작하라고 하니 무서울 것이다. 이 책을 집어 든 이유가 해법이 있을 거라 생각해서일 텐데 해법을 알려주기는커녕 무턱대고 시작하라니 너무 무책임하다는 생각이 들지도 모르겠다. 그래서 한 가지를 더 안내하려고 한다. 시작 후 발생하는 모든 현상을 스스로 헤쳐나가는 방법이다. 시간이 지나도, 어떤 종목에도 적용할 수 있는 원리 같은 것으로, 심지어 부동산이 아닌 분야에도 적용할 수 있다. 자, 다음을 보라.

생각의 틀을 바꿔라

어떤 것을 선택할지, 즉 'What'을 고민하는 게 아니라 그것이 왜 필요한지, 즉 'Why'를 생각해야 한다. 어렵게 이야기하는 것 같지만 절대 어려운 이야기가 아니다. 부동산 투자를 하기로 마음먹었다면 그것을 왜 하는지 답할 수 있어야 한다. 아파트 투자를 하기로 했다면 왜 아파트에 투자하는지 답할 수 있어야 한다. 가깝게는 내가 살고 있는 아파트 가격이 왜 그렇게 움직였는지 답할 수 있어야 한다.

부동산 가격이 왜 오르고 내리는지 답할 수 있어야 한다. 가격이 상승하거나 하락하거나 보합이었다면 왜 그렇게 될 수밖에 없었는지 답할 수 있어야 한다. 거래가 뜸한데도 가격은 왜 올라가는지, 전세가는 왜 매매가와 별개로 상승하는지 역시 답할 수 있어야 한다. 2017년에 정부가 왜 규제책을 내놓았는지, 그럼에도 왜 서울은 상승하고 있는지, 경기도 신도시보다 서울이 왜 더 비싼지도 답할 수 있어야 한다. 5억 원짜리 아파트 단지에서 길만 건넜을 뿐인데 왜 10억 원대로 가격이 뛰는지, 부동산을 선택할 때 사람들이 가장 중요하게 여기는 게 무엇인지 등 모든 'Why'에 답할 수 있어야 한다.

어린아이의 시선으로 질문하라

당연하다며 넘어가지 말고 어린아이처럼 궁금한 것들을 적어보라. 아이들이 부동산에 대해 질문한다면 아마 이렇게 물을 것이다.

- 왜 사람들은 아파트에서 살고 싶어 하는 거예요? 빌라에서 살면 더 넓고 가격도 싸니 더 좋지 않아요?
- 왜 강남은 비싼 거예요? 지금 이곳도 충분히 좋은데 말이에요.
- 왜 우리 아파트는 가격이 안 오르는 거예요? 다른 곳은 정말로 많

이 오르잖아요.

- 전세제도는 왜 우리나라에만 있는 거예요?
- 지은 지 30년이나 되어 허물어질 것 같은 강남의 재건축 아파트가 왜 10년 차 아파트보다 더 비싼 거예요?
- 부자들은 왜 부동산을 좋아하는 거예요? 세금이 많지 않나요?
- 부자들은 어떻게 저렇게 비싼 부동산을 소유할 수 있는 거예요? 모두 금수저였나요?
- 우리 집이 이사한다면 어디로 가실 건가요?

어리석어 보일지 모르지만, 아이 같은 질문이 사실은 너무나 좋은 질문이다. 모든 것이 Why로 시작해서 Why로 끝난다. 우리가 보고 있는 사회 현상에 대해 답할 수 있다면 어떤 종목이든, 어떤 지역이든, 어떤 시기든 관계 없다. 그 해답은 당신 스스로 충분히 찾을 수 있다. 내가 그랬듯이 말이다. 생각만 멈추지 않으면 된다.

당신이 해야 하는
세 가지 질문

필요성에 대해서 꼭 질문해야 한다. 세상은 필요성에 의해 움직인다. 필요하니까 탄생하고, 필요하니까 진화하는 것이다. 왜 필요한지를 고민하는 과정에서 어떤 선택을 해야 하는지 힌트를 얻을 수 있다.

부동산에 투자하기로 마음먹고 내가 스스로에게 던진 첫 번째 질문은 '어떤 부동산을 사야 하는가?'였다. 시간이 조금 더 흘러서 한 질문은 '부동산은 왜 오르는가?'였다. 그 이유를 조금씩 찾고 나서 마지막에 한 질문은 '부동산은 우리에게 왜 필요한가?'였다. 그 질문은 내가 왜 부동산 투자를 해야 하는가에 대한 답을 찾기 위한 것이기도 했다.

이제 당신에게 묻겠다.

"당신은 왜 그것(부동산 투자)을 하는가?"

"세상은 왜 그것(부동산)을 필요로 하는가?"

"앞으로 그것(부동산)은 어떻게 진화할까?"

첫 번째는 내가 부동산 투자를 왜 해야 하는지에 대한 '당위성'과 관련된 질문이고, 두 번째는 어떤 부동산에 투자해야 하는지 '선택'을 도와주는 질문이다. 그리고 세 번째는 타임머신을 타고 '미래'로 갈 수 있도록 도와주는 질문이다. 당신이 어떤 일을 하든 동일한 질문을 받게 될 것이다. 이 세 가지는 각자 동떨어진 질문이 아니다. 모두 연관되어 있다. 시작과 과정 그리고 끝을 의미한다. 내가 만약 어떤 회사에 투자를 해야 한다면 설립자에게 이 세 가지 질문을 할 것이고, 그 답변에 따라 투자 여부를 결정할 것이다.

당신도 스스로 묻고 답하는 시간을 갖길 바란다. 한 번으로 끝내는 게 아니라 해마다 반복해야 한다. 당신이 성장하는 만큼 답변이 계속 바뀔 것이다. 지금부터 내가 고민했던 과정을 풀어보고자 한다. 이것이 정답이라고 말하는 건 아니다. 애초에 정답이란 게 있을 수 없으니 말이다. 하지만 참고는 될 것이다.

첫째, 당신은 왜 그것(부동산 투자)을 하는가?

나는 부동산 투자를 하면서도 그것을 왜 해야 하는지에 대해 수많은 질문을 던졌다. 나는 그 힌트를 애덤 스미스의 《국부론》에서 찾았다. 책을 다 읽고 나서 나는 한 줄의 명제를 얻었다.

'자본주의의 핵심인 화폐의 존재 이유는 교환이다.'

세상은 교환에 의해 움직인다. 수확한 벼는 시장에 내다 팔아 화폐로 바꾼 다음 필요한 물건을 구입하는 데 쓰인다. 다음 해에 뿌릴 씨앗과 비료를 확보하고도 돈이 남는다. 남은 돈이 바로 이익이다.

공장에서 옷을 만들어 세상에 제공하면 화폐로 교환된다. 화폐는 다시 물건을 제작하는 데 쓰이고 여윳돈이 남는다. 그 과정을 반복적으로 거칠수록 이윤이 커진다. 교환을 더 많이, 더 자주, 더 많은 사람에게 할수록 이윤의 크기가 커진다. 이를 공식으로 표현하면 다음과 같다.

- 부의 공식: 화폐 → 대체재 → 화폐 + 이익
    (교환)　　　(교환)

위 공식은 《국부론》에 나온 이야기를 바탕으로 한 것이다. 개인이 부를 키우는 공식은 국가가 부를 이루는 공식과 다르지 않다. 개인에게도 충분히 적용할 수 있다. 부동산이라는 영역은 그중 작은 교환에 지나지 않는다.

다시 질문으로 돌아가 보자. 왜 당신은 '그것'을 하는가? 부동산 투자를 한다고 결론 내리지 말고 교환이라는 행위를 할 뿐이라고 생각해보자. 세상 모든 것이 교환으로 이뤄지는 만큼, 기왕이면 사람이 사는 데 꼭 필요한 부동산을 교환하면서 수익을 낼 수 있다면 가장 안전한 투자처 아닐까?

부동산을 선택하기 이전에 교환이라는 행위를 할지 말지부터 결정해야 한다. 둘 중 하나는 선택해야만 한다. 화폐를 가지고만 있을 것인가, 아니면 세상이 필요한 형태의 상품·서비스로 교환할 것인가. 만약 화폐의 가치가 계속 올라갈 확률이 높다면 화폐를 가지고 있는 게 좋을 것이다. 그리고 그 반대라면 화폐가 아닌 대체재를 소유하고 교환을 통해 수익을 내는 것이 좋을 것이다. 그렇다면 지금까지 돈의 가치는 어떤 흐름을 보였을까? 범접할 수 없는 부자라는 의미를 담아 불렀던 '백만장자'는 이제 흔한 사람이 되어버렸고, 10억 원을 은행에 예치하더라도 이자를 받아 생활하기엔 빠듯한 시대가 됐다. 화폐의 가치가 그만큼 떨어진 것이다.

세계적 갑부로 꼽히는 워런 버핏은 왜 화폐를 보유하지 않고 주식 투자를 할까? 우리나라에서 가장 부자라 불리는 이건희 회장은 왜 화폐만 보유하지 않고 다른 대체재(기업)를 가지고 있을까? 왜 그들은 화폐가 아닌 다른 것을 소유하려 할까? 교환을 통해 만들어지는 수익이 보유 자체보다 훨씬 크기 때문이다. 둘 중 하나를 선택해야 한다면 교환을 선택해야 한다. 부자가 되고 싶다면 말이다.

대체재가 될 수 있는 유형으로는 사업체, 주식, 부동산, 금, 채권 등 여러 가지가 있을 수 있다. 대체재는 외부 요인에 의해 가격이 오를 수도 있고 내릴 수도 있다. 다만, 감가상각 때문에 시간이 지날수록 가격이 계속 하락하는 물건은 대체재가 될 수 없다. 이 중 최고의 대체재는 사업체다. 사업체는 매월 현금흐름을 만들어낼 뿐만 아니라 가치의 탄

력성이 다른 대체재보다 뛰어나다. 예를 들어 한 달 100만 원 수익을 내는 회사의 가치는 얼마일까? 기술력이 없다면 1억 원에 매각하기도 힘들 것이다. 하지만 한 달 수익이 10억 원을 넘긴다면 그 회사의 가치는 기하급수적으로 커진다. 주식시장에 상장이라도 하게 되면 가치가 더 커질 것이다. 사업체는 무에서 유를 만들어낼 수 있는 훌륭한 대체재다. 이렇게 키운 기업은 얼마든지 화폐로 교환할 수 있다.

사업체를 직접 만드는 대신 주식에 투자하는 방법도 있다. 가장 큰 장점은 진입장벽이 낮다는 것이다. 사업체는 아무나 만들 수 없지만 주식은 돈만 있으면 누구나 살 수 있다. 또 다른 장점은 교환 속도가 매우 빠르다는 것이다. 반복을 통해 수익을 극대화하는 방법이다. 물론 현실에서 매번 좋은 수익을 내기란 쉽지 않다. 큰 수익을 내려면 남들보다 탁월한 안목이 있어야 할 것이다.

부동산은 어떨까? 부동산도 장점이 많다. 최고의 장점은 시세차익이나 현금흐름이 만들어지는 것이지만, 이뿐만이 아니라 이용의 가치가 있다는 것이다. 전세를 줘서 누군가가 살게 할 수도 있고 내가 들어가 살 수도 있다. 또 다른 장점으로는 의식주에 해당한다는 것이다. 살면서 없어서는 안 될, 사라지지 않을 필수품이다. 가격이 급변하지 않고 천천히 움직인다는 것도 장점이다. 부동산에서는 대지가 많은 부분을 차지하기 때문이다. 시간에 투자하는 사람이라면 이길 확률이 매우 높은 대체재다.

그 외에도 다양한 대체재가 있는데 유형마다 장단점이 있기 마련이다. 중요한 건 자본주의 사회에서는 교환이 필수라는 것이다. 교환에 의해 수익이 창출되므로 부동산도 훌륭한 대체재 중 하나다. 그러니 부동산에 투자하면 안 되는 이유를 '앞으로 가격이 떨어질 것 같아서'라고 정의하지 말았으면 한다. 그것은 결과일 뿐이지 해선 안 되는 이유가 되진 못한다.

둘째, 세상은 왜 그것(부동산)을 필요로 하는가?

주거용 부동산도 없고, 상업시설도 없고, 회사도 없는 세상을 상상해보라. 원시 시대 동물들만 있는 풍경이 떠오를 것이다. 인류사에서 부동산은 언제 등장했을까? 언제부터 우리에게 꼭 필요한 상품이 됐을까? 동물을 사냥하던 시대를 생각해보자. 모든 것을 자급자족하던 시절이다. 사냥감을 따라 거주지가 이동했을 것이다. 최소한의 노력으로 움막을 지었을 것이고, 사냥감이 떨어지면 가차 없이 움막을 버리고 떠났을 것이다.

주거시설은 언제부터 중요해졌을까? 정착의 개념이 생기고 나서부터다. 농경사회가 도래하면서 정착할 수 있었다. 한 장소에서 자급자족이 가능해진 것이다. 농사짓기 좋은 비옥한 토지는 희소성으로 가격이 상승했을 것이고 그곳과 멀리 떨어지지 않은 곳에 마을이 형성됐을 것이다. 경주 최고의 부자였던 최부자 댁도 그러한 과정에서 생겨났다. 이후 어떻게 됐을까? 오랫동안 변동이 없던 주거시설이 농경사회에서 공업사회로 바뀌면서 크게 바뀌었다. 주거지가 논밭 옆이 아닌 공장 인근으로 이동하기 시작했다. 일자리가 밀집한 수도권으로 사람들이 몰려들었고 그곳 주거시설의 가격이 요동치기 시작했다. 수도권에 더 많은 땅을 보유한 사람이 과거 최부자 댁의 명성을 물려받았다. 주거시설이 자리 잡으면 사람들이 움직이지 않게 되면서 시장이 만들어지고 상권이 형성된다. 기왕이면 일자리와 가까우면서 공원, 강, 호수와 같이 자연경관이 좋은 곳을 선호할 것이다. 주거지와 일자리의 거리는 단순한 거리가 아닌 교통에 의한 시간으로 평가됐다. 이후 대한민국은 큰 변화 없이 이 모습을 유지하고 있다.

일자리가 변하지 않으면 주거시설의 중요도가 높아진다. 잠깐 살고 버리는 것이 아니라 평생 살아야 하는 곳이기 때문이다. 주거시설이 정착됐기 때문에 상권, 자연환경, 학군과 같은 것들도 생겨날 수 있었다. 그러니 부동산의 시작은 주거시설이라고 봐도 무방하다. 주거시설은 항상 일자리를 따라다닌다. 결국 부동산을 좌지우지하는 것은 일자리다. 과거에도 그랬고 앞으로도 그럴 것이다.

최근 몇 년 동안 정부는 일자리를 지방으로 이전하는 정책을 펼쳤다. 세종시가 생겨났고 전국 도 단위로 혁신도시가 들어섰다. 그곳은 모두 일자리에 의해 주거지의 시세가 요동쳤다. 예컨대 수도권 남부 판교 지역에 미국의 실리콘밸리 같은 곳을 만든다고 한다. 그곳의 부동산 가격이 어떤 움직임을 보였는가? 부동산의 시세는 금리나 환율 또는 정책보다 일자리에 영향을 더 크게 받는다. 일자리는 우리에게 없어서는 안 될, 생존의 문제이기 때문이다.

일자리의 정착이 없었다면 부동산도 없었을 것이다. 일자리가 있은 다음에 주거지가 있고, 주거지가 있어야 상권이 생기고 학군이 생긴다는 걸 명심하자. 호재 중에 1등은 고급 일자리가 생기는 것이고, 다음으로 좋은 호재는 고급 일자리와 주거지를 연결해주는 교통이 생기는 것이다. 다음으로 좋은 호재는 그러한 주거지 주위에 상권과 학군 그리고 자연환경이 뒷받침되는 것이다. 부동산의 필요성을 이해하면 입지 변화를 자연스럽게 이해할 수 있다.

셋째, 앞으로 그것(부동산)은 어떻게 진화할까?

대한민국의 주요 업무시설(종로, 강남, 여의도)이 다른 곳으로 이동할 수 있을까? 또는 울산, 거제도, 창원, 구미 등지에 만들어진 공단들이 다른 지역에 똑같이 생겨날 수 있을까? 과거처럼 큰 일자리의 변화는 기대하기 어려울 것이다. 삼성에서 평택에 반도체공장을 짓거나, SK나 LG에서 청주에 테크노밸리 공단을 하나 더 조성하는 정도의 일자리가 생겨날 수는 있다. 하지만 그 정도가 전부일 것이다. 벤처기업이 더 많이 생길 것이고 좁은 도심의 사무실에서 전 세계를 대상으로 서비스하는 기업이 많아질 것이다. 거주하기 불편한 곳으로 일자리가 이동할 일은 많지 않다.

일자리의 미래가 이렇다면 부동산은 어떤 영향을 받을까?

● 토지

일자리의 변화가 크지 않으면 일자리를 둘러싼 도심의 토지가 꾸준히 오르게 된다. 도심 한복판을 사거나 도심이 팽창할 여지가 높은 곳을 선점하는 방법이 유효할 것이다. 대지 가격이 오르면 건물 가격도 당연히 영향을 받게 된다. 그렇다면 도심이 아닌 다른 지방의 토지들은 이점이 없을까? 신도시 또는 일자리가 함께 들어오는 곳이라면 시세가 꾸준히 오를 것이다. 이것도 도심의 일부다.

업무시설 또는 공단과 관련 없는 일자리가 딱 한 가지 있다. 바로 관광지다. 교통이 좋고 쇼핑이 가능하며 자연환경이 우수하다는 삼박자를 갖춘 곳은 희소성에 의해 시세가 꾸준히 오를 수 있다. 대표적인 곳이 제주도와 해운대이고, 조금은 미흡하지만 강원도 양양이나 속초, 그 밖에 전국의 우수한 관광지가 있다.

2015년 여름, 하와이에서 가족과 휴가를 보내고 있을 때다. 삼박자를 완벽히 갖춘 하와이를 보면서 이곳에 있는 호텔을 매입해두면 참 괜찮겠다는 생각을 했다. 내가 할 수 있는 규모의 투자처는 아니었지만 수많은 호텔을 바라보며 생각에 잠겼다. 이틀 뒤 하와이에 있는 페어몬트 오키드호텔을 박현주 회장의 미래에셋자산운용에서 매입했다는 뉴스가 났다. 그 뉴스를 보고 무릎을 탁 쳤다. 그분의 생각도 나와 비슷했던 것일까? 미국 도심에 투자하는 것도 좋겠지만, 인프라가 훌륭하게 조성된 관광지에 투자하는 것도 매우 좋다고 생각했다.

나는 한국으로 돌아와 부산 기장군과 강원도 전역을 돌아봤다. 강이 보이는 땅은 최근 많이 오르기도 했고 꾸준히 오르는 추세다. 앞으로도 제주도처럼 꾸준한 인기를 얻을 것으로 예상된다.

● 주택

희소성의 원칙은 토지뿐만 아니라 주택에도 적용된다. 도심의 주거시설 중에서 희소성이 가장 뛰어난 종목은 아파트다. 아무 곳에나 지을 수도 없고 아무나 지을 수도 없다. 먼저 계획을 하고 계획에 의해 들어서는 경우가 대부분이다. 오피스텔, 빌라, 원룸, 다가구주택은 빈 땅만 있으면 개인사업자들이 얼마든지 지을 수 있지만 아파트는 그렇지 않다.

여전히 많은 사람이 주거시설 중에서도 아파트에 거주하길 원한다. 따라서 도심의 인기 좋은 아파트는 꾸준히 인기가 있을 것이다. 아파트 하나를 짓기보다 어려운 게 신도시를 만드는 것이다. 기왕이면 아파트만 새것이 아닌 모든 시설 자체가 새것인 신도시를 선호하므로, 희소성으로 인해 가격이 오를 수밖에 없다. 입지 좋은 구도심과 입지가 다소 떨어지는 신도시는 경쟁 관계가 될 것이고, 특히 신도시 중에서 일자리까지의 교통이 좋은 곳은 구도심을 이길 것이다.

● 상가

과거 상가의 형태는 5일장 같은 것이었다. 그러다 동네마다 작은 시장이 생겼고, 점차 상업지구 중심으로 쇼핑가가 들어서고 백화점이 들어섰다. 그러는 동안 동네마다 있던 시장은 대부분 없어졌고 아주 큰 시장만 살아남았다. 현재도 상가는 점점 커지고 작은 것은 사라지고 있다. 중심상업지구의 상가는 주거시설이 떠나지 않는 한 살아남는다. 다만 아주 큰 상권이 생겼을 때 종목이 겹치는 상권은 위험해진다. 예를 들어 카페거리가 있는 곳에 큰 백화점이 들어오면 카페들이 엄청난 타격을 받는다. 백화점에 각양각색의 식당이 들어오기 때문이다. 반면 백화점이 들어오더라도 주거시설에서 아주 가까운 근생 관련 업종(세탁소, 미용실, 슈퍼, 베이커리 등)은 타격이 없다. 상가 투자를 할 때는 이러한 트렌드를 잘 살펴야 한다.

세 가지 질문의 답을 찾다 보면 결국 부동산의 시작과 끝을 생각하게 될 것이다. 좋은 질문이 좋은 답을 끌어내며, 궁극적으로 더 나은 미래를 가져다줄 것이다.

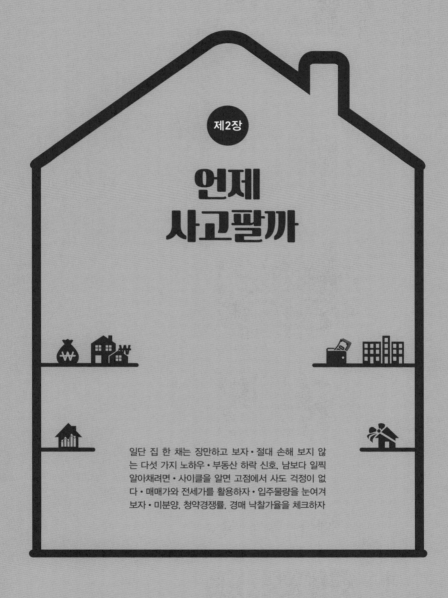

제2장

언제
사고팔까

일단 집 한 채는 장만하고 보자 • 절대 손해 보지 않
는 다섯 가지 노하우 • 부동산 하락 신호, 남보다 일찍
알아채려면 • 사이클을 알면 고점에서 사도 걱정이 없
다 • 매매가와 전세가를 활용하자 • 입주물량을 눈여겨
보자 • 미분양, 청약경쟁률, 경매 낙찰가율을 체크하자

일단 집 한 채는
장만하고 보자

내 집 마련 문제로 상담 메일을 보내는 분이 많다. 가장 많이 하는 질문은 "내 집 마련 지금이라도 해야 할까요?"다. 줄곧 전세로 살아왔는데 아파트 가격이 오르는 걸 보니 지금 안 사면 영원히 못 살까 봐 불안하다는 내용이다.

내용을 읽고 또 읽어보면, 사연을 보낸 사람에겐 분명히 내 집 마련을 하고 싶은 꿈이 있다. 다만 지금 사야 할지 조금 더 기다렸다 몇 년 후에 사는 게 나을지를 망설이고 있다. 주저하는 이유는 최근에 가격이 좀 올라서다. 앞으로 공급도 많이 예정되어 있고 정부 정책 효과로 2~3년 정도 지나면 가격이 내리지 않을까 하는 기대가 한몫한다. 사람들의 마음은 다 같다. 좀 더 저렴해졌을 때 사고 싶은 것이다.

뉴스에서는 특정 아파트가 올랐다, 전세가 내렸다, 거래가 없다, 매도자 우위다 등 매일 다른 뉴스가 나온다. 그래서 일반인이 자신만의 기준으로 내 집 마련의 시기를 결정하기란 현실적으로 어렵다.

지금까지 대한민국 부동산 흐름은 우상향이었다

사람들은 '내가 산 집이 떨어지면 어쩌지?' 하는 걱정을 미리 하는 경향이 있다. 두 다리 뻗고 잘 자고 가족과 불편함 없이 거주한 보상에 대한 비용은 생각하지 않고 가격 조금 떨어질 것만 생각하며 불안해한다. 또 주택을 사지 않기로 했을 때도 마찬가지다. 이왕 사지 않기로 한 이상 쿨해지면 될 텐데 '혹시라도 오르면 어쩌지?' 하며 또 걱정한다. 동전을 던졌는데 앞면이 나와도 걱정이고 뒷면이 나와도 걱정인 형국이다.

한번 생각해보자. 월세로 살면 매월 돈이 나간다. 전세로 살아도 큰돈이 전세금으로 들어가기에 그만큼의 기회비용을 잃는 것이다. 단순히 은행에 넣어 이자를 받는다면, 그 돈을 다르게 활용했을 때 벌 수 있는 모든 기회를 박탈당한다. 그런데 설사 내가 산 집의 가격이 떨어진다고 해도, 폭락이 아닌 이상 임차인으로 살 때와 비교하면 본전이다. 오히려 거주의 안정감으로 가족이 편안함을 느끼고 나도 하는 일에 집중할 수 있어 긍정적인 요인이 많다. 결론적으로, 내 집을 마련할 생각이 있고 여건이 된다면 빠르면 빠를수록 좋다는 게 나의 생각이다.

미래에 대한 불안감은 잠시 접어두고, 지금까지 한국의 부동산 가격이 어떻게 움직였는지 알아보자.

〈도표 2-1〉은 전국 아파트 가격의 변화를 나타낸 것이다. 1986년부터 32년이 지난 지금까지 아파트 가격이 하락한 기간은 얼마나 될까? 1991년과 1998년 각각 6개월 정도 하락해 대략 1년 정도다. 그외 31년 동안 줄곧 상승했다. 확률로 따지면 하락 확률이 3퍼센트이고, 상승 확률이 97퍼센트다.

서울은 어떨까? 〈도표 2-2〉에서 볼 수 있듯이 1991년, 1998년, 2010~2014년 등 4년 정도 하락하고 그 외 기간에는 상승했다.

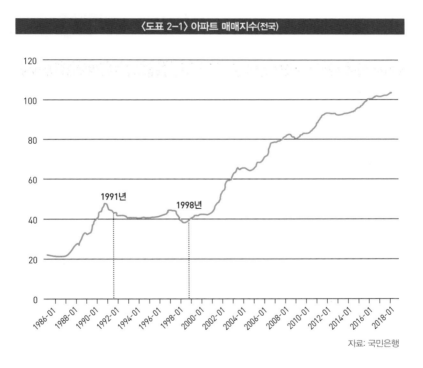

〈도표 2-1〉 아파트 매매지수(전국)

자료: 국민은행

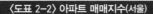

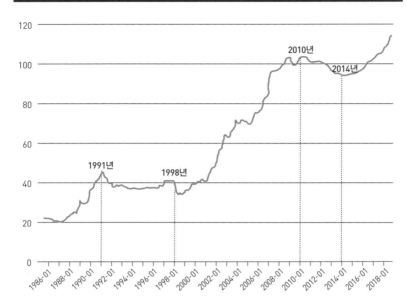

〈도표 2-2〉 아파트 매매지수(서울)

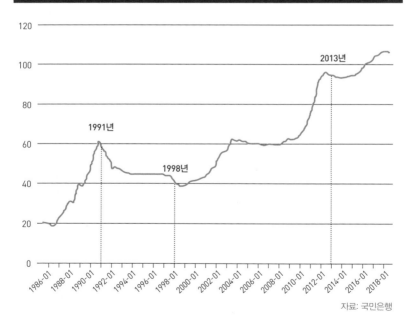

〈도표 2-3〉 아파트 매매지수(부산)

자료: 국민은행

지방이라고 다를까? 부산을 보자. 〈도표 2-3〉에서 볼 수 있듯이 1991년과 1998년, 그리고 2013년 짧은 기간 하락한 것을 제외하고는 대부분 보합 또는 상승, 전국 평균에 수렴한다.

전세 가격은 어떨까? 전세 가격은 사용에 대한 가치다. 따라서 전세 가격에는 거품이 없다. 같은 아파트라고 할 때 더 비싼 전세 가격으로 들어가고 싶어 하는 사람이 있을까? 누구나 기왕이면 저렴한 전세를 희망한다. 전세 가격은 1998년 IMF 때 일시적으로 하락한 기간 외에는 줄곧 상승했다(〈도표 2-4〉).

전세 가격의 변화는 자장면의 가격 변화와 유사하다. 자장면은 1980

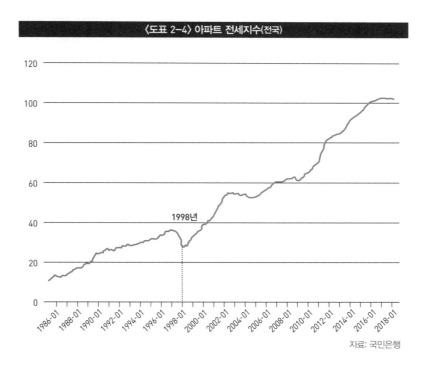

〈도표 2-4〉 아파트 전세지수(전국)

자료: 국민은행

년대에 200원 정도 했었다. 쌀, 과자, 라면 등 생필품의 가격이 대부분 이런 모습을 띠며 버스 요금이나 연봉의 변화도 비슷하다. 매매가를 보지 말고 전세가만 놓고 봤을 때, 앞으로 20년 후 전세 가격이 지금과 같을 확률은 어느 정도나 될까? 국가가 파산하지 않는 이상 제로라고 본다.

놀랍지 않은가? 흔히 우려하는 바와 다르게, 조금만 길게 보면 부동산 가격은 항상 우상향하고 있었다는 것이다. 그런데도 부동산 가격이 하락한다고 이야기하는 사람들은 늘 있다. 오를 때는 많이 올랐으니 하락한다고 하고, 가격이 조정을 받아 거품이 빠질 때는 이제부터가 하락이라고 한다. 모두 자신의 견해를 바탕으로 한 예언에 가까운 이야기이고, 이들을 추종하는 지지자들도 많다. 문제는 선의의 피해자들이 많이 발생한다는 것이다. 사기를 쳐야만 피해가 아니다. 내 집 마련을 하려고 마음먹었던 사람들, 충분히 여력이 되는 사람들에게 잘못된 안내를 하는 것도 피해를 주는 것이다.

나는 상승론자도 하락론자도 아니다. 앞으로 계속 상승을 한다는 보장도 없다. 지금 현재 수도권을 제외하고 지방 다수의 지역은 하락하고 있다. 물론 길게 놓고 보면 많이 오른 만큼 하락을 하고 있는 것이고, 더 길게 보면 하락이 멈추고 다시 상승할 날이 올지도 모른다. 중요한 건 완벽한 타이밍을 찾기 위해 내 집 마련을 늦출 이유는 없다는 것이다. 여유가 된다면 내 집 마련은 일찍 할수록 좋다. 고기도 먹어본 사람이 잘 먹는다고 하지 않던가. 부동산 역시 경험이 빠른 사람이 일찍 눈을 뜬다.

내 집 마련을 고민하는 사람이
반드시 알아야 할 세 가지 원칙

내가 만나본 부자들은 어떻게 하면 좋은 부동산을 더 소유할 수 있을까 매일매일 고민한다. 지금보다 입지가 더 좋아질 수 있는 부동산을 소유하려고 노력한다. 반면 아직 내 집 하나 없는 사람만 내 집 마련을 할까 말까를 놓고 1년 넘게 고민한다. 뭔가 이상하지 않은가? 내가 부자든 아니든, 전문가든 아니든 부동산의 오르고 내림에 대한 미래 예측은 다른 사람에게 맡겨두자. 다만 부동산의 특성은 꼭 이해하고, 내 집 마련의 의미를 되새겨라. 그러면 선택이 그리 불안하지는 않을 것이다.

● 가격을 보지 말고 지역을 보라

주택이라는 나무만 보면 오를지 내릴지 알 수 없다. 나무만 쳐다보고 있으면 이 나무가 무럭무럭 자랄지 자라다 말지 결코 알 수 없다. 나무보다 숲을 먼저 봐야 한다. 좋은 숲에 있는 나무들은 대부분 잘 자란다. 콘크리트로 지어진 아파트 건물이 가격을 주도하는 게 아니다. 지역이 시세를 주도한다. 그 지역 전체가 상승하기 때문에 아파트가 오르는 것이다.

네이버 본사 앞에 SK 본사가 있다고 가정해보자. 네이버 주식이 오르면 마주 보고 있는 SK 주식이 오른다는 보장이 있는가? 없다. 하지만 부동산은 있다. 부동산이 주식과 가장 다른 점이 바로 '지역성'이다! 지역성이란 이런 것이다. 강동구 암사동에 A 아파트가 있고 길 건너편에 비슷한 연식의 B 아파트가 있다. 만약 부동산 상승기를 맞아 A 아파트가 1억 원 정도 오른다면 B가 상승할 확률은 몇 퍼센트일까?

2009년 부산 지역 아파트 가격이 움직이기 시작해 2년 동안 100퍼센트 가까운 상승을 보였다. 부산에 있는 아파트 중 해당 기간에 하락한 아파트가 있을까? 없다! 2013년부터 대구 지역이 올랐을 때도, 2015년부터 서울이 올랐을 때도 해당 지역의 모든 아파트가 함께 올랐다. 같은 생활권은 시세를 함께하는 경향이 강하다는 것이다. 물론 같은 지역 내에서도 입지와 호재 그리고 공급 여부에 따라 상승폭은 다르다. 중요한 건 큰 흐름이다. 어디가 좋은 숲이고 어디가 나쁜 숲인지 정도를 구분할 수 있으면 된다.

그러니 부동산을 공부하지 말고 지역을 공부해라. 지역의 입지가 좋아질 여지가 있는지 체크하는 것이 우선이다. 지역의 경쟁자가 생기면 악재인 것이고 경쟁자가 생겨도 별 볼 일 없는 경쟁자라면 하락은 없다. 아파트의 가치를 따지기 전에 지역의 가치를 따져라. 앞으로 해당 지역의 입지 수준이 유지되는 곳이라면 내 집 마련을 얼마든지 계획해도 된다.

● 토지의 희소성을 보라

새 아파트는 고평가됐다고 이야기한다. 새 아파트는 확실히 오래된 아파트보다는 비싸다. 건축비가 그렇게까지 오른 것도 아닐 텐데 왜 평당 4,000만 원에 분양하는 아파트가 있는 걸까? 아파트는 토지비용이 절반이고 건축비와 부대비용이 절반을 차지한다. 건축비는 자재비와 인건비로 구성되어 있다. 앞으로 지어지는 아파트는 과거에 지은 아파트보다 비싸지는 게 정상이다. 인건비와 자재비가 올라갈 확률이 높기 때문이다. 토지 시세는 말할 것도 없다.

그래도 짓고 나면 건물 가격은 감가상각되니 가격이 떨어진다고 한다. 맞다. 하지만 자동차와 같은 재화처럼 구매하자마자 중고가 되거나 이른바 '똥값'이 되진 않는다. 아주 느린 속도로 조금씩 빠진다고 볼 수 있다. 30년이 넘어가면 건물 가격은 감가상각되어 제로가 되고 땅값만 남는다. 그런데 건물이 감가상각되는 만큼 토지 가격이 상승한다.

서울의 토지 가격은 연평균 2.5퍼센트의 상승률을 보였다. 서울에서 입지가 좋은 곳은 연평균 5퍼센트 이상이다. 5억 원 하던 토지가 매년 2.5퍼센트 상승하면 30년 후 10억 2,300만 원이 된다. 연평균 5퍼센트로 상승하면 20억 5,800만 원이 된다(〈도표 2-6〉).

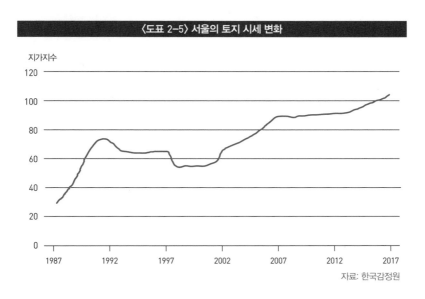

〈도표 2-5〉 서울의 토지 시세 변화

지가지수

자료: 한국감정원

상승률 2.5%	금액(원)	상승액(원)	상승률 5%	금액(원)	상승액(원)
1년	500,000,000	12,500,000	1년	500,000,000	25,000,000
2년	512,312,500	12,812,500	2년	525,000,000	26,250,000
3년	525,312,500	13,132,813	3년	551,250,000	27,562,500
4년	538,445,313	13,461,133	4년	578,812,500	28,940,625
5년	551,906,445	13,797,661	5년	607,753,125	30,387,656
6년	565,704,106	14,142,603	6년	638,140,781	31,907,039
7년	579,846,709	14,496,168	7년	670,047,820	33,502,391
8년	594,342,877	14,858,572	8년	703,550,211	35,177,511
9년	609,201,449	15,230,036	9년	738,727,722	36,936,386
10년	624,431,485	15,610,787	10년	775,664,108	38,783,205
20년	799,325,093	19,983,127	20년	1,263,475,098	63,173,755
21년	819,308,220	20,482,706	21년	1,326,648,853	66,332,443
22년	839,790,926	20,994,773	22년	1,392,981,295	69,649,065
23년	860,785,699	21,519,642	23년	1,462,630,360	73,131,518
24년	882,305,341	22,057,634	24년	1,535,761,878	76,788,094
25년	904,362,975	22,609,074	25년	1,612,549,972	80,627,499
26년	926,972,049	23,174,301	26년	1,693,177,470	84,658,874
27년	950,146,350	23,753,659	27년	1,777,836,344	88,891,817
28년	973,900,009	24,347,500	28년	1,866,728,161	93,336,408
29년	998,247,509	24,956,188	29년	1,960,064,569	98,003,228
30년	1,023,203,697	25,580,092	30년	2,058,067,798	102,903,390

입지가 좋은 곳은 상승폭이 특히 크다. 그래서 강남의 오래된 재건축 아파트가 비싼 것이다. 부동산은 토지비용이 보편적으로 50퍼센트 이상을 차지한다. 그만큼 리스크 헤지가 되는 것이다. 주의할 점은 대지 지

분이 너무 적은 부동산은 사지 말아야 한다는 것이다. 오피스텔이나 도시형 생활주택 같은 주거시설은 대지 지분이 너무 적다. 건물의 비중이 높아 시간이 지나면 감가상각될 확률이 높다. 이러한 부분을 인지하고 선택하면 실패할 확률을 낮출 수 있다.

● 내 집 마련의 의미를 이해하라

거창한 이야기가 아닌 현실 속 이야기를 해보자. 앞으로 부동산이 오른다고 생각하는 사람은 집을 살 것이고 내린다고 생각하는 사람은 사지 않을 것이다. 하지만 미래를 정확히 예측할 수 있는 사람이 얼마나 될까? 주택을 구매한 사람은 모두 오를 거라 생각해서 내 집 마련을 한 것일까? 그렇지 않다. 불안한 건 마찬가지다.

내 집 마련을 하는 사람 역시 가격의 오르내림을 중요하게 생각하지만 그것보다 내 집이 주는 효용성에 높은 점수를 주었다고 볼 수 있다. 2년마다 철새처럼 이사 다니지 않아도 되고 집을 마음대로 꾸밀 수도 있고 가족들도 보다 편안함을 느낄 것이기 때문이다. 재테크 목적보다 가족의 울타리라는 역할에 많은 가치를 부여하는 것이다. 비록 떨어진다고 하더라도 말이다. 어차피 미래는 알 수 없으니까.

반면 내 집 마련을 하지 않는 사람은 미래를 안다고 생각한다. 즉, 집 값이 떨어지게 되어 있다고 생각한다. 주위에서 주워들은 지식과 자신의 생각을 결합하여 확고한 부동산 철학을 만들어낸다. '이러이러해서 내릴 것이다'라고 이야기하고, 집은 소유가 아닌 주거의 대상이라고 말한다. 하지만 역설적이게도, 이들에게 집의 가치는 재테크 비중이 매우 크다고 볼 수 있다. 자가로 거주하는 편안함보다 집값이 떨어지는 것을 두려워하기 때문이다. 자신의 생각대로 모든 집값이 떨어진다면 뭐가 문제가 될까?

주택 구매와 자동차 구매를 비교해보면 쉽게 알 수 있다. 자동차는 사고가 나면 가격이 떨어지는데도 쉽게 산다. 렌트카나 쏘카를 이용하면 될 것을 왜 구매하는 것일까? 출퇴근할 때, 가족과 나들이할 때 등의 시간에 활용하기 위함일 텐데 아무래도 빌리는 것보다 사는 것이 편해서일 것이다. 그런데 자동차보다 더 많은 시간을 보내는 공간이 집이다. 왜 집은 구매하지 않고 렌트로 거주하려고 하는가?

곰곰히 생각해보라. 집값이 오르고 내림을 너무 걱정하고 있는 건 아닌지, 주택을 재테크의 관점으로 생각하는 비중이 너무 높은 건 아닌지 말이다. 내 집은 꼭 있어야 한다. 다만, 그 시기가 문제가 될 뿐이다. 여유가 된다면 내 집 마련부터 하라. 제발 최저점을 찾으려 애쓰지 말자. 운 좋게 맞출 수는 있지만 자신이 그 순간을 스스로 찾을 수 있을 거란 기대는 버리자. 길게 보면 지금이 가장 저렴하다.

절대 손해 보지 않는
다섯 가지 노하우

하락 신호를 미리 알 수 있는데도 왜 꼭지에서 집을 사는 사람들이 생기는 걸까? 그 사람들이 바보라서일까? 아니다. 하락 신호가 나타나기 직전에 집을 산 것이다.

생각해보자. 고점이 되기 1년 전, 가격은 꾸준히 상승하고 있다. 자고 나면 가격이 오른다. 마음에 급해진다. 특별한 하락 신호는 감지되지 않는다. 당신이라면 어떻게 하겠는가? 어쩌면 매입할 수도 있을 것이다. 그런데 매입 후 1년이 지나니 고점을 찍고 하락하기 시작한다. 물론 1년 동안 많이 올랐다면 어느 정도의 보상이 되겠지만 1년 정도 지지부진하다가 하락한다면? 또는 고점 6개월 전에 매입한 사람이라면? 문제는 심각해진다.

고점에 사는 사람은 꼭 있다. 사람의 판단은 쉽게 흐려진다. 많이 올랐다는 걸 알지만 더 오를 것 같다는 욕심이 눈을 가린다. 안대를 벗는 유일한 방법은 나를 믿지 않는 것이다. 최대한 객관적인 지표로 현 상황을 판단하는 것이다. 완벽한 방법이라고 장담할 순 없지만 내가 생각하는 고점 감지법을 소개하고자 한다.

가구소득 대비 주택 가격(PIR)을 살피자

'PIR'이란 주택 가격이 가구의 연간 소득 대비 몇 배인가를 보여주는 지수다. 연간 소득을 한 푼도 쓰지 않고 모으면 몇 년 후에 집을 살 수 있는지를 대략 가늠해볼 수 있다. 예를 들어 5억 원인 A 아파트가 있고 해당 지역의 가구 평균 연봉이 5,000만 원이라면 연봉을 한 푼도 안 쓰고 10년을 저축하면 그 아파트를 살 수 있다(5억 원÷5,000만 원). 계산은 쉽다. 그런데 이것으로 뭘 할 수 있다는 걸까?

이번에는 10억 원짜리 아파트 B를 살펴보자. 연봉이 동일하게 5,000만 원이라면 PIR은 몇인가? 10억 원을 5,000만 원으로 나누니 20이 된다. A 아파트는 10년을 저축하면 살 수 있는데 B는 20년을 저축해야 살 수 있다. 어떤 아파트가 저평가되어 있다고 보는가? 20년을 모아야 하는 아파트보다는 10년을 저축하면 살 수 있는 아파트가 저평가됐다고 볼 수 있을 것이다.

하지만 두 아파트의 지역과 입지가 다르다면 어리석은 판단이다. 비싸고 좋은 입지의 아파트는 무조건 PIR 숫자가 크다. 입지가 좋지 않은 저렴한 아파트의 PIR 수치는 작다. 서울 강남의 아파트는 기본이 10억 원 이상이고 지방의 소형 아파트는 1억 원이 채 안 되는 것도 있다. 이 둘을 비교해보면 항상 지방 아파트의 PIR이 작다.

그렇다면 매매가가 낮은 지방의 아파트는 항상 저평가된 것일까? PIR은 비슷한 입지끼리 비교해야 의미가 있다. 예를 들어 강남과 서초의 아파트를 비교하는 것이다. 강남구의 아파트는 PIR이 20인데 서초구의 아파트는 PIR 12라고 가정해보자. 입지와 상품을 세부적으로 따져봐야 하겠지만 차이가 너무 크기 때문에 서초의 아파트가 저평가되어 있다고 짐작할 수 있다. 시세만 놓고 봤을 때 그렇다는 얘기다. 일반적으로 전 세계 주요 도시의 주택 고평가 여부를 비교할 때도 PIR 지표를 쓴다(〈도표 2-7〉).

하지만 여기엔 맹점이 있다. 국가별 PIR 산출 기준이 모두 다르다는 것이다. 부동산 가격을 평균으로 할지 중위값으로 할지에 따라 다르며, 연봉의 경우에도 부동산 담보대출자의 연간 소득 중위값으로 할지 단순 가구소득으로 할지에 따라 값이 2배 이상 차이가 나기도 한다. 실제로 글로벌 도시통계정보 제공 사이트 넘베오에서 이야기하는 서울의 PIR 수치와 KB부동산에서 발표하는 수치가 10 이상 차이 나기도 한다. 동일한 조건이 아니기 때문에 직접적인 비교가 어렵다. 지표 산정 기준이 동일해야 하고 입지가 유사해야 한다는 전제조건이 필요하다.

내가 활용하는 더 좋은 방법이 있다. 비교 대상이 없어도 관심 있는

1	중국 선전	39.76
2	홍콩 홍콩	38.61
3	중국 베이징	37.80
4	중국 상하이	36.91
5	인도 뭄바이	31.58
6	알제리 알제	27.13
7	영국 런던	24.16
8	우크라이나 리비우	23.33
9	세르비아 베오그라드	22.25
10	싱가포르 싱가포르	22.18
11	태국 방콕	21.58
12	인도 타네	21.26
13	브라질 리우데자네이루	20.81
14	아제르바이잔 바쿠	20.69
15	러시아 모스크바	20.47

자료: 넘베오(numbeo.com)

아파트의 고평가 여부를 점검해보는 방법이다. 아파트 하나를 놓고 과거와 현재의 PIR을 비교하는 방법이다.

〈도표 2-8〉을 보자. 송파구 잠실엘스아파트의 연도별 PIR지수를 나타낸 그래프다. 연도별 시세와 서울 지역의 연도별 가구소득 평균으로 PIR을 계산하여 그래프로 표현한 것이다. 10년이란 기간으로 보면 평균선을 구할 수 있다. 해당 아파트는 20 정도가 된다. 즉, 잠실엘스는 평균적으로 연봉을 꼬박 20년 정도 모아야 살 수 있는 아파트라는 뜻이다. 2008년 이전에는 22년이었고 2013~2015년에는 최저 수준인 16년으로 나타났다. 그런데 2018년에는 27년으로 치솟았다. 지금은 연봉 대비 아파트 가격이 다소 비싸다고 볼 수 있다. 더 올라갈 가능성을 배제할 순 없지만 나의 기준에는 부합하지 않는다.

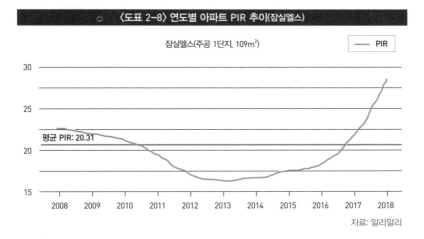

〈도표 2-8〉 연도별 아파트 PIR 추이(잠실엘스)

잠실엘스(주공 1단지, 109m²)   —— PIR

평균 PIR: 20.31

자료: 알리알리

〈도표 2-9〉를 보자. 과거 PIR 최고치는 26이었고 평균은 19다. 2018년에는 16 정도이다. 더 올라갈 수 있을지를 판단하긴 어렵지만 현재 가격이 고평가되어 있지 않다는 건 짐작할 수 있다.

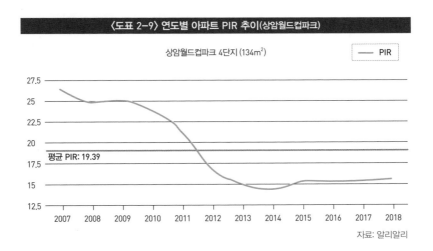

〈도표 2-9〉 연도별 아파트 PIR 추이(상암월드컵파크)

상암월드컵파크 4단지 (134m²)   —— PIR

평균 PIR: 19.39

자료: 알리알리

기왕이면 평균보다 낮은 수치일 때 매입하는 것이 좋다. 다만 언제가 바닥인지는 알 수 없다. 인기가 좋은 아파트는 더 오르고 인기 없는 아파트는 계속 하락할 수 있다. 하지만 너무 많이 오르면 곧 한계가 다가올 것이고 많이 내렸다면 기회가 생기기 마련이다.

오랜 기간 올랐다면 의심하자

관심 있는 아파트의 시세를 한번 살펴보라. 너무 긴 기간 올랐다면 조정이나 쉬어가는 기간이 나타날 소지가 높다. 부동산은 주식처럼 이번 달 오르고 다음 달 내렸다가 다다음 달 오르는 투자처가 아니다. 달리는 기차와 같아서 한번 오르기 시작하면 꾸준히 상승하는 경향을 보인다. 단기간에 주택 공급을 할 수도 없고 수요는 달려들기 때문이다. 일반적으로 지방은 2~4년, 수도권은 4~6년 정도 상승하는 경향이 있으니 너무 오랫동안 오른 것은 아닌지 체크해보기 바란다. 상승폭이 크지 않다면 더 오를 가능성도 무시할 수 없다. 다만, 기간보다 더 중요한 것이 상승률이다.

4년간 상승률 40퍼센트 이상이라면 주의하자

부동산은 수요와 공급의 불균형이 원인이 되어 계단 형태의 시세 변

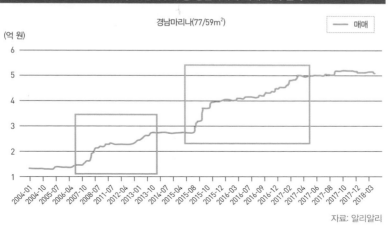

경남마리나(77/59m²)

— 매매

(억 원)

자료: 알리알리

화가 자주 나타난다. 2년 넘게 가격이 정체기를 겪으면 다시 상승할 기회를 맞이하고, 2년 넘게 상승하고 나면 다시 쉬어가는 구간이 나타난다. 〈도표 2-10〉은 해운대구 우동 경남마리나 24평 아파트의 14년간 아파트 가격을 나타낸 것이다. 4년 이내 최저 가격 대비 상승률을 체크해보자. 2007년 1월까지 1억 3,000만 원이던 시세가 2008부터 3년간 상승하여 2억 7,000만 원이 됐다. 1억 4,000만 원이 오른 것이다. 4년 이내에 100퍼센트 가까운 상승을 보였다. 이후 2년 동안 가격 정체를 보이다가 2015년 4월부터 3년간 상승했다. 2억 7,000만 원 하던 시세가 5억 원이 됐다. 2억 3,000만 원이 올랐는데 기존 가격(2억 7,000만 원) 대비 85퍼센트가 올랐다. 그리고 다시 보합 또는 조정기를 맞이하고 있다.

이렇듯 상승을 시작했다고 해서 한없이 상승하는 것은 아니다. 여러 가지 조건이 맞아떨어졌겠지만 상승하더라도 4년 이내 최저 가격 대비

100퍼센트 정도가 오르면 보합기를 맞이한다. 상승의 정도는 그때그때 다른데, 나의 기준은 보수적이다. 상승률이 50퍼센트를 넘으면 매수보다는 매도하는 쪽으로 방향을 잡고, 신규 매수는 하지 않는 편이다. 경남마리나 사례처럼 시장 상황에 따라 100퍼센트 이상 상승하는 경우도 자주 있다. 하지만 중요한 건 돈을 잃지 않는 것이다. 그러려면 손실을 피한다는 원칙을 지켜야 한다. 4년 동안 50퍼센트 이상 오르면 매도한다는 건 나의 기준일 뿐 절대적인 건 아니다. 자신만의 기준을 만들고 상황에 맞게 수정해나가자.

매매가와 전세가가 꾸준히 상승한 후, 매매가만 줄곧 상승하는 경우

〈도표 2-11〉과 〈도표 2-12〉를 보자. 두 그래프는 상당히 유사한 면이 있다. 우선, 과거 전세가가 꾸준히 상승했다. 전세가율이 매우 높아졌을 것이다. 이후 보합의 시기를 겪는다. 그러다가 〈도표 2-12〉의 B 아파트는 최근 매매가의 상승이 두드러진 모습을 보인다. 2개 아파트의 4년 전 가격 대비 상승률이 50퍼센트를 넘는다고 가정해보자. 어떤 아파트가 더 위험할까?

내가 볼 때는 〈도표 2-12〉의 아파트다. 〈도표 2-11〉의 미래 모습이 〈도표 2-12〉다. 실사용의 가치인 전세가는 그대로인데 수요의 몰림으로 매매 가격이 오른 것이기 때문에 그만큼 거품이 생기고 있는 것이다. 게

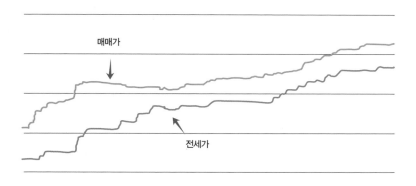

〈도표 2-11〉 A 아파트의 매매가와 전세가 변화

매매가

전세가

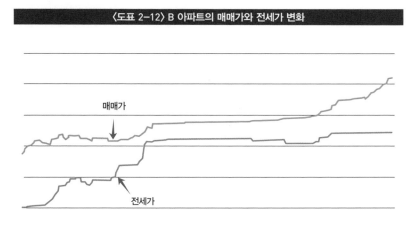

〈도표 2-12〉 B 아파트의 매매가와 전세가 변화

매매가

전세가

다가 가수요나 실수요가 이미 동참해 추가 수요가 진입하기 어려워진 상황으로 보여진다. 이렇듯 매매 가격과 전세 가격의 움직임만으로도 거품을 확인할 수 있다.

대형 평형, 주상복합, 나홀로 아파트의
오름 여부를 체크하라

　대형 평형과 주상복합 그리고 나홀로 아파트는 공통점이 있다. 부동산 호황기가 왔을 때 가장 늦게 오른다는 점이다. 중소형 아파트가 가장 먼저 오르는데, 그 이유는 세대수가 많고 환기가 잘 되며 대지 지분이 높기 때문이다. 무난한 아파트가 많이 오르고 나면 나머지 아파트와 가격 차이가 너무 많이 나게 된다. 그러면 적정 가격을 유지하기 위해 나머지 아파트의 가격이 오르는 것이다. 만약 주변의 대형 평형, 주상복합 그리고 나홀로 아파트까지 가격이 많이 올랐다면 그 아파트는 고점일 확률이 높다.

　그 외에도 아기를 업은 주부가 경매장에 나타나면 끝물이라는 이야기도 있다. 하지만 요즘 주부들은 만능이라 정보가 빠르다. 속단하지 말고 객관적인 지표부터 살펴보자.

부동산 하락 신호,
남보다 일찍 알아채려면

앞서 말했듯이, 부동산은 그동안 상승을 해왔고 장기적으로 보면 계속 상승할 가능성이 커 보이는 게 사실이다. 하지만 항상 오르기만 할 수 있을까? 아니다. 과거 사례에서 봤듯이 하락하는 시기는 분명히 있다. 하락하는 시기가 되면 해당 지역 대부분의 아파트가 하락한다. 정도의 차이는 있겠지만 입지가 좋은 곳도 하락을 피할 수 없다. 2009년 이후 서울이 하락하자 강남도 큰 폭으로 하락했다. 길게 놓고 보면 회복했지만 폭락하기 전 고점에 들어간 사람은 지금도 그때의 상처가 아물지 않았다.

상승할 시기를 알 수 있다면 좋겠지만 그것보다 중요한 것은 하락할

시기를 먼저 아는 것이다. 공격보다 수비가 먼저다. 나의 경험으로 비춰보면 하락에는 신호가 있었다. 우리가 무심히 지나쳐서 그렇지 부동산은 우리에게 시그널을 지속적으로 보내고 있다.

다음의 다섯 가지를 눈여겨보면 하락 신호를 남보다 일찍 포착할 수 있다.

미분양이 증가하기 시작한다

한동안 공급이 없던 곳에 새 아파트가 분양되면 처음에는 관심을 받지 못한다. 그러다가 프리미엄이 붙기 시작하면서 구축 아파트도 오르고 새 아파트에 대한 수요도 늘어난다. 한동안 분양권의 온기가 전 지역을 감싸기 시작하면 토지를 매입해둔 건설사들이 앞다퉈 분양을 시작한다. 사야 할 사람들이 내 집 마련을 하고 나면 추가 수요가 부족한 상태가 된다. 이 상태에서 또다시 과잉 공급이 일어나면 미분양이 발생하기 시작한다.

입지가 안 좋은 곳에 발생하는 미분양은 흔한 일이니 대수롭지 않게 여길 수 있다. 하지만 입지가 좋은 곳임에도 미분양이 발생한다면 수요 대비 공급이 과잉임과 동시에 수요가 절대 부족한 상황이라는 것을 인지해야 한다. 단순히 고분양가라서 분양이 안 되는 게 아니라는 뜻이다. 가격이 다시 오르려면 많은 시간이 지나야 한다.

입지가 좋은 곳에도 청약경쟁률이 저조해진다

미분양이 발생하기 전에 청약경쟁률로 미리 감지해볼 수 있다. 입지가 좋은 곳은 어지간하면 미분양이 나지 않는다. 그런데 입지가 좋은 곳의 청약 신청자가 적다면, 입지가 안 좋은 곳은 미분양이 발생할 확률이 매우 높다. 입지가 좋은 곳은 미분양 여부만이 아니라 경쟁률이 얼마나 높은가를 꼭 확인하자.

성수기임에도 구축 아파트의 거래가 뜸해진다

평소 거래가 꾸준하던 구축 아파트가 성수기(10~2월)임에도 거래가 잘 안 되고 매물이 쌓여간다면 수요가 매우 부족해진 것이라 볼 수 있다. 세대수가 많은 단지는 전세에서 매매로, 20평대에서 30평대로 이사하는 수요가 늘 있다. 이마저 없다면 부동산 경기가 얼어붙는 것이다. 오랜 기간 거래가 안 되면 가격을 내려서라도 팔 수밖에 없다. 따라서 지금 부동산 중개소에 있는 매물들이 언제 나온 것인지, 최근에 가격을 낮췄음에도 안 나가고 있는 건 아닌지 확인하자.

전세가 남아돈다

지난달에 나온 전세 매물이 아직도 그대로인 상태에서 새 전세 매물이 쌓여간다면 결코 좋은 소식이 아니다. 주위의 택지개발지구나 신도시 입주로 구도심에 영향을 주는 경우는 예외다. 인근 지역에 입주가 몰려 있다면 구도심에서 새 아파트로 이주하려는 수요가 많기 때문에 전세 매물이 많을 수밖에 없다. 시세 조정도 불가피하다. 하지만 이것 때문에 부동산 경기가 하락세로 전환되었다고 볼 수는 없다. 만약 인접 지역 분양권에 프리미엄이 붙고 있다면 전세 매물이 쌓여도 큰 문제는 없다. 오히려 부동산 경기가 살아 있다는 뜻이다. 문제가 되는 상황은 주위에 공급이 많지 않은데도 전세 매물이 쌓일 때다.

앞으로 예정되어 있는 공급이 많다

물량 앞에 장사 없다는 말이 있다. 분양을 완료하면 2년 내에 입주할 아파트 세대수가 확정된다. 그 지역에 입주물량이 터무니 없이 많은 경우는 일차적으로 그 지역 전세가에 영향을 주고, 미분양이 발생할 소지가 있다면 매매가에도 영향을 준다. 공급이 많다고 항상 문제가 되는 것은 아니므로, 앞의 네 가지 항목을 함께 체크하자.

투자 시기를 엿보고 있다면 이상 다섯 가지 신호 중에서 몇 가지가 해당하는지 체크해보라. 세 가지 이상 해당한다면 부동산이 하락 신호를 주고 있는 것이다.

2018년 3월 기준 수도권에서 이 다섯 가지가 모두 적용되는 지역이 있을까? 몇 개 떠오르는 지역이 있는데 대표적인 곳이 평택시와 안성시다. 고덕신도시에 분양되는 아파트를 제외하고 주변 구도심은 2018년 한 해 동안 어려움이 예상된다.

수도권만이 아니라 지방에도 있다. 지방에서 대표적인 곳은 창원시다. 조선업 경기 문제도 결부되어 있으나, 경기 문제 외에도 하락 신호 다섯 가지를 모두 보이고 있다.

사이클을 알면 고점에서 사도
걱정이 없다

부동산 상승기와 하락기에 나타나는 공통된 패턴이 있다. 유사한 패턴이 나올 수밖에 없는 이유는 부동산 투자를 하는 건 사람이고, 사람의 마음은 비슷하기 때문이다. 두려움, 안도감, 환호에 따라 사람들의 쏠림 현상과 종목 변화가 나타난다. 부동산 자체의 가치 때문이 아니라 그것을 바라보는 사람들의 시선과 행동으로 가격이 오르내리는 것이다. 그래서 부동산 가격이 올라갈 때와 내려갈 때의 상황을 유심히 살펴보면 같은 패턴을 발견할 수 있다. 그리고 이 패턴은 주기적으로 반복된다는 특징을 가지고 있다.

부동산의 사이클

● 하향기에 나타나는 패턴

부동산 불황기라고 생각해보자. 누가 부동산 투자를 하겠는가? 모든 종목에 투자를 꺼리게 된다. 가끔 나오는 급매물을 제외하고 거래가 뜸해진다. 건설사는 분양을 미룰 것이고 매매가는 하락한다. 부동산에 대한 부정적 인식이 확산돼 아무도 집을 사려고 하지 않는다. 한동안 공급이 중단된 지역에서는 매매가는 하락하지만 전세가는 상승하는 모습이 나타나고, 기존의 공급물량이 소화되지 않아 미분양이 쌓여 있는 지역에서는 매매가와 전세가가 동반 하락하는 모습이 나타난다.

● 바닥을 다지고 상승하기 전

분양한 아파트들의 입주가 끝나고 한동안 입주가 없는 시기가 이어진다. 기존에 발생한 미분양이 조금씩 감소하기 시작한다. 기존 아파트 거래도 예전보다는 조금씩 활기를 띠기 시작한다. 그렇지만 가격이 상승하진 못한다. 집을 사려는 수요가 여전히 부족하기 때문이다. 반면 공급은 부족하고 임차수요가 많아 전세가 부족해진다. 점차 전세가율이 높아진다.

● 매수와 매도가 혼재하는 시기

집을 사기 좋은 시기는 바로 이때다. 눈치 빠른 사람들은 이때부터 움직이기 시작한다. 이들은 어떤 종목에 먼저 관심을 가질까? 분양권, 재건축, 주상복합, 오피스텔 중 어떤 것일까? 사람들의 심리를 생각해보라. 투자자라 할지라도 강심장이 아닌 이상 보다 안전한 투자처를 먼저 떠올리기 마련이다. 가장 쉽게 살 수 있고 팔기에도 부담 없는 구축 아파트를 선호하게 된다. 투자자들의 이런 심리로 이 시기에는 구축 아파트가 전성기를 맞이한다. 공급이 부족한 지역을 중심으로 매매가와 전세가가 상승하는 양상을 보인다. 투자자들은 움직이지만, 실거주자는 아직 망설이는 시기다.

● 상승의 신호탄, 분양권 프리미엄

상승이 시작됐다는 확실한 신호는 분양권의 프리미엄을 보면 알 수 있다. 구축 아파트 가격이 서서히 오르기 시작하면 새 아파트에도 관심을 가지게 되므로 새 아파트와 가격 차이가 줄어든다. 입지가 좋은 구도심에 입주하는 새 아파트 또는 신도시나 택지개발지구의 분양가 프리미엄이 상승하기 시작한다. 이후 분양하는 단지들은 높은 경쟁률을 보인다. 이 시기는 구축 아파트, 분양권 종목의 투자에 좋은 타이밍이다.

● 대세 상승

분양권이 과열되면 다음 타자는 재건축, 재개발이다. 분양권은 입주할 권리를 의미하는데 분양권 당첨이 하늘의 별 따기가 되며, 당첨만 되면 상상을 초월하는 프리미엄이 붙는다. 무주택자가 아니거나 청약 점수가 낮은 사람은 어차피 넣어도 떨어진다. 그러니 분양 전에 입주권을 확보할 수 있는 재건축, 재개발에 수요가 몰린다. 재건축 아파트가 입지가 좋고 환금성이 좋기 때문에 재개발보다는 재건축이 먼저 오르고 재개발은 뒤늦게 상승한다. 이 시기는 똘똘한 입지의 재건축, 재개발 투자에 좋은 타이밍이다.

● 상승의 확산

구축 아파트, 분양권, 재건축, 재개발 할 것 없이 많이 오른 상태다. 사람들은 슬슬 하락을 걱정하기 시작한다. 하지만 오르지 못한 종목이 있다. 주상복합, 나홀로 아파트다. 가격이 더 오르리라는 기대와 상관없이 이미 오른 아파트보다 가격이 저렴하기 때문에 관심을 받게 된다. 동시에 하락폭이 컸던 대형 아파트로도 불이 번진다. 이 시기는 입지 좋은 대형 아파트의 투자 타이밍이다.

진입 시점별 최적의 대처법

지금까지 설명한 내용을 한 장의 이미지로 나타내면 〈도표2-13〉과 같다. 자신이 거주하는 곳의 사이클이 어디쯤에 와 있는지 체크해보라. 분양권, 재건축 아파트 시장은 싸늘한데 구축 아파트의 전세가 귀하고 전세가 및 전세가율이 상승하고 있다면 ❶~❷번 구간을 지나가고 있는 것이다. 이런 경우 리스크가 적고 환금성이 좋은 구축 아파트를 선택하는 것이 무난한 선택이다. 중장기로 보고 내 집 마련하여 실거주 하거나, 저평가된 입지 좋은 아파트를 사두는 전략도 좋다.

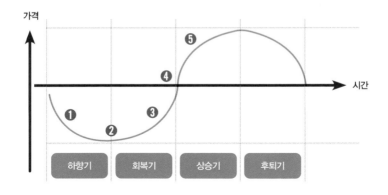

〈도표 2-13〉 부동산의 사이클

가격

① ② ③ ④ ⑤

시간

하향기　회복기　상승기　후퇴기

　구축 아파트의 확연한 상승이 보이고 입지 좋은 아파트의 청약경쟁률이 높아지기 시작한다면 ②~③번 구간에 안착한 것이다. 이런 경우는 입지 좋은 구축 아파트를 공략해도 무방하고 분양권을 적극적으로 매입해도 괜찮다. 상승 초입장의 분양 가격은 그다지 비싸지 않게 측정되기 때문에 두고두고 효자 노릇을 한다. 이때부터는 남들보다 빠르게 재건축 아파트에 관심을 가지는 것도 좋다.

　구축 아파트의 상승보다 분양권 및 재건축 아파트의 상승이 돋보이기 시작한다면 ③~④번 구간을 지나가고 있는 것이다. 한마디로 대세 상승 시기다. 종목과 지역을 가리지 않고 어지간하면 다 오르는 시기다. 누가 먼저 오르느냐와 어떤 지역이 더 많이 오르느냐의 차이만 있을 뿐이다. 금전적 여유가 있는 분들은 입지가 좋은 곳을 공략하는 게 좋고 그렇지 못한 분들은 가격 대비 거주환경이 좋거나 앞으로 개발 호재가 있는 곳을 선별하여 수익률을 높여야 하는 시기다. 이 시기에는 타이밍보다 지역 분석을 얼마나 착실하게 하느냐에 따라 수익률이 갈린다.

아파트, 분양권, 재건축, 재개발, 주상복합 순으로 가격이 상승하는데 입지가 좋은 곳뿐만 아니라 비인기 지역의 주상복합과 나홀로 아파트까지 올랐다면 고점이 달려가고 있다고 봐야 한다. ❹~❺번 구간을 지나고 있다고 볼 수 있다. 구매할 사람들은 대부분 구매를 했다고 생각해도 좋다. 그만큼 신규 수요가 유입되기가 힘든 시기다.

만약 추가 상승이 나타난다면 입지와 상품성이 좋은 아파트가 다시 오를 것이지만 이때부터는 보수적으로 생각해야 한다. 이런 시기일수록 수익을 현실화 시키는 전략이 필요하다. 한 번에 모든 것을 정리하라는 이야기도, 거주하는 아파트를 팔아야 한다는 이야기가 아니다. 부담을 느끼지 않는 선에서 수익을 현실화 할 것은 하고, 장기로 보유할 것은 보유하는 자신만의 포트폴리오 구상이 필요하다는 것이다.

일단 가지고 있으면 계속 오르겠지 하는 생각으로 고점에 감당할 수 없는 수준의 아파트를 매입하고 오랜 기간 어려움을 겪는 분들을 주변에서 많이 봐왔다. 사람들이 여전히 좋다고 이야기 할 때는 다소 경계를 하고, 보수적인 접근으로 투자에 임하는 것이 좋다.

지금까지 부동산 사이클에 따른 대응 전략을 설명했다. 이는 지역을 막론하고 유사하게 일어난다. 혹시라도 자신이 거주하는 지역에서 투자할 기회를 놓쳤다면 다른 지역을 살펴보는 것도 좋다. 이론을 알고 있다고 해서 바로 전문가가 되는 것은 아니다. 실제 현장의 움직임을 유심히 체크하자. 분명 기회가 있을 것이다.

매매가와 전세가를
활용하자

앞에서 부동산 사이클에 따른 투자 포인트를 살펴봤다. 결국 기회는 하향기에서 회복기, 회복기에서 상승기로 전환되는 시기를 잘 포착하는 데 있다. 부동산은 타이밍이 핵심이다. 타이밍을 포착하기 위해 살펴봐야 할 자료는 너무나 많은데, 그 수많은 요인을 일일이 분석하기는 쉽지 않다. 맛집을 찾는다고 가정해보자. 핸드폰으로 검색하거나 지인에게 물어보는 등 온갖 수단을 동원하는 것보다 단순히 줄을 길게 서 있는 곳을 찾는 게 쉬울 수도 있다. 부동산 투자에서도 이와 유사한 방법을 활용할 수 있다.

부동산 시세에 영향을 미치는 수많은 요인에 의해 최종적으로 나타나는 결과물은 시세다. 특정 지역의 매매가가 오를 때는 그만한 이유가 있는 것이다. 또 전세가가 오를 때도 그만한 이유가 있는 것이다. 매매가와 전세가를 개별로 보지 않고 함께 보면 몇 가지 패턴을 발견할 수 있다. 이 패턴을 이용하면 모든 요인을 분석하지 않고도 큰 흐름을 파악할 수 있다.

투자자의 선택지는 매수, 보유, 매도 중 하나다. 매매가와 전세가를 이용하면 총 네 가지 경우의 수를 추출할 수 있는데, 각각의 사례별로 당신은 어떤 선택을 할 것인지 대답해보자.

첫 번째, 매매가는 하락하지만 전세가는 상승할 때

매매가는 하락하는데 전세가는 줄곧 상승하고 있다. 당신이라면 이러한 타이밍에 매수, 보유, 매도 중 어떤 선택을 할 것인가? 전세가가 오

〈도표 2-14〉 매매가는 하락하지만 전세가는 상승할 때

르고 있으니 사야 한다고 이야기하는 사람도 있을 것이다. 하지만 부동산은 작은 확률 속에서 베팅을 해야 하는 게임이나 도박이 아니다. 확실히 이길 수 있는 상황을 보고 들어가야 한다. 매매가는 더 떨어질 가능성이 다분하다. 부동산은 확실하게 바닥을 다지고 오르는 것을 보고 들어가는 게 좋다. 안전한 방법이 있는데 무엇하러 위험을 감수하겠는가.

이러한 모습이 실제 현장에서 일어난 사례가 있다. 서울의 10년간 매매가와 전세가를 지수로 나타낸 〈도표 2-15〉를 보자. 2009년부터 매매가는 하락을 시작하고 전세가는 급등하는 모습이다. 2년 정도 시간이 지난 2011년에 전세가의 상승이 크다고 매수를 했다면 어떻게 됐을까? 매매가는 2012년, 2013년까지 줄곧 하락했다. 전세가의 오름도 중요하지만 가장 중요한 것은 매매가다. 2013년부터 바닥을 다지다가 2014년에 오름으로 전환된 것을 보고 들어가도 전혀 늦지 않다. 오히려 시간이

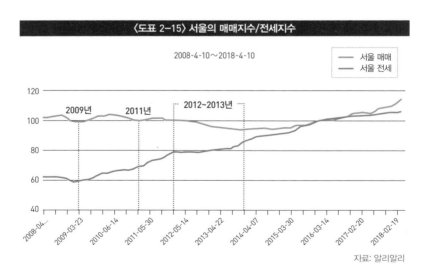

〈도표 2-15〉 서울의 매매지수/전세지수

자료: 알리알리

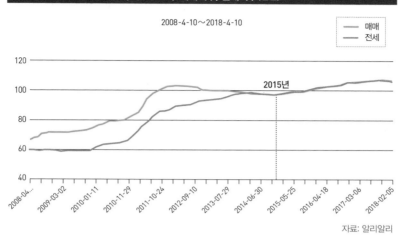

2008-4-10~2018-4-10

매매
전세

120

100

2015년

80

60

40

2008-04...
2009-03-02
2010-01-11
2010-11-29
2011-10-24
2012-09-10
2013-07-29
2014-06-30
2015-05-25
2016-04-18
2017-03-06
2018-02-05

자료: 알리알리

지날수록 가속도가 붙는다. 이런 상황에서는 기다려라!

〈도표 2-16〉은 강원도 춘천시다. 이곳은 서울보다 느린 2015년 이후에 들어가야 하는 모습이다.

두 번째, 매매가와 전세가가 동반 상승할 때

매매가와 전세가가 동반 상승하는 경우는 어떨까? 집을 살 것인가, 팔 것인가? 얼마나 오랫동안 그리고 얼마나 많이 올랐는가를 따져봐야 하겠지만, 큰 상승이 아니라면 되도록 사는 것이 좋다. 〈도표 2-17〉은 부동산 회복기에서 상승기로 이어질 때 나타나는 전형적인 모습이다. 공급이 부족하고 주택도 부족하여 전세가가 꾸준히 오르는 상황에서 매

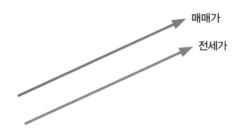

매수요가 붙고 있다. 안정적으로 상승할 수 있는 시기라 볼 수 있다.

앞선 〈도표 2-15〉를 살펴보면 서울은 2014년부터 2017년까지 매매가와 전세가가 동반 상승했다. 부산(〈도표 2-18〉)은 2009~2011년, 2014~2016년 시기에 매매가와 전세가가 동반 상승했다.

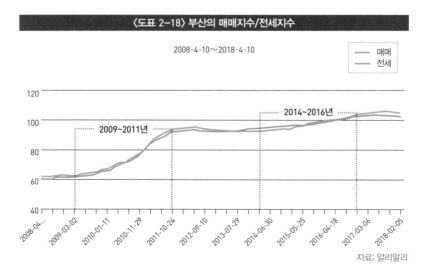

〈도표 2-18〉 부산의 매매지수/전세지수

자료: 알리알리

세 번째, 매매가는 상승하지만 전세가는 정체될 때

이번에는 '매매가는 하락하지만 전세가는 상승할 때'와 정반대의 상황이다. 매매가는 오르지만 전세가는 보합 또는 하락하는 모습이다. 전세가가 하락하는 건 공급이 많기 때문이고 그럼에도 매매가가 오르는 건 앞으로 오를 거라는 기대감이 작용하기 때문이다. 이렇게 상반된 모습은 신도시 또는 신도시의 공급으로 인한 주변 지역에서 나타날 수 있다. 또한 전세가가 보합인 데 반해 매매가가 급등하는 경우는 가수요가 많이 붙어 거품이 끼고 있는 상태라고 볼 수도 있다.

〈도표 2-15〉의 서울의 매매지수와 전세지수를 다시 확인해보자. 2017년 이후 매매가는 큰 폭으로 상승하지만 전세가의 상승폭은 점차 작아지고 있다. 이런 경우는 위험하다는 시그널을 주고 있는 것이니 수익이 났다면 적당히 매도하는 전략을 펼쳐야 한다.

〈도표 2-19〉 매매가는 상승하지만 전세가는 정체될 때

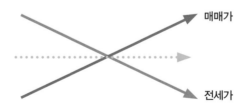

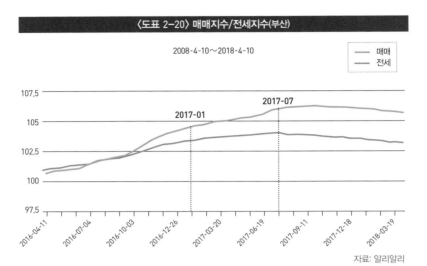

2008-4-10~2018-4-10

매매
전세

2017-01

2017-07

자료: 알리알리

〈도표 2-20〉은 부산이다. 2017년 1월부터 전세가는 정체기로 접어드는데 매매가만 혼자 상승하는 모습이 나타났다. 그리고 2017년 7월부터는 매매는 오르지만 전세가는 하락하는 모습도 나타났다. 위험하다는 시그널을 주고 있는 것이다. 매수가 아니라 매도를 고려해야 한다.

네 번째, 매매가와 전세가가 정체될 때

매매가와 전세가가 평행을 유지할 때는 어떤 선택을 할 것인가? 이 경우는 이전의 모습이 상당히 중요하다. 상승 후 보합으로 이어진 것인지, 하락 후 보합인 것인지에 따라 선택이 달라진다. 전자보다는 후자가 좋다. 하지만 전자라고 해서 크게 문제 될 건 없다. 가격이 정체 양상을

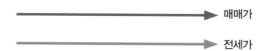

보일 때 가장 중요한 건 얼마나 오랫동안 정체되고 있느냐다. 가격이 정체되고 있다는 건 매년 물가상승률만큼 상승을 하지 못해 저평가 상태로 진입하고 있음을 의미한다. 일반인은 관심을 가지지 않는 상황이지만, 투자자라면 이런 지역에 관심을 가지고 모니터링을 해야 한다.

〈도표 2-22〉에서 대전의 매매지수와 전세지수를 살펴보자. 매매가

〈도표 2-22〉 대전의 매매지수/전세지수

자료: 알리알리

만 놓고 보면 이곳은 2012년부터 제대로 된 상승을 하지 못했다. 기간으로 따지면 벌써 6년이 넘었다. 결국 2017년부터 상승하는 모습이 나타나고 있다.

부동산 사이클에 따른 상황 판단

눈치가 빠른 사람들은 위 네 가지 상황에 순서가 있다는 것을 알 것이다. 하향기에서는 첫 번째 상황이 주로 연출된다. 매매가는 하락하지만 전세가는 상승한다. 회복기와 상승기에서는 매매가와 전세가가 동시에 상승하는 두 번째 상황이 연출된다. 상승기가 최고점에 다다를 때는 매매가는 상승하지만 전세가는 정체되는 세 번째 상황이 연출되고, 하향기에서 회복기로 전환되거나 상승기에서 후퇴기로 전환될 때는 매매가

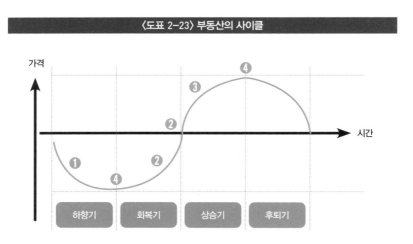

〈도표 2-23〉 부동산의 사이클

와 전세가 모두 정체인 네 번째 상황이 연출된다.

어떤가? 이제 매매가와 전세가 그래프만 보고도 해당 지역이 어떤 상태인지 판단할 수 있겠는가? 정리하면 다음과 같다.

- '매매가는 하락하지만 전세가는 상승할 때'는 바닥에 진입할 수 있는 시기다. 다만 조금 더 기다리는 여유를 가져라.
- '매매가와 전세가가 동반 상승할 때'는 조금 늦었더라도 달리는 말에 올라타야 할 시기다. 빠른 결정이 중요하다.
- '매매가는 상승하지만 전세가는 정체될 때'는 욕심을 버리고 다음을 준비하라.
- '매매가와 전세가가 정체될 때'는 기다리는 자에게 기회가 오는 구간이니 마음의 여유를 가져라.

대한민국의 부동산은 전체가 하나의 사이클을 보이는 게 아니고 지역마다 다르다는 것을 꼭 기억해야 한다. 수도권, 경상권, 호남권, 중부권, 강원권, 제주권, 충청권의 흐름이 모두 다르다. 권역 내에서도 도시별로 사이클 주기가 조금씩 다르다. 이는 곧 전국으로 눈을 돌리면 내가 바닥에 진입할 수 있는 투자처는 꼭 있다는 뜻이다.

입주물량을
눈여겨보자

부동산 투자에서 가장 중요한 것은 수요이고 두 번째는 공급이다. 수요는 복잡하게 얽혀 있으며, 때때로 비이성적으로 움직이기도 한다. 경직됐을 때는 아무리 좋은 상황에도 움직이지 않다가 과열될 때는 걷잡을 수 없이 폭발하기도 한다. 반면 공급은 단순하다. 공급은 확정된 것과 확정되지 않은 것으로 나뉘는데, 이미 분양을 했다면 확정적인 공급이고 분양을 준비하고 있다면 공급될 것은 맞지만 아직 미확정이라 볼 수 있다. 이 중 확정된 공급을 입주물량이라 부른다.

입주물량은 두리뭉실한 게 아니다. 정량적으로 정해진 숫자다. 현재 분양한 아파트는 어디가 있고 총 세대수의 합이 지역별로 어느 정도인지 살펴볼 수 있다. 입지가 좋은 곳의 분양이 많은지 그 반대인지, 경쟁률은 어떠했는지, 어떤 평형의 공급이 많은지, 사람들은 어디를 더 선호하는지 등 마음만 먹으면 얼마든지 확인할 수 있다. 하나씩 살펴보자.

입주물량은 무엇이고 왜 중요한가

서울에서 2018년 공급되는 아파트 전체 세대수는 얼마 정도일까? 분양을 완료하고 입주를 기다리고 있는 세대수의 합을 입주물량이라 한다. 분양하고 아파트가 완공되기까지 대략 2년에서 2년 6개월 정도의 시간이 소요된다. 따라서 2년 전에 분양한 내용을 조사하면 올해 입주물량을 알 수 있다. 1년 전에 분양한 내용을 조사하면 앞으로 1년 후 입주물량을 알 수 있으며, 올해 분양한 아파트 세대수를 조사하면 2년 이내에 입주할 세대수를 알 수 있다. 결론적으로 과거 2년 전부터 지금까지의 분양 정보를 알고 있으면 앞으로 2년 내 입주물량을 정확히 알 수 있는 것이다.

그렇다면 입주물량이 왜 중요한 걸까? 공급이 많으면 전세가에 영향을 주고, 분양한 아파트에 미분양이 발생하면 기존 아파트 가격에도 영향을 주기 때문이다. 반대로, 앞으로 2년 동안 공급이 적으면 주택이 부족하여 전세가가 오른다. 전세가가 너무 오르면 돈을 조금 더 보태 집을 사려는 수요가 증가하므로 매매가가 상승하기 시작한다. 이렇듯 입주물량은 매매가와 전세가에 절대적인 영향을 준다.

입주물량으로 무엇을 봐야 하나

분양을 완료했지만 아직 입주하지 않은 아파트의 세대수를 확보해야 한다. 과거 분양한 아파트의 정보가 필요하다. 닥터아파트(drapt.com) 같은 부동산 포털 사이트에 들어가면 이러한 정보를 쉽게 구할 수 있다.

닥터아파트 사이트에서 '입주닥터 → 입주캘린더' 메뉴 순으로 들어가면 아파트와 가구수 정보가 나온다. 이를 한 땀 한 땀 정리하면 나만의 DB가 만들어질 것이다.

과거 연도별로 입주물량 DB를 만든 후 연도별로 집계해보자. 1년 평균 어느 정도의 공급이 있었는지 확인하는 것이다. 공급이 많은 해도 있고 적은 해도 있을 것이다. 앞으로 2년 동안 공급이 부족한 지역들도 보

〈도표 2-24〉 닥터아파트 사이트

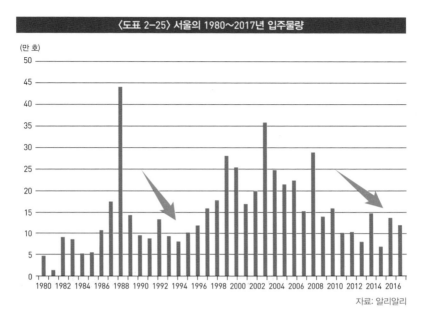

(만 호)

자료: 알리알리

일 것이다. 이러한 지역이 어디인지 찾는 것이 우선이다.

분양 업체는 부동산 수요가 증가하는 시기를 틈타 집중적으로 분양을 한다. 반면 부동산 경기가 나쁘고 수요가 없을 땐 몸을 웅크리고 분양을 하지 않는다. 경기가 좋을 땐 높은 가격으로 분양할 수 있는 반면, 수요가 없을 땐 저렴하게 분양을 해도 미분양이 날 수 있기 때문이다. 이러한 이유로 시기별로 공급이 많을 땐 너무 많고 적을 땐 너무 적은 현상이 반복된다. 그 주기가 부동산 사이클과 맞아떨어진다. 한번 공급이 많아지면 쭉 많고 한번 줄어들기 시작하면 쭉 적다. 이러한 관성의 법칙 때문에 공급이 많고 부족한 시기가 반복적으로 발생하는 것이다.

인허가 실적으로 입주물량 예측하기

데이터를 직접 모아 입주물량 DB를 만드는 게 쉬운 일은 아니다. 대안으로 추천하는 방법은 한국감정원 통계 사이트(r-one.co.kr)에 들어가 인허가 실적 자료를 활용하는 것이다. '공급/재고/기타 → 주택 공급 → 주택건설 인허가 실적' 메뉴로 들어가자. 희망하는 지역을 검색해 그래프를 보자.

〈도표 2-26〉은 한국감정원 통계 사이트에서 확인한 2007년부터

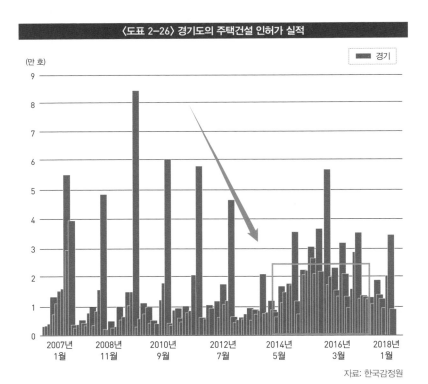

〈도표 2-26〉 경기도의 주택건설 인허가 실적

자료: 한국감정원

2018년 1월까지 경기도의 주택건설 인허가 실적이다. 인허가 이후 분양을 하기 때문에 그로부터 2~3년 후 입주가 완료된다. 따라서 인허가 실적이 적으면 최소 2년 후부터 공급이 부족해지고, 인허가 실적이 과다하면 2년 후부터 입주물량이 증가한다. 다만 인허가 실적은 입주물량처럼 정확한 정보는 아니다. 인허가를 받고 나서 사정에 의해 분양 시기가 미뤄지는 경우도 있기 때문이다. 그렇지만 전반적인 추이를 살펴보는 데는 문제가 없다. 막대그래프의 높고 낮음도 중요하지만 막대그래프가 월별로 얼마나 빼곡한지 살펴보는 것이 중요하다. 〈도표 2-26〉의 경기도를 예로 들면 2014년 5월에서 2017년까지의 막대그래프가 가장 빼곡하다. 이는 그때로부터 2년 후 공급이 많음을 의미한다.

입주물량 체크 시 주의사항

입주물량으로 공급을 살피든 인허가 실적으로 공급을 살피든 주의해야 할 사항 두 가지가 있다.

첫째, 해당 지역만 살피면 안 된다는 것이다. 주변 지역의 공급을 함께 살펴야 한다. 시계 방향으로 동서남북을 모두 살펴라.

예를 들어 안양시에 관심을 가지고 있고 해당 지역의 입주물량을 분석했다면 안양시에 그치지 않고 주변 지역의 공급을 함께 살펴야 한다. 시계 방향으로 과천시, 군포시, 의왕시, 수원시, 안산시, 광명시 정도는 살펴야 한다. 안양보다 입지가 좋은 과천에 공급이 많으면 안양시의 시

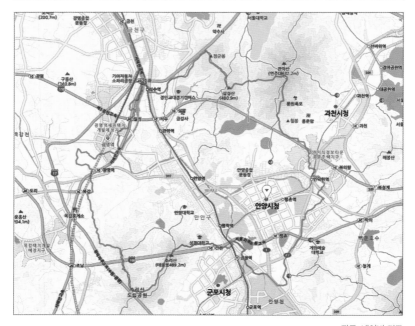

자료: 네이버 지도

세는 정체를 맞이하게 된다. 안양에서 과천으로 떠나려고 하기 때문이다. 만약 군포와 의왕에 공급이 많다면, 안양의 매매가는 흔들림이 없겠지만 전세가는 영향을 받을 수 있다.

둘째, 공급은 톱다운 방식으로 진행하는 게 좋다는 점이다. 예를 들어 서울을 본다면, 서울 전체의 공급이 부족한 해가 언제인지 살피는 것부터 시작한다. 부족이라는 판단이 들면 세부적으로 구 단위를 살펴본다. 서울 전체적으로 공급이 넘치는데 특정 구의 공급만 적다 해서 그 지역에 투자했다가는 낭패 보기 쉽다. 실패할 확률이 매우 높다. 공급은 숲을 먼저 보고 나무를 봐야 한다. 서울에 공급이 적다면 경기도와 인천도 살펴야 한다. 만약 경기도와 인천의 공급이 많다면 서울의 외곽이 영향을 받게 된다.

미분양, 청약경쟁률, 경매 낙찰가율을 체크하자

미분양 정보로 투자 타이밍 잡는 법

미분양을 우리 몸 상태에 비유하면 소화불량이라 할 수 있다. 소화불량은 많이 먹는다고 해서 반드시 생기는 것은 아니다. 소화 능력이 좋고 운동을 많이 하는 사람이라면 일반인보다 훨씬 많이 먹어도 문제가 없다. 부동산도 이와 유사하다. 음식 섭취는 공급을 의미하고 소화 능력은 도시의 크기, 그동안 공급이 얼마나 없었는가에 따른 갈증, 분양경쟁률을 의미한다. 부동산이 소화불량에 걸리면 미분양으로 나타난다.

출생과 사망, 혼인과 이혼 그리고 세대 분리에 따라 매년 새로운 주택의 수요가 발생한다. 지역별로 적정한 공급이 필요하며 인구가 많은 도시는 필요량이 좀 더 많고, 인구가 적은 도시는 좀 더 적다. 오랫동안 공급이 부족했다면 갈증이 심하므로 어지간한 공급으로는 갈증이 해소되지 않는 경우도 있다. 반대로, 최근에 공급이 많았던 곳에 다시 공급이 많아지면 수요가 부족해 미분양이 난다. 미분양이 언제부터 얼마나 증가 또는 감소했는지를 분석해 매수 · 매도 타이밍을 잡을 수 있다.

먼저 수도권의 미분양 그래프를 살펴보자. 서울은 2014년 5월부터 2015년 5월까지 1년 동안 미분양이 큰 폭으로 소화됐다(〈도표 2-28〉). 경기도 역시 미분양이 대거 해소됐다(〈도표 2-29〉). 2016년 2월 공급이 많아 미분양이 급격하게 늘어났으나 이내 빠르게 감소했다. 인천도 2014년 5월부터 큰 폭으로 감소한 후 증가와 감소를 반복하다 지금은 굉장히 줄어든 상태다(〈도표 2-30〉).

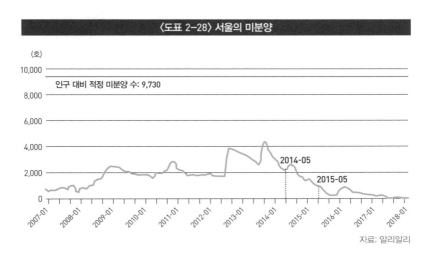

〈도표 2-28〉 서울의 미분양

(호)

인구 대비 적정 미분양 수: 9,730

2014-05

2015-05

자료: 알리알리

〈도표 2-29〉 경기도의 미분양

(호)

인구 대비 적정 미분양 수: 11,744

2014-05

2015-05

자료: 알리알리

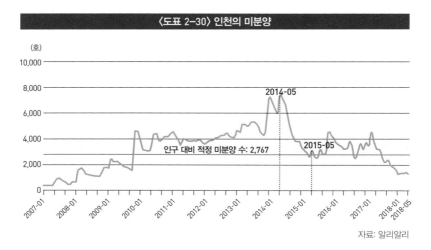

〈도표 2-30〉 인천의 미분양

(호)

인구 대비 적정 미분양 수: 2,767

2014-05

2015-05

자료: 알리알리

● 소화 능력 체크

수도권의 소화 능력이 보이는가? 서울, 인천, 경기 순으로 소화 능력
이 좋다는 것을 알 수 있다. 서울은 공급이 있어도 미분양이 나지 않고
바로바로 소화해낸다. 반면 경기도는 여차하면 소화가 안 되어 쉽게 미

분양이 증가하는 지역이다. 인천은 그 중간쯤이라 볼 수 있다.

● 적정 미분양 체크

적정 미분양 수를 보다 객관적으로 수치화해보자. 소화 능력은 인구에 비례한다. 인구가 많은 곳은 미분양이 조금 발생하더라도 티가 안 난다. 그렇다면 인구 대비 적당한 미분양 수는 어느 정도일까? 여러 지역의 미분양 추이를 가지고 시뮬레이션해본 결과 인구의 0.01퍼센트 정도가 과거 평균치와 유사함을 발견할 수 있었다. 서울의 인구가 973만 명가량이므로 적정 미분양 수는 9,730세대다. 하지만 서울은 단 한 번도 미분양 수가 9,000을 넘긴 적이 없다. 그만큼 수요가 풍부한 곳이라 볼 수 있다. 같은 맥락으로 경기도의 적정 미분양 수는 11,744세대이고 인천은 2,767세대다. 기준선을 그어보면 현재 소화불량인지 아닌지 쉽게 알 수 있다. 2018년 1월 기준 서울, 경기, 인천의 소화 상태는 매우 양호해졌다고 볼 수 있다.

● 갈증 상태 체크

서울은 단 한 번도 갈증이 해소된 적이 없다. 그래서 신규 분양을 하면 높은 경쟁률이 발생하는 것이다. 경기도는 도시별로 세부적으로 살펴봐야 하겠지만 최근 들어 갈증이 생긴 상태다. 인천도 비슷하다. 갈증 정도를 보면 앞으로 신규 분양의 향방을 예상해볼 수 있다. 미분양 수가 지금 수준으로 오랫동안 지속된다면 새 아파트의 공급은 소화불량이 아닌 달콤한 디저트가 될 것이다. 맛집 찾아가듯 줄을 설 것이다.

소화 능력이 좋은 지역이면서 인구 대비 적정 미분양 수에 못 미치고 갈증 상태가 오래 지속된 곳이 좋은 투자처이자 좋은 타이밍의 지역이다. 미분양이 급격히 증가했다가 특정 시기가 되면 급속도로 줄어드는 시기가 있다. 바로 그 순간을 감지할 수 있어야 한다. 신기하게도 미분양은 조금씩 사라지는 게 아니라 막힌 게 뚫리듯 뻥 하고 뚫리는 경향이 있는데, 바로 이때가 황금 타이밍이다. 미분양이 급속도로 소진됐다는 것은 소화 능력이 매우 향상됐음을 의미한다. 이는 매매수요가 증가했다는 확실한 근거이기도 하다. 그러나 미분양이 급속도로 줄었다고 해서 무조건 좋은 타이밍인 것은 아니다. 적정 미분양 수준으로 근접해야 한다는 점을 잊지 말자.

〈도표 2-31〉을 보자. 경남 창원의 미분양 추이다. 2016년부터 미분양이 급격한 증가를 보이고 있다. 소화가 전혀 안 되는 상태이며 앞으로

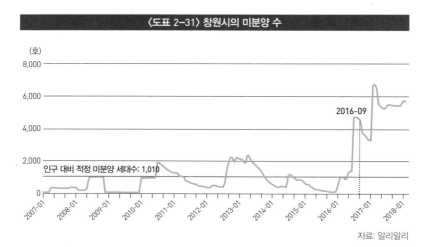

〈도표 2-31〉 창원시의 미분양 수

(호)

인구 대비 적정 미분양 세대수: 1,010

2016-09

자료: 알리알리

공급이 추가로 발생하면 더 위험해질 수 있다. 소화 능력이 그만큼 악화됐을 것이다. 적정 미분양 수를 체크해보면 인구수 대비 매우 과하다는 것을 알 수 있다. 이렇게 과해진 것은 2016년 9월부터다. 벌써 1년 6개월째 지속되고 있는 것이다. 이런 곳은 절대로 들어가면 안 된다. 기다리다 보면 미분양이 급격히 줄어들고 적정 미분양 수로 진입하는 시기가 올 것이다. 바로 그때가 진입 타이밍이다.

● 미분양 정보 확인하는 법

국토교통부 사이트(molit.go.kr)에 들어가 '정보공개' 메뉴를 클릭한 후 공개정보 검색창에서 '미분양'으로 검색하자. 아래 쪽에 미분양주택 현황 메뉴가 보일 것이다. 누르면 팝업이 뜨는데 오른쪽에 월별 전국 미

〈도표 2-32〉 국토교통부 사이트

분양 정보가 엑셀 파일로 올려져 있다.

청약경쟁률로 타이밍 잡는 법

● 청약경쟁률 확인하는 법

아파트투유 사이트(apt2you.com)에 들어가면 '청약정보 → 분양정보
/경쟁률' 메뉴에서 최근 분양한 주택의 상세 내역과 청약경쟁률 정보를
확인할 수 있다.

〈도표 2-33〉 아파트투유 사이트

입지가 좋고 상품경쟁력이 있는 좋은 단지는 대부분 1순위에서 마감
이 된다. 그렇지 못한 단지는 2순위에서 마감이 되거나, 최악의 상황에

는 청약 미달이 되기도 한다. 만약 1순위에서 모두 마감되고 경쟁률마저 높았다면 해당 지역의 신축 아파트 수요는 충분하다는 뜻이다. 해당 지역에서 같은 분양가로 분양을 한다면 성공할 확률이 매우 높다. 그래서 건설사는 분양가를 조금 높여 분양을 시도한다. 또한 새 아파트의 프리미엄이 많이 붙을수록 인근 재건축 아파트 시세에 영향을 준다. 재건축 아파트는 앞으로 분양권이 될 것이기 때문이다. 이렇듯 청약경쟁률은 심리가 살아나는지 살펴보는 가장 객관적인 지표이면서도 부동산 타이밍을 잡는 좋은 선행지표라 할 수 있다.

경매 낙찰가율로 타이밍 잡는 법

경매는 일반 매매 시장의 선행지표라는 말이 있다. 경매가 어느 정도 보편화됐다고는 하지만 일반인에겐 여전히 장벽이 있기에 실거주자보다 투자자들이 주로 활동하는 영역이다. 투자자들은 일반인보다 움직임이 빠르다. 그러다 보니 부동산 호황기가 다가오면 썰물처럼 밀려왔다가 불황기가 찾아오면 밀물처럼 밀려 나간다. 이들의 움직임은 경매 낙찰가율과 경쟁률이라는 발자취를 남긴다. 발자취를 살펴보면 부동산의 흐름을 아주 조금이지만 예상해볼 수 있다. 투자자들이 들어올 때는 매수 타이밍이고 빠져나갈 때는 매도 타이밍이라 보면 된다.

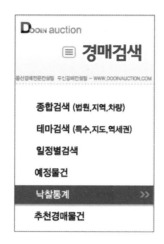

● 경매 통계자료 구하는 법

경매 투자를 전문적으로 하지 않는 사람이라면 통계자료만 살펴보기 위해 유료 사이트를 이용하기는 부담스러울 것이다. 경매 사이트 중에서 무료로 사용할 수 있는 사이트가 여러 개 있는데 그중 두인경매(dooinauction.com)를 활용해보자. 해당 사이트에 들어가서 다음 메뉴를 찾아보자.

'경매검색 → 낙찰통계'로 들어가면 연도별, 법원별, 지역별 통계자료를 살펴볼 수 있다. 지역별 통계검색 탭을 선택하고 연간통계로 들어가자. 연도를 선택하고 지역을 선택하면 〈도표 2-35〉와 같은 자료를 볼 수 있다. 세부적으로는 구 단위까지도 선택할 수 있다.

2017 연간낙찰 통계자료

■ 검색조건 : 서울지방법원 전체 (검색기간 : 2017.01.01 ~ 2017.12.31)

구분	낙찰건물									낙찰가율		
	총건수	유찰	낙찰	변경	정지	취하	기각	기타	낙찰건율	평균감정가	낙찰가율	경쟁률
아파트	1,245	75	724	107	1	282	45	11	58.15%	594,451,004	98.38%	8.91명
주택	205	17	100	8	1	61	16	2	48.78%	634,202,860	94.12%	3.16명
다가구(원룸등)	86	9	40	10	-	20	7	-	46.51%	973,330,574	92.43%	3.25명
다세대(빌라)	1,598	180	933	68	4	293	109	11	58.39%	229,712,800	88.47%	4.20명
근린주택	76	4	28	7	-	33	2	2	36.84%	1,809,771,515	109.45%	5.25명
근린상가	769	168	445	35	-	87	27	7	57.87%	628,916,406	65.53%	2.32명
근린시설	97	7	41	13	-	29	3	4	42.27%	5,602,344,124	95.16%	3.56명
오피스텔	275	15	163	4	-	79	13	1	59.27%	369,148,117	91.68%	4.75명
사무실	3	2	1	-	-	-	-	-	33.33%	35,472,592,000	91.65%	1.00명
창고	-	-	-	-	-	-	-	-	0.00%	0	0.00%	0.00명
공장	3	1	1	-	-	1	-	-	33.33%	1,482,692,060	109.86%	10.00명
아파트형공장	69	2	57	4	-	4	2	-	82.61%	630,085,965	103.94%	5.28명

● 경매 낙찰가율 활용법

경매 낙찰가율을 연도별로 정리해보자. 다음 쪽 〈도표 2-36〉은 서울의 연도별 경매 낙찰가율을 나타낸 것이다. 변곡점, 즉 낙찰가율이 갑자기 높아지거나 낮아지는 지점을 찾아내는 것이 포인트다. 낙찰가율이 낮아지다가 최저점을 찍고 올라가는 해가 좋은 타이밍이다.

● 경매 경쟁률 활용법

경쟁률 지표도 동일하게 활용할 수 있다(〈도표 2-37〉). 부동산 호황기가 찾아오면 경쟁률이 급증한다. 경쟁률이 지속적으로 줄어들다가 턴어라운드하여 급증하는 해가 좋은 타이밍이다.

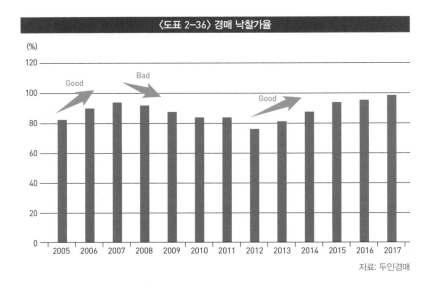

〈도표 2-36〉 경매 낙찰가율

(%)

자료: 두인경매

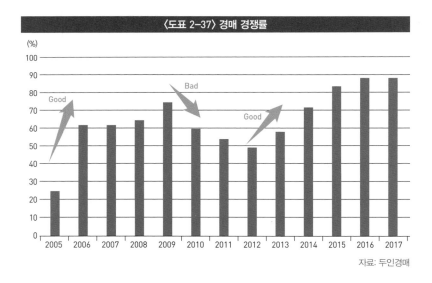

〈도표 2-37〉 경매 경쟁률

(%)

자료: 두인경매

10년 동안 적금밖에 모르던 39세 김 과장은
어떻게 1년 만에 부동산 천재가 됐을까?

제3장

어디를
사야 할까 1
(신도시)

기준이 있으면 흔들리지 않는다 · 종목별 키워드와 투
자의 기본 · 신도시 투자

기준이 있으면
흔들리지 않는다

부동산에 대한 전문적인 지식이 없어도 남들보다 좋은 투자처를 찾는 지름길은 존재한다. 타인의 이야기에 귀를 기울일 필요도 없고 고급 정보를 얻으려고 비싼 수강료를 낼 필요도 없다. 안타까운 사실은 그 지름길이 당신이 알아채기 어렵게 교묘하게 가려져 있다는 점이다.

2017년 3월 삼성전자 주식 한 주가 200만 원을 돌파했다는 뉴스가 떴다. 뉴스를 접한 평범한 사람들은 평상시 관심이 없다가도 이제부터라도 관심을 가져볼까 생각하게 된다. '이제라도 사야 하지 않을가? 어떤 주식을 사야 할까?' 하면서 깊은 생각에 잠긴다. 그래도 답이 안 나오면 평소 주식 투자를 하는 친한 친구 녀석에게 종목을 추천해달라고 한다. 결과는 어떨까? 굳이 얘기하지 않아도 아마 다 알지 싶다. 2017년 12월 1,000만 원 정도 하던 가상화폐 비트코인의 시세가 2018년 1월에는 2,400만 원으로 뛰었을 때도 같은 일이 있었다.

부동산도 처음에 발을 내딛게 되는 동기는 유사하다. 잠잠하던 재건축 아파트가 급등하고 분양한 단지의 프리미엄이 1억 원을 넘었다는 뉴스를 접하면 마음이 동요된다. '남들은 돈을 저렇게 쉽게 버는데 나는 뭐지?'라며 부러움과 괴로움에 사로잡힌다. '나도 나름 똑똑하다. 한번 해보자!'라며 열의를 다지게 된다.

부동산은 주식처럼 마우스 클릭 한 번으로 살 수 있는 게 아니다. 너무나 많은 진입장벽이 존재한다. 부동산은 현장에 안 가볼 수가 없다. 한 번도 안 가본 지역이라면 정말 막막하다. 게다가 막상 어디를 가야 할지도 고민이다. 목동 재건축 아파트? 장위 뉴타운 재개발 빌라? 강남의 20~30년 된 구축 아파트? 프리미엄이 붙어 있는 단지의 분양권? 어떤 게 좋을까? 차라리 욕심을 버리고 시세차익보다는 매달 월세가 나올 수 있는 상가를 사는 게 낫지 않을까? 아니면 추천하는 토지를 사서 장기 투자를 하는 게 나을까? 질문의 연속이다. 처음 생각과 다르게 산으로 가는 경우도 많다. 한 번도 경험해본 적이 없어 쉽게 결정할 수 없다. 자칫하면 전 재산에 가까운 자금이 묶일 수도 있고 손실을 볼 수도 있다. 종목 선택만 잘하면 돈을 벌 수 있으리라 생각하겠지만, 실제로는 종목을 선택하고 나서도 선택의 연속이다. 좋아 보이는 것은 이미 많이 오른 것 같고 안 좋아 보이는 것은 성에 차지 않을 테니 말이다.

그래서 또 생각에 잠긴다. '어떤 부동산을 사야 할까?' '어디를 사야 할까?' 머릿속에서 이 질문이 메아리처럼 되풀이된다.

부동산은 종목별로 특징이 너무나 다르고 알아야 할 것도 많다. 하지만 그 특징을 다 파악하고 투자처를 찾다가는 좋은 시기를 놓쳐버릴 수도 있다. 누구는 먼저 질러야 한다고 하고, 누구는 준비가 되면 하라고 한다. 이런 상황에서 강의를 하나 들었는데 각종 호재를 들먹이며 여기가 뜬다고 한다. 혹한다. 넘어가기 직전이다. 그러던 찰나 부동산 TV에서 ○○지역이 앞으로 좋아진다고 한다. 악마의 속삭임에 넘어가기 직전이다. 하루에도 생각이 수십 번 바뀐다. 이게 뭔가? 왜 이런 악순환을 경험해야만 하는가?

현재의 문제점을 빨리 인식하고 대책을 세워야 한다. 가장 큰 문제는 자신만의 기준이 없다는 것이다. 많은 사람이 간과하는 부분이 이것이다. 자신의 기준 없이 대상을 선택하려고 한다. 나의 기준이 있다면 그 기준에 맞는지 대입만 해보면 되는데, 기준이 없으니 이리저리 흔들리는 것이다. 내 기준을 뛰어넘으면 그곳은 좋은 투자처이고 미달이면 좋은 투자처가 아닌 게 된다. 기준만 있으면 판단이 간단해진다. 물론 기준이 있더라도 '예, 아니요' 단답형으로 결론을 내기가 어려운 경우도 많다. 여러 가지 변수가 얽혀 있기 때문이다. 그래서 하나의 기준이 아닌 여러 개의 기준을 만들고 복합적으로 봐야 한다. 최고의 선택은 아닐지라도, 그렇게 할 때 최선에 가까워진다.

다시 말하지만 기준이 있는 사람은 주위 이야기에 흔들리지 않는다. 조급한 마음을 다스리고 기다릴 줄 아는 인내심도 생긴다. 그동안의 내 경험과 그 과정에서 쌓은 통찰력을 바탕으로 스스로 만든 기준들을 지금부터 하나씩 소개하고자 한다. 다만, 내가 정한 기준이 절대적인 것은 아니며 정답이 없다는 것을 짚고 넘어가자. 기준조차도 시장의 상황에 따라 조금씩 바뀌기 때문이다. 하지만 당신만의 기준을 만들어가는 데 분명히 도움이 될 것이다.

종목별 키워드와
투자의 기본

새 아파트 분양권의 인기가 하늘을 찌르다가 재건축 아파트가 급등하여 뉴스를 장식하기도 하고, 입지 좋은 구축 아파트가 급등하여 실수요자들의 뒤늦은 탄식이 나오기도 한다. 호황기와 개발 호재가 겹쳐 토지 시세가 급등하기도 하고, 불황기에 수익형 상가가 주목을 받기도 한다. 이런 상황에서 어디에 투자해야 할까?

혹시 정답이 있다고 생각하는가? 정답을 찾기 위해 각 종목의 전문가를 찾아내 비교해볼 텐가? 그럴 시간이 있다면 한 종목이라도 빨리 시작하는 게 좋다. 왜냐하면 시기에 따라 지역에 따라 정책에 따라 그 정답은 계속 바뀌기 때문이다. 아니, 종목마다 장단점이 있을 뿐 정답은 없다. 고수들은 각각의 영역에서 수익을 내고 있다. 투자처 선정을 잘해 만족할 만한 수익을 냈다고 하더라도 1회성 투자에 그칠 확률이 높다. 곧 한계에 부딪히게 되고, 다음 투자를 앞두고 또 불안해질 것이다.

불안해하지 않고 지속적으로 투자할 만한 곳은 없을까? 당연히 있다. 지속적으로 수익을 낼 수 있는 유일한 길은 좋은 투자처를 찾는 것이 아니라 좋은 투자 방법을 찾는 것이다. 물고기 한 마리가 아니라 물고기 잡는 방법에 투자하는 것이다. 내가 부동산 투자를 하면서 더는 불안해하지 않게 된 시점은 높은 투자 수익률을 올렸을 때가 아니다. '나에게도 좋은 투자처를 찾을 수 있는 안목이 생겼구나' 하고 느꼈을 때였다.

종목별 투자 핵심 키워드

전문가의 책을 읽거나 강의를 들어보면 같은 종목임에도 개개인의 투자 방법이 다른 경우가 많다. 나뭇가지처럼 여러 갈래로 갈라져 있다. 하지만 나무의 가지가 아닌 뿌리(근원)를 따라가 보면 항상 겹치는 단어들이 있다. 같은 종목 내에서 여러 전문가가 한목소리를 내는 중요 키워드가 있다는 말이다. 10년 전에 읽었던 책과 최근에 나온 책을 볼 때도 항상 공통된 내용이 있다. 앞으로 10년이 지나도 겹치는 내용은 꼭 있을 것이다.

내가 부동산 투자를 하면서 종목별로 발견한 주요 키워드를 소개한다. 주의할 것은 이 키워드들만 살펴서는 안 된다는 점이다. 언급한 키워드가 아주 중요하긴 하지만 그 외 항목들도 두루두루 살펴야 한다. 기억하자. 부동산은 살아 있는 생명체다.

● 상가는 '유효 수요'가 핵심 키워드다

상권의 크기와 상권을 이용해줄 주변 세대수를 계산하는 것이다. 당연히 상권의 크기는 작으면서 주변 세대수가 많은 경우가 좋다. 매출이 높을 수밖에 없고 공실률이 낮을 것이기 때문이다.

● 아파트는 '수요와 공급'이 핵심 키워드다

수요도 중요하고 공급도 중요하다. 강남에 거주하는 사람들의 수요와 지방의 수요는 다르다. 소유하고 싶어 하는 사람의 숫자도 다르지만 투입될 수 있는 금액 자체도 다르다. 엄밀히 이야기하면 금액의 크기가 더 중요하다. 얼마나 많은 돈이 더 투입될 수 있는가를 봐야 한다. 시기에 따라 수요가 몰리기도 하고 싸늘하게 식어버리기도 한다. 공급도 중요하다. 공급이 과다하면 전세가가 안정화되거나 하락한다. 반대로 공급이 부족하면 전세가가 상승하거나 전세가와 매매가가 동반 상승한다.

● 빌라는 '교통'이 핵심 키워드다

빌라는 아파트 가격이 부담스러워 차선책으로 선택하는 주거 상품이다. 직주근접이면서 교통이 좋은 곳에서 저렴하게 거주하려는 사람들이 선택하는 종목이기 때문에 교통이 매우 중요한 요소가 된다. 교통이 안 좋고 앞으로 좋아질 계획조차 없다면 큰 시세 상승을 기대하기 어렵다.

● 재건축은 '대지 지분'이 핵심 키워드다

건물의 가격은 없어지고 대지의 가격만 남아 있기 때문이다. 아파트 하나에 여러 세대가 살고 있으므로 전체 대지 크기에서 세대수로 나눈 세대당 대지 지분이 실질적인 나의 대지 지분이다. 클수록 당연히 좋다. 아파트마다 대지 지분율은 모두 다르다.

● 분양권은 '적정 분양가'가 핵심 키워드다

분양가에서 가장 고민하는 것이 분양가 측정이다. 투자자는 적정 분양가를 판단할 수 있어야 한다. 왜 그 가격으로 분양이 됐는지, 왜 사람들이 그 가격에도 몰리는 것인지 객관적으로 판단할 수 있어야 한다.

● 토지는 '쓰임새'가 핵심 키워드다

토지는 쓰임새, 즉 활용도가 높을수록 가치가 있다. 쓰임새는 호재를 만나거나 인위적인 변형을 거쳐 바뀔 수 있다. 논밭으로만 쓰이던 땅이 대지가 되어 주택을 지을 수 있다면, 같은 땅이라도 중심상업지구로 지정되어 건물을 높게 지을 수 있으면 가치는 더 올라간다.

종목과 상관없이 무조건 알아야 하는 투자의 기본

종목과 상관없이 부동산 투자를 한다면 누구에게나 적용되는 방법이 있다. 기본 소양이라고 봐도 좋다. 종목 선정을 못 했다면 기본 소양부터 갖추는 것도 좋다.

● 발품

여러 현장을 돌아다녀야 한다. 한 곳도 여러 번 가야 한다. 한 곳뿐만 아니라 여러 곳을 가야 한다. 그렇다면 몇 번의 발품을 팔아야 할까? 주말에 쉬는 것보다 현장에 가는 것을 더 즐길 정도가 되어야 한다. 그래야만 내가 원하는 정보를 현장에서 어떻게 살펴야 하는지 연습이 된다.

● 손품

어떤 부동산을 대상으로 하든 손품은 필수다. 휴대폰이 있으니 걸어다니면서 필요한 자료를 쉽게 찾을 수 있다. 정보를 어디서 찾아야 하는지 알아야 하고, 찾은 자료를 정리할 줄 알아야 한다. 유용한 사이트가 많이 생겼고, 고급 리포트도 수시로 올라오며, 카페에도 정보가 넘쳐난다. 손품을 통해 현장에서 허비하는 시간을 최대한 줄여야 한다.

● 협상

내가 원하는 정보를 얻기 위해서는 협상이 필요하다. 부동산중개소 소장님과 대화를 나누고 매도자 또는 이해관계자와 협상하는 일도 피할 수 없다. 가격을 깎아야 할 때도 있고, 깎아줘야 할 때도 있다. 하자가 발생하거나 협조를 구해야 할 때도 있다. 모든 일이 그렇겠지만, 부동산 투자에서는 협상 능력이 꼭 필요하다.

● 끈기

자신만의 방법으로 분석하고 결론을 도출하는 데 많은 시간과 노력이 들어간다. 따라서 끈기가 필요하다. 운동도 그렇듯이 하루 이틀 반짝한다고 달라지는 건 없다. 재미도 없는 그 일을 오랫동안 꾸준히 할 수 있는지 스스로에게 물어보라. 최소한 1년은 미쳐야 한다.

● 용기

지금 사면 반드시 오른다는 보장이 없다. 가격이 떨어질 수도 있다. 그럼에도 자신의 분석을 믿고 투자를 감행해야 한다. 아무리 조사를 완벽하게 하더라도 1퍼센트는 항상 부족하기 마련이다. 용기가 필요한 일이며, 무식한 용기에 따른 책임은 온전히 자신의 몫이다.

어떤가? 아직도 투자 종목을 고민하고 있는가? 영어, 중국어, 일본어, 독일어 중에 어떤 걸 배워두면 가장 좋을지 고민하느라 시간 보내지 마시라. 끌리는 것을 진득하게 1년 정도 해보길 바란다. 하나를 어느 정도 잘하게 되면 자신감이 생겨 다른 분야도 쉽다고 느껴질 것이다. 종목을 선택했다면 한 번의 큰 수익보다 해당 종목의 원리를 이해하는 데 온 힘을 다하라.

신도시 투자

어디를 사야 할까 결정할 때 크게 도움이 되는 분류 기준이 있다. 바로 신도시와 구도심으로 나누는 것이다. 똑같은 분양권을 사더라도 신도시 투자 방법과 구도심 투자 방법은 다르다. 아니, 달라야 한다. 신도시는 구도심과 비교할 수 없을 정도로 장기간 공급이 이루어진다. 그래서 신도시와 구도심은 부동산 사이클 자체가 다르다. 타이밍을 선정하는 기준도 다르다. 일반적으로 부동산 투자라고 하면 구도심을 떠올리지만, 부동산의 태생은 신도시다. 신도시를 이해하면 구도심 투자에도 도움이 된다. 신도시의 형성 과정과 가격 변화를 이해하고, 신도시 투자에 필요한 네 가지 기준만 알고 있다면 신도시 투자는 결코 어렵지 않다.

신도시를 이해하는 두 가지 포인트

신도시는 대도시의 토지 부족으로 인한 문제를 해결하기 위해 소규모 분산적 개발을 대체하는 계획도시 개념의 도시 건설 사업으로 탄생한다. 택지개발사업 중 100만 평(3,300,000㎡) 이상의 지역을 일반적으로 신도시라 한다. 여기에서 핵심 포인트는 '만든 이유'와 '규모'다.

먼저, 만든 이유를 보자. 대도시의 토지 부족은 일자리에 인접한 지역의 주택 토지가 부족하다는 걸 의미한다. 우리나라에서 일자리가 가장 많고 인구가 밀집된 곳은 서울이다. 서울의 주택 문제를 해결하기 위해 1기 신도시(성남시 분당, 안양시 평촌, 고양시 일산, 부천시 중동, 군포시 산본)와 2기 신도시(판교, 동탄, 광교, 운정, 한강, 위례, 양주, 검단, 고덕국제, 아산 등)가 계획되고 만들어졌다. 수도권뿐만 아니라 지방에도 비슷한 목적으로 기존 도심 주변에 여러 개의 신도시가 만들어졌거나 지금도 만들어지고 있다. 직주근접을 고민하고 만든 도시다. 필요에 의해서 만들

〈도표 3-1〉 현재 진행 중인 신도시 현황

신도시	사업면적(㎡)	인구수(명)	기간
경기도 남양주 다산신도시	474만	86,095	2009.12~2018.06
위례신도시	677만	108,548	2008.08~2017.12
고덕국제신도시	1,342만	134,680	2008.05~2020.12
경북도청 이전 신도시	1,096만	100,000	2008~2027
세종시(행정중심복합도시)	7,291만	500,000	2005~2030

었으니 잘될 수밖에 없지 않을까?

또 한 가지 포인트는 규모다. 재정비촉진지구의 경우 기존 건물을 허물고 아파트 몇 개가 들어오는 게 고작이다. 재건축은 아파트를 허물고 좀 더 높은 층의 아파트가 들어오는 것이다. 신도시는 100만 평 이상이라고 정의되어 있다. 이 정도의 대규모 개발이라면 사람이 살아가는 데 필요한 모든 주거시설이 들어올 수 있다. 도심의 오래된 관공서가 이전하고, 병원이나 백화점 등의 상업시설 그리고 인공 자연환경까지도 만들 수 있다. 모두 규모가 되어야만 갖출 수 있는 시설들이다. 이렇게 큰 신도시가 들어서면 주위 모든 교통은 신도시를 연결하려고 부단히 애쓴다. 이렇듯 신도시는 태생 자체가 성공을 보장받은 신분이다.

신도시는 참 매력적이다. 그렇다면 신도시 내 아무거나 투자해도 돈을 벌 수 있을까? 물론 그렇진 않다. 신도시 투자의 핵심은 무엇일까? 해답은 신도시의 형성 과정을 이해하면 쉽게 알 수 있다. 본격적으로 들어가기 전에 일반인의 관점에서 신도시를 먼저 생각해보자. 신도시가 어떻게 만들어지는지 잘 모르는 사람들은 신도시가 만들어질 때마다 비슷한 질문을 던지고 비슷한 고민을 한다.

- 저렇게 많은 아파트가 들어서면 누가 저 집을 다 채울까? 인구도 줄어든다는 데 다 채울 수나 있을까?
- 신도시 초기는 인프라 형성이 부족해 살기 불편할 거야. 구도심에서 살다가 인프라가 좋아지면 그때 들어가는 게 좋겠지?
- 신도시 분양을 신청해 내 집 마련을 하고 싶은데 어떤 아파트에 넣

어야 할까? 막상 입주할 때쯤 가격이 하락하면 어떡하지?

투자자의 관점에서 결론부터 이야기하자면, 신도시 투자는 성공 확률이 90퍼센트 정도 된다. 나머지 10퍼센트는? 지지리도 운이 없는 경우다. 즉, 부동산 불황기인 경우 또는 정책이 뒷받침되지 않은 채로 신도시가 만들어지는 경우다. 이렇게 최악의 경우라 할지라도 수익이 적거나 투자 기간이 길어질 뿐 4~5년 정도 버티면 대부분 수익이 난다. 오히려 신도시에 투자해서 손해 보기가 어렵다. 특히 신도시 내 아파트라면 더더욱 그러하다. 방금 이야기한 것처럼, 신도시의 형성 과정을 이해하면 어떤 종목, 어떤 시기에 진입해야 하는지 알 수 있다.

나는 이를 복기 작업이라 부른다. 지금까지 나의 부동산 공부는 수 읽기와 복기의 반복이었다. 사람들은 보통 미래를 예측하는 수 읽기에 집중할 뿐 과거에 대한 복기에는 관심이 없다. 과거는 이미 지나가 버렸다고 생각하기 때문이다. 하지만 과거를 복기하면 정말 많은 사실을 새로이 알게 된다. 바둑 기사들이 왜 매번 새 바둑을 두기보다 복기에 그렇게 집중하는지 생각해보라.

신도시의 형성 과정

〈도표 3-2〉는 LH 청약센터 토지분양정보에서 '부산 명지'로 검색한 결과다. 부산 명지는 국제신도시라고도 불린다. 지금도 한창 아파트가

지어지고 있으며 앞으로도 공급이 예정되어 있는 곳이다.

부산 명지지구의 과거 공고일을 통해 복기 작업을 해보자.

이곳은 '공동주택 → 상업시설 → 주차장 → 의료시설 → 주유소 → 업무시설 → 근린 생활 시설 → 복합용지, 종교, 유치원 → 이주자 택지 (주택)' 순으로 공급됐다. 다른 신도시도 대부분 비슷하다. 핵심은 공동 주택과 상업시설 필지가 가장 먼저 공급됐다는 것이다. 공동주택 필지는 아파트가 지어질 수 있는 필지를 말한다. 먼저 아파트를 짓고 입주가 되면 그제야 상가 건물이 올라온다. 유동인구가 있어야 상권이 형성되고, 상권이 형성되어야 보다 많은 주택이 공급된다. 그러고 나면 주차장이나

〈도표 3-2〉 LH 청약센터 토지분양정보

번호	유형	공고명	지역	첨부	게시일	마감일	상태	조회수
15	토지	부산명지지구 공동주택용지, 업무시설용지, 의료시설용지 재공급 공고	전국	💾	2014.02.26	2014.03.19	접수마감	395
14	토지	계약날짜 변경 등-부산명지 공동주택용지 및 업무시설용지 공급공고	전국		2013.12.04	2013.12.10	접수마감	110
13	토지	부산명지 공동주택용지 및 업무시설용지 공급공고	전국	💾	2013.11.21	2013.12.10	접수마감	320
12	토지	부산명지지구 생활대책용지 공급공고	전국	💾	2013.10.14	2013.11.29	접수마감	130
11	토지	부산명지지구 공동주택용지, 의료시설용지 및 주유소용지 공급 공고	전국	💾	2013.10.14	2013.11.14	접수마감	180
9	토지	부산명지지구 공동주택용지, 상업시설용지, 주유소용지 재공급 공고	전국		2012.12.19	2012.12.20	접수마감	115
10	토지	부산명지지구 상업시설용지(상31블록) 재공급 공고	전국	💾	2012.12.17	2012.12.24	접수마감	67
8	토지	부산명지지구 공동주택용지, 상업시설용지, 주유소용지 재공급 공고	전국	💾	2012.12.11	2012.12.20	접수마감	147
7	토지	부산명지지구 상업시설용지(상32,상33블록) 및 주차장용지 공급 공고	전국	💾	2012.11.12	2012.11.26	접수마감	162
6	토지	부산명지지구 공동주택용지 공급 공고	전국	💾	2012.11.12	2012.12.05	접수마감	176
5	토지	부산명지지구 상업시설용지(상31블록) 공급 공고	전국	💾	2012.11.12	2012.12.12	접수마감	147
4	토지	부산명지지구 상업용지 등 입찰 공고	전국	💾	2012.09.27	2012.10.04	접수마감	210
3	토지	부산명지지구 상업용지 등 입찰 공고	전국	💾	2012.09.19	2012.10.04	접수마감	387
2	토지	부산명지지구 공동주택용지 공급 공고	전국	💾	2012.05.03	2012.05.24	접수마감	205

자료: LH 청약센터

교회 등 도시를 형성하는 데 덜 시급한 시설들이 차례차례 들어온다.

그렇다면 생각해보자.

- 맨 처음 입주한 아파트를 사람들이 선호할까?

⋯ 아니다. 인프라가 너무나 부족하기 때문에 실거주자로부터 외면받는다.

- 상가건물이 지어지고 상가 분양이 됐을 때 분양받은 사람은 원하는 월세를 받을 수 있을까?

⋯ 아니다. 주거 세대수가 부족하기 때문에 부동산중개소가 진을 치게 된다. 그 외 업종은 들어와도 장사가 되지 않는다. 유동인구가 너무 적기 때문이다.

- 일자리가 함께 들어온 경우 이들을 수용할 주택이 절대적으로 부족하므로, 이른 시일 내에 공급할 수 있는 오피스텔이 지어진다. 오피스텔 투자는 괜찮을까?

⋯ 아니다. 처음에 지어진 오피스텔은 공실의 위험이 적지만 이후 오피스텔이 우후죽순으로 지어지기에 여건이 나빠진다. 2~3년만 지나도 최초의 오피스텔은 구식이 되어버리고 공실이 나거나 월세를 낮춰야 하는 상황이 발생한다.

신도시는 투자의 성공 확률이 90퍼센트 이상이라고 했는데 이상하지 않은가?

그렇다면 다르게 질문해보자.

- 신도시에 들어오는 아파트가 총 10개라고 가정해보자. 5개의 아파트가 이미 입주를 한 상태이고 상권도 어느 정도 형성됐다. 여섯 번째로 입주하는 아파트는 사람들이 관심을 가질까?
  ⋯ 그렇다. 웬만큼 살 만하다고 생각할 것이다. 초등학교도 가깝고, 상권도 가깝고, 쾌적하고, 산책할 수 있는 공원도 있으니 매력적으로 느껴질 것이다.
- 이 시기에 상가는 괜찮을까?
  ⋯ 사례별로 다르겠지만 아직은 위험하다. 처음 시기보다는 낫다고 볼 수 있지만 중심상업지구 인근의 1층 상가만 활성화될 뿐 그 외 상가는 시기상조일 가능성이 크다. 아파트뿐만 아니라 단독주택, 다가구주택의 입주까지 마무리되어야 상권이 활성화된다.
- 이 시기에 오피스텔은 어떨까?
  ⋯ 여전히 좋지 않다. 기존에 지어진 오피스텔과 신규로 지어지는 오피스텔이 서로 경쟁해야 할 뿐만 아니라 1인이 거주할 수 있는 단독주택, 다가구주택과도 경쟁해야 한다.

초기와 다르게 시간이 조금 지난 시점부터는 다른 종목보다 아파트가 월등히 안정적인 투자처가 된다. 기존 구도심의 실수요자와 전국 투자자들에게 관심의 대상이 되기 때문이다. 한 가지 단점이 있다면 공급이 꾸준히 이뤄지기 때문에 전세가가 생각보다 낮다는 것이다. 인접 구도심의 오래된 아파트보다 낮은 전세가가 형성된다. 하지만 시간이 지나 공급이 어느 정도 마무리되면 신도시의 전세가가 인근 구도심보다 높아진다. 실사용의 가치가 높아지는 것이다. 인프라가 형성되면 누구나 들어와서 살고 싶은 곳으로 변하게 된다. 불편함을 감수하지 않아도 되는 만큼 이미 가격은 올라가 있을 것이다. 신도시는 불편함의 시간만큼 가격으로 보상받는다. 상가는 인프라가 완전히 완성된 후 들어가는 게 좋고, 오피스텔은 일자리가 밀집한 곳의 역세권이 가장 좋다.

신도시의 가격 변화

나는 전국 여러 신도시를 가봤다. 1·2기 신도시를 포함해서 지방의 아주 작은 택지개발지구, 도시개발지구까지 말이다. 어느 정도 완성된 시점에 가기보다는 LH한국주택공사에서 택지를 조성하기 시작하는 시점에 가보는 편이다. 막상 가보면 포크레인 한 대가 외롭게 서 있거나 모래만 쌓여 있는 정도다. 건물이 들어섰거나 도심이 만들어진 상태가 아니다 보니 현장에서 확인할 사항은 별로 없다.

허허벌판인 현장을 바라보며 '내가 여기 왜 온 걸까? 시간 낭비만 하는 건 아닐까?' 하는 생각도 했다. 초보 시절의 순간들이 지나가고 어느새 나는 다음의 질문을 자신에게 던지고 있었다. '앞으로 여기 신도시가 완성된 후의 모습은 어떨까?' 가슴이 떨렸다. 그리고 신도시의 가격이 어떻게 변화하는지를 지켜봤다.

처음에는 잘 몰랐다. 신도시는 그냥 다 좋고 앞으로 좋아질 확률이 높다는 것만 체감적으로 알았다. 다녀온 지역 중 시세가 하락한 곳은 단한 곳도 없었고, 상승률도 구도심보다 높으니까 말이다. 물론 신도시 초반 분양의 어려움을 겪는 지역도 종종 있었지만, 드라마틱하게도, 대부분 지역이 3~5년 안에 사람들이 몰리고 가격도 상승했다. 이미 완성된 곳들을 복기하면서 검증하는 작업을 거쳤고 또 새로운 지역을 지켜보며 기준을 대입해보기도 했다. 신도시의 가격 변화는 〈도표 3-3〉과 같이 진행된다.

가로 선을 하나 긋고 입주 최초 연도부터 마지막 연도까지 적어 넣어라(빨간선). 구간의 절반을 기준으로 둘로 나눠라. 앞쪽 절반을 다시 반으로 나눠라. 그중 맨왼쪽, ❶번 구간은 미분양 또는 어려움을 겪는 시기다. 그 오른쪽인 ❷번 구간은 입지가 좋은 시범단지 아파트에 프리미엄이 붙기 시작하는 시기다.

나머지 뒤쪽 절반도 다시 반으로 나눠라. ❸번 구간은 프리미엄을 주고 사도 수익을 볼 수 있는 분양권 투자의 마지막 타이밍이다. ❹번 구

〈도표 3-3〉 신도시의 가격 변화

간은 분양권 차익만으로는 실익이 크지 않은 타이밍이다(프리미엄을 주고 산 것이 아니고 청약 당첨이라면 여전히 수익이 날 수 있다).

입주가 끝난 시점부터 다시 2년 후까지 선을 그어라(파란선). 1년 동안은 신도시 전체적으로 전세가가 올라 인근 지역의 전세가를 따라잡는다(❺번 구간). 2년째부터는 매매가가 한 차례 더 오른다(❻번 구간).

이것이 내가 본 신도시의 가격 변화 양상이다. 물론 모든 신도시가 이렇게 움직이는 것은 아니다. 호황기 때 분양하는 신도시는 처음부터 미분양 없이 순항하기도 한다. 그래서 시작만 다를 뿐 이후 과정은 비슷하다.

요즘 전국적으로 관심이 많은 세종시가 대표적인 사례다. 세종시는 여타 신도시보다 사이즈가 매우 큰 편이다. 50만 인구를 목표로 하는 곳이다 보니 사업 기간도 상당하다. 일반적인 신도시가 10년 정도 예상하는 반면 세종시는 20년을 바라본다.

신도시는 3단계의 과정으로 진행되는데 1단계는 개발기, 2단계는 성장기, 3단계는 성숙기라 볼 수 있다. 가격은 1~2단계에서 가장 크게 상승한다. 이를 조금 더 구체적으로 살펴보자.

최초 3년은 불안 단계다. 황무지 같은 곳에 엄청난 개발을 한다고 할 때 좌초되거나 계획이 변경·축소되는 경우가 워낙 많기 때문에 대부분의 사람들이 신뢰하지 않는다. 아파트 분양을 하면 미분양이 나기 일쑤다. 신도시의 위치가 구도심과 멀면 멀수록 그 정도는 더 심해진다. 세종시도 예외가 아니었다. 저렴하게 분양했음에도 미분양의 덫에서 오랜 기간 고생했다.

처음 분양한 아파트가 입주를 하고 인근에 학교가 생기고 상가가 들

〈도표 3-4〉 세종시의 단계별 사업계획

단계	1단계(2007~2015)	2단계(2016~2020)	3단계(2021~2030)
기능	중앙행정·도시행정기능 정부출연연구기능 국제교류 및 문화기능 대학기능	의료·복지기능 첨단지식기반기능	기존 도입기능의 완비
규모	15만 명	30만 명	50만 명
개발 방향	초기 집중개발 유도, 대중교통중심도로의 완성, 기존 기반시설의 이용 및 접근성 제고	자족 기능 중심의 개발확대도시, 전반적 기반시설의 확대 설치	주거지 확충, 전반적 기반시설 완비

어서는 등 눈에 보이는 새 건물을 보고 사람들의 의심은 약간의 호기심으로 변하게 된다. 그때부터가 안심 단계다. 안심 단계에 이르면 기존 미분양이 조금씩 사라지고 입지 좋은 곳에 공급되는 아파트에는 아주 조금씩 프리미엄이 붙게 된다. 되는 곳은 더 잘되지만 잘 안 되는 곳은 여전히 미분양이 남아 있는 시점이다.

이 시점이 터닝포인트다. 이후 분양하는 단지는 1, 2순위에서 완판될 가능성이 커진다. 분양가는 기존 분양한 단지에 프리미엄을 붙인 가격으로 책정된다. 전세가는 여전히 낮게 형성되지만 프리미엄이 조금씩 계단 형태로 붙게 된다. 이 시점 이후로 입지 프리미엄 이야기가 나오게 된다.

흥분 단계가 되면 입지에 따른 프리미엄 차별화가 심화된다. 비싸더라도 더 좋은 곳을 가지고 싶어 하는 사람들이 많아진다. 신도시가 전국적으로 소문이 나기 시작하고 평범한 사람도 그 도시를 알게 된다. 투자

〈도표 3-5〉 세종시의 가격 변화

불안

2011~2013년		
분양 시작	뜨뜻미지근	일부 미분양

안심

2014년		2015년
입주 시점 프리미엄	전세 최저가	프리미엄 계단식
매매 정체	매매/전세 정체	전세 정체

흥분

2016년	2017년	2018년
프리미엄 차별화	추가입주 전세 밀림	입지에 따른 시세 변화
전세 귀함, 전세 상승, 매매 소폭 상승	매매/전세 정체	매매 소폭 상승, 전세가는 입주량에 따라 결정

환호

2019년	2020년	2021년
입지에 따른 시세 변화	입지에 따른 시세 변화	입지에 따른 시세 변화
매매가는 소폭 상승, 전세가는 입주량에 따라 결정		

자 사이에서는 청약만 당첨되면 돈을 벌 수 있는 곳이라고 여겨지기 시작한다. 물론 여전히 리스크를 안고 있다. 전세 가격이 여전히 낮아 입주 시점까지 보유하려면 투자금이 많이 든다. 하지만 이 시점부터 전세 가격은 계단 형태로 오르는 경향이 짙다. 50퍼센트 이상 공급이 되면 나타나는 현상이다.

흥분 단계가 지나가면 환호 단계가 온다. 모든 사람이 해당 지역을 좋게 생각한다. 구도심에 사는 사람들도 신도시의 가격을 인정하고 이사를 가볼까 고민하기도 한다. 그러나 이미 오를 대로 오른 상태이기 때문에 실거주가 아닌 다음에는 큰 수익을 얻기 어렵다.

결론적으로 가장 좋은 투자 시점은 안심 단계에서 흥분 단계 사이라고 볼 수 있다. 가격이 크게 오르지 않은 상태이면서 프리미엄이 붙고 있어 안정적인 시점이다. 가격만 놓고 보면 신도시는 가장 빨리 들어가는 게 가장 싸게 사는 것이다. 하지만 너무 빨리 들어가면 너무 오래 기다려야 하기 때문에 빨리 들어가는 게 능사는 아니다. 안심 단계에서 흥분 단계 사이에 들어가면 오래 기다리지 않고도 2년 내에 원하는 수익을 낼 수 있다.

신도시 투자 최대의 적, 편견

신도시가 들어서면 그곳을 가장 무시하는 사람이 누구인지 아는가? 바로 신도시와 가장 가까이 접한 구도심에 사는 사람들이다. 특히 구도심 내 좋은 입지에 사는 사람일수록 편견의 정도가 심하다.

신도시가 들어온다 해서 구도심의 최고 입지를 항상 이길 수 있는 것은 아니다. 그렇다고 무시할 대상 역시 절대 아니다. 가격으로만 봐도 구도심의 두 번째 위상 정도를 차지하는 경우가 많고 인구가 적은 지방에서는 입지 순위가 역전되기도 한다. 다음 쪽 〈도표 3-6〉을 살펴보자.

허허벌판인 대지 위에 도시가 완성되어가는 모습과 범접할 수 없는 시세로 급등하는 걸 지켜보면서 구도심에서 살던 사람들은 뒤늦게 그 가

(단위: 만 원/3.3m²)

구도심	2018년 4월 평당가	신도시 사업명	분양초기 평당가	2018년 4월 평당가
수원 영통동	1,350	광교신도시	1,400	2,800
고양 일산동	1,550	삼송지구	1,350	1,900
분당 수내동	3,000	위례신도시	1,700	3,200
부산사하구 하단동	1,330	부산국제신도시	1,000	1,350
하남 덕풍동	1,950	미사강변도시	1,290	2,450
대전 상대동	2,000	세종시 세종더샵	900	2,200

치를 인정하게 된다. 처음에는 시세가 거품이라고 하다가 완성된 신도시를 가보고 나서는 "여보, 우리도 ○○신도시로 이사 갑시다"라며 두손을 들게 된다. 신도시 투자에서 첫 번째 적은 자신이 가지고 있는 편견이다. 신도시는 대부분 잘된다. 항상 가격이 오른다고 믿는 편이 낫다.

신도시는 왜 항상 오르는 것일까? 시간이 지날수록, 도시가 완성되어갈수록 가치가 상승할 수밖에 없는 구조이기 때문이다. 신도시의 가격은 나무 한 그루의 가격 변화와 매우 유사하다.

씨앗의 가격은 엄청나게 저렴하다. 묘목의 가격은 이보다 비싸다. 10년 이상 된 나무는 그보다 더 비싸다. 떡잎이 무성하게 자란 나무와 씨앗의 가격이 왜 이렇게 차이가 나는지 설명할 필요는 없을 것이다. 달걀과 닭의 가격도 마찬가지다. 오랜 시간과 노력의 보상이 가격에 반영되는 것이다. 지금 '즉시' 사용할 수 있다는 가치가 가격에 반영되는 것이다.

신도시는 10년 동안 만들어지는 곳이다. 최초의 가격으로 그 도시를 판단하면 안 된다. 초반에 분양한 아파트의 분양가가 4억 원이었다고 가정하면 그 아파트의 가치는 최소 1.5배, 즉 6억 원 이상이다.

지역 주민으로서 신도시에 투자하려면 먼저 편견과 고정관념을 던져 버려야 한다. 마음의 준비가 됐다면 본격적으로 신도시 성공 투자를 위한 네 가지 기준을 살펴보자.

신도시 투자 성공에 필수적인 네 가지 기준

신도시에 대한 편견을 버리고 있는 그대로의 가치만 바라본다면 신도시는 성공 확률이 매우 높다. 신도시는 태생부터 귀족 출신이다. 잘될 수밖에 없는 신분을 날 때부터 보장받은 것이다.

과거 신라 시대에는 신분을 왕족과 두품으로 나누었는데 왕족은 성골과 진골로 구분했으며, 두품은 6두품, 5두품, 4두품으로 나누어 관리했다. 성장 과정이나 노력 여부과 관계없이 처음부터 귀족인 것이다. 신도시는 이 신분제도와 유사한 부분이 매우 많다고 생각한다.

그런데 A 신도시와 B 신도시가 있다고 가정했을 때 두 곳은 모두 동일하게 잘 될까? 그렇지 않다. 어떤 곳은 매우 좋고, 어떤 곳은 같은 신도시여도 상위권 신도시들의 실적에 훨씬 못 미치는 경우도 많다.

신도시는 모두 귀족 신분이라고 했지만 같은 귀족 내에서도 등급이 있다. 여기서 말하는 등급은 처음부터 결정된다. 나는 아주 간단하게 네 가지의 기준을 적용한다. 물론 더 많은 기준을 만들 수도 있겠지만 가장 중요한 네 가지 요소만 가지고도 분류할 수 있다.

신도시 투자 기준은 다음과 같다.

- 첫째, 사업 규모가 어떠한가?
- 둘째, 신도시를 만드는 주체는 누구인가?
- 셋째, 인근 구도심의 좋은 입지와 근접성이 어떠한가?
- 넷째, 일자리가 함께 들어오는가?

● 사업 규모가 어떠한가?

신도시의 성패를 좌지우지하는 첫 번째 기준은 사업면적이다. 사업면적이 크면 규모의 경제가 가능해진다. 신도시의 규모는 사업면적, 목표 인구수, 개발 예산 총액으로 가늠해볼 수 있다. 사업면적이 클수록 많은 사람을 수용할 수 있고, 사람이 많아지면 더 많은 시설을 유치할 수 있다. 백화점, 마트, 병원, 은행과 같은 상업 및 편의시설이 들어서게 된다. 규모가 크면 사업예산도 많이 확보된다. 공원이나 하천이 잘 정비되고 때로는 인공으로 만들어지기도 한다. 그리고 인구가 많은 신도시는 교통 환경이 잘 갖춰져 구도시와의 연결이 자연스럽게 이뤄진다. 도로는 물론이고 지하철 연장, 트램, GTX, KTX, SRT와 큰 교통 호재가 뒤따를 확률이 높다. 게다가 규모가 크면 그 안에서 모든 걸 해결할 수 있는 자족도시가 된다. 베드타운의 성격만 띠는 신도시와 자족이 가능한 신도시는 차이가 크다.

간혹 택지개발지구임에도 신도시라는 이름을 쓰는 경우가 있다. 일반인은 잘 구분하지 못하는데, 앞서 언급했듯이 100만 평 이상인 곳이 신도시다. 그러니 사이즈는 반드시 확인해야 한다. 나는 신도시에 들어오는 아파트의 개수로 크기를 가늠해본다. 아파트가 20개 이상 들어오면 신도시의 사업면적을 갖는 것은 물론이거니와 그중에서도 큰 편에 속한다. 다른 것을 보지 않아도 높은 점수를 줄 수 있다. 아파트가 20개 이상 들어오면 적당히 큰 규모의 상업지구가 들어선다. 백화점, 아울렛, 마트 정도가 들어올 수 있는 수준이 된다. 도청이나 법원 등의 고급 일자리가 들어오는 경우도 많다.

아파트 개수가 10개 미만인 곳은 신도시 규모가 될 수 없다. 택지지구 정도로 보는 게 맞을 것이다. 하지만 지역 브랜딩을 위해 ○○신도시라는 이름을 채택하는 경우도 있다. 일례로 현재 부산에는 2개의 신도시가 만들어지고 있다. 동쪽으로는 일광신도시가 만들어지고 있고 서쪽으로는 국제신도시가 형성되고 있다. 모두 신도시가 맞을까? 국제신도시로 불리는 명지주거단지조성사업은 사업면적이 1,840,000㎡로 55만 평이다. 일광신도시의 사업면적은 1,360,000㎡로 41만 평이다. 즉 2개의 사업지 모두 100만 평이 되지 않는 택지개발사업이다. 그럼에도 요즘은 택지개발지구에 신도시라는 이름을 사용하는 경우가 많다. 택지개발지구 역시 사업면적이 매우 중요한 요소다.

● **신도시를 만드는 주체는 누구인가?**

삼성이 만든 에어컨과 중소기업이 만든 에어컨이 있다 치자. 어떤 에

어컨을 구매하고 싶은가? 성능은 둘째 치더라도 A/S 등의 안정성 측면을 고려하면 삼성 제품을 선택할 확률이 높다. 전자제품 하나도 그러한데 도시를 설계하고 개발하는 일은 오죽할까. 신도시는 기간이 아무리 짧아도 10년이 걸리는 사업이다. 신도시를 주관하는 기업이 망하면 어떻게 될까? 기업이 망하면 신도시도 만들어지다가 멈춰버릴 수 있다. 따라서 신도시의 택지 조성은 대부분 정부나 지자체에서 주관한다. 예외적으로 지자체와 기업이 합작하는 경우도 종종 있다.

조금 더 구체적으로 살펴보면, 서울 지역은 SH공사에서 주관하고 그 외 전국 지역은 LH공사에서 주관한다. 서울을 제외한 지역의 경우 LH가 아닌 지자체에서 주관하는 경우도 있다. SH와 LH 모두 국토부 산하 공기업이다. 쉽게 말해 국가 소유의 건설사라 봐도 무방하다. 물론 사익이 아닌 공익을 목적으로 한다는 것이 민간 건설사와 다르지만 하는 일은 비슷하다. 지자체의 경우도 도시개발공사라는 이름으로 사기업 건설사와 유사한 형태의 건설사를 소유하고 있다.

신도시 건설은 예산 확보가 무엇보다 중요하다. 그래서 지자체보다는 LH에서 주관하는 것이 보다 안전하다. 돈이 되는 사업은 LH에서 진행하고 그렇지 않은 사업은 지자체에 알아서 맡기는 경우도 많다. LH는 사리 판단이 매우 뛰어난 종합건설사다. 그러니 신도시가 들어서면 사업주체가 누구인지 꼭 확인하라.

몇 가지 예를 보자. 첫 번째 사례는 전라북도 전주시의 혁신도시와 만성도시개발 그리고 에코시티다. 혁신도시는 LH의 국가 정책사업 중 하나다. 혁신도시와 바로 인접한 곳에 만성도시개발이라는 이름으로 택지개발이 진행되고 있다. 해당 지역의 왼쪽 절반은 LH가 진행했고 오른쪽 절반은 전주시 도시개발공사에서 진행했다. 왼쪽은 청약이 순조롭게 이뤄진 반면 오른쪽은 미분양이 발생했다. 처음부터 예견됐던 일이다. 입지상으로 사업성이 뛰어난 곳은 LH가 가져가고 그렇지 않은 곳은 지자체에 줬으니 말이다.

혹자는 SH와 LH에 대해 '합법의 탈을 쓴 땅 장사꾼'이라고 평가하기도 한다. 기존 토지 원주민들의 땅을 개발이라는 명목으로 수용한 후 시장에서 형성되어 거래되는 가격이 아닌 공시지가 수준으로 보상을 해주고 땅을 매입한 후 토지를 개발하여 원가 공개 없이 땅을 비싸게 판다는 이유 때문이다. 그러나 논쟁은 잠시 접어두자. 신도시 투자를 하는 사람 입장에서는 LH가 진행하는 사업이 지자체가 진행하는 사업보다 안정적이라는 것만 기억하자.

두 번째 사례는 원주 기업도시다. 원주 기업도시에는 제2영동고속도로가 개통됐으며 앞으로 인천공항~용산~서원주~강릉으로 이어지는 중앙선 고속화 철도인 인천~강릉 간 KTX 서원주역(가칭)이 뚫릴 예정이다. 여기에 여주~원주 수도권 복선전철까지 지나갈 계획이다. 이렇게 강력한 교통 호재가 있음에도 기대했던 것보다 진척이 느리다. 분양 결과도 시원찮다. 왜 그런 걸까? 답은 간단하다. 사업주체가 LH가 아닌 원주시 개발공사와 롯데라는 기업이기 때문이다.

사업주체가 LH가 아닌 지자체라고 해서 항상 실패하는 것은 아니다. 입지와 호재가 겹치면 사업역량의 약점을 극복하기도 한다. 대표적인 예가 광교신도시다. 경기도 개발공사와 수원시에서 주관했는데 이곳에는 신분당선이라는 교통 호재와 원천, 신대호수와 같은 천혜의 자연환경 그리고 도청 및 법원 일자리 호재가 복합적으로 작용해 예상을 깨고 경기 남부권의 시세를 견인하기도 했다.

● 인근 구도심의 좋은 입지와 근접성이 어떠한가?

신도시는 규모도 중요하고 사업주체도 중요하지만 타고난 지리적 입지도 매우 중요하다. 내가 중요하게 생각하는 부분은 두 가지다. 첫째, 신도시는 초기 편의시설이 너무나 부족하다. 따라서 인접한 지역의 편의시설을 이용할 수 있다면 단점을 단기간에 극복할 수 있다. 기왕이면 구도심의 좋은 입지와 가까울수록 좋다. 둘째, 신도시는 일자리와의 근접성이 중요하다. 같은 베드타운이라고 하더라도 구도심의 일자리와 가까운 곳의 신도시는 잘되는 반면 거리가 먼 곳은 사람들에게 외면받는다.

대구 경북에 있던 경북도청이 안동과 예천 사이로 이전하면서 경북도청신도시가 만들어지고 있다. 그것보다 조금 더 빨리 전라남도 목포와 무안군 사이로 전라남도청이 이전하면서 남악신도시가 생겼다. 둘의 성패는 어떠할까? 지도를 보면 쉽게 예측할 수 있다.

어떤 신도시가 기존 구도심과 근접해 있는가? 경북도청신도시는 주변에 아무것도 없다(〈도표 3-7〉). 안동 및 예천군 구도심과 거리가 너무나 멀다. 구도심의 편의시설을 그대로 활용하기도 어렵고 구도심의 일자리로 출퇴근하기도 어렵다. 반면 남악신도시는 목포의 분당이라 불리는 구도심 옥암동과 딱 붙어 있다(〈도표 3-8〉). 구도심의 수요를 흡수할

자료: 네이버 지도

수 있고, 신도시의 초기 약점을 커버할 수 있다.

　이러한 원칙은 도청신도시가 아닌 전국 혁신도시에서도 동일하게 적
용된다. 부산, 대구, 울산의 혁신도시는 구도심 한복판에 들어가서 처음
부터 끝까지 순조롭게 진행됐으며 큰 폭의 시세 상승이 뒤따랐다. 경남
진주혁신도시와 전북 전주혁신도시는 구도심과 조금 떨어졌지만 그 거
리가 멀지 않아 적정 수준의 시세 상승이 있었다. 반면 경북 김천혁신도
시와 전남 나주혁신도시는 구도심과 동떨어져 있어 시세가 크게 상승하
지 못했다. 상승을 하더라도 반짝 상승하고 제자리였다. 일자리가 동반
되는 동일한 조건의 택지개발이었지만 구도심과의 거리에 따라 다른 결
과를 보여준 것이다.

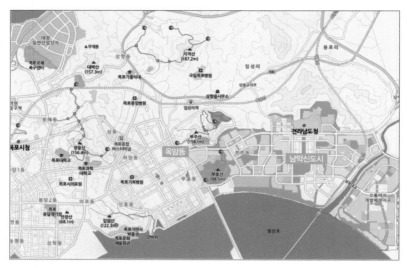

〈도표 3-8〉 남악신도시 지도

자료: 네이버 지도

● 일자리가 함께 들어오는가?

신도시 프리미엄에 일자리까지 함께 들어온다면 금상첨화다. 자족도
시가 가능해지기 때문이다. 전국의 혁신도시가 성공할 수 있었던 가장
큰 원동력은 일자리가 함께 들어간 것이다. 택지개발지구나 도시개발의
경우도 마찬가지다. 일자리가 동반되면 성공 확률이 매우 높아진다. 일
자리 중에서도 어떤 일자리가 들어오느냐가 중요하다. 소득수준이 높은
일자리일수록, 지식기반 산업일수록 효과가 크다. 그리고 일자리가 인
접한 곳에서 이동하는 것이 아니라 외부에서 유입되는 경우는 더 좋다.
세종시가 잘된 이유는 고급 일자리가 함께 들어왔기 때문이다. 전국의
혁신도시가 잘된 이유도 일자리 때문이다. 간혹 신도시에 법조타운이

들어가는 경우도 일자리 호재라 볼 수 있다.

　신도시 성공 투자를 위한 네 가지 기준을 설명했다. 네 가지 기준이 모두 만족되는 신도시라면 성공 확률은 매우 높아진다. 사업 규모가 다른 신도시에 비해 크고, 사업주체가 정부이며, 구도심과의 근접성이 좋고, 일자리가 함께 들어오는 신도시로는 현재 어디가 있을까? 가장 대표적인 곳이 세종특별자치시다. 이곳이 앞으로도 특별할 것으로 보이는 이유가 바로 이것이다.

　앞으로 새롭게 만들어지는 신도시가 있다면 어떤 관점으로 바라볼 것인가? 네 가지 기준만 체크한다면 당신도 옥석을 가려낼 수 있다. 아무것도 없는 허허벌판의 현재 모습으로 평가하지 말고 네 가지 기준으로 미래가치를 평가하자.

제4장

어디를
사야 할까 2
(구도심)

구도심 투자는 어떻게 할 것인가 · 구도심 투자에 성
공하기 위해서는

구도심 투자는
어떻게 할 것인가

구도심의 시세는 어떻게 움직이는가

구도심은 성공적인 신도시 투자의 네 가지 기준, 즉 사업 규모, 사업 주체, 근접성, 일자리가 적용될 수 있을까? 대답은 '아니오'다. 구도심의 시세 변화에 절대적인 영향을 미치는 요소는 따로 있다.

● 구도심의 가격은 수요에 의해 결정된다

부동산에서는 수요가 매우 중요하다. 공급보다 더 중요한 것이 수요다. 공급은 어느 정도 예상할 수 있지만 수요는 예상이 불가능하기 때문이다. 다행히 부동산은 주식만큼 빠르게 변하지 않고 서서히 움직인다. 그리고 어느 정도 패턴도 가지고 있다.

구도심의 투자 성공 여부는 수요를 얼마나 예측할 수 있는가에 달려 있다. 많은 사람이 구도심의 집을 사려고 하면 집값은 오르기 마련이고, 반대이면 집값은 오르지 못하거나 내려간다. 당연하다. 하지만 부동산은 여기에 핵심 포인트가 있다. 만약 사람들이 집을 사지 않는다면 어디에서 거주할 것인가? 주식처럼 사도 그만 안 사도 그만이 아니라, 거주할 주택은 꼭 필요하다. 만약 집을 사지 않는다면 임차할 수 있는 주택이 그만큼 더 필요하다는 것을 의미한다. 주식에서 말하는 수요가 '산다 또는 사지 않는다'를 의미한다면 부동산에서 수요는 '집을 산다 또는 임차한다'를 의미한다. 이를 매매수요와 임차수요라 한다.

많은 사람이 집을 사지 않으려고 하면 매매 가격은 오르지 못하지만 전세 가격이 오르게 되고, 많은 사람이 집을 사려고 하면 전세 가격은 안정되지만 매매 가격이 오르게 된다. 즉, 매매수요를 뒤집으면 임차수요가 된다.

〈도표 4-1〉 매매수요와 임차수요에 따른 가격 변화

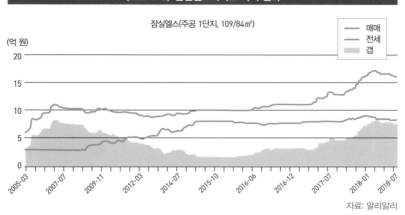

잠실엘스(주공 1단지, 109/84㎡)

자료: 알리알리

매매수요와 임차수요가 왜 중요한지 잠실 한 아파트의 전세가율을 예로 들어 살펴보자.

이 아파트의 가격은 2005년에 큰 폭으로 상승한 이후 조정 및 하락기를 거치고, 2016년 이후 큰 폭으로 상승한 모습을 볼 수 있다. 매매 가격이 상승할 때 전세 가격이 어떻게 움직였는가? 동반 상승하는 경우도 있지만 이는 주택 공급까지 부족했을 때 일어나는 모습이고, 구도심 내부와 외곽에 적절한 공급이 됐다면 일반적으로 보합을 보인다. 표로 정리한 자료를 살펴보자(〈도표 4-3〉).

전세가율은 임차수요를 의미한다. 주택을 사지 않고 임차로 거주하고 싶어 하는 비율이라고 봐도 무방하다. 47퍼센트 → 24퍼센트 → 82퍼센트 → 54퍼센트로 시기별로 변했다. 2015년 7월의 주택을 구매하지 않으려는 임차수요가 가장 높았다는 것을 알 수 있다(전세가율은 '호갱노노'라는 사이트의 아파트 상세정보에서 살펴볼 수 있다).

구분	2005년 3월	2007년 3월	2015년 7월	2018년 2월	평균
매매가(원)	5억 6,500만	11억	9억 9,500만	16억 6,000만	10억 8,000만
전세가(원)	2억 7,000만	2억 7,000만	8억 2,500만	9억 0,000만	5억 6,625만
전세가율(=임차수요, %)	47	24	82	54	52
매매수요(100%-임차수요)	53	76	18	46	48
임차수요계수	5	28	−30	−2	
의미		매도 적기	매수 적기		

매매수요와 임차수요의 합이 100퍼센트라 보면 합(100퍼센트)에서 임차수요(전세가율)를 뺀 것이 매매수요다. 2007년 3월에 집을 사려고 하는 매매수요가 76퍼센트로 가장 높았다는 것을 알 수 있다.

● **매매수요와 임차수요를 눈여겨보라**

전세가율이 높아진다는 건 임차수요가 늘어난다는 의미로 전세가의 상승을 의미한다. 매매수요가 높으면 주택을 구매하려는 수요가 많아져 매매가의 상승이 예고된다. 구도심 아파트의 가격은 매매수요와 임차수요의 관계에 의해 결정된다. 해당 아파트는 2005년부터 2018년까지 평균 52퍼센트의 전세가율을 기록했는데, 해당 아파트에 임차하여 살고 싶어 하는 사람이 100명 중 52명이고, 매매하여 살고 싶어 하는 사람이 48명이라 볼 수 있다. 전세가율을 그래프로 나타내면 〈도표 4-4〉와 같은 형태로 오름과 내림을 반복하게 된다. 전세가율이 높아질 때도 있고 낮아질 때도 있다.

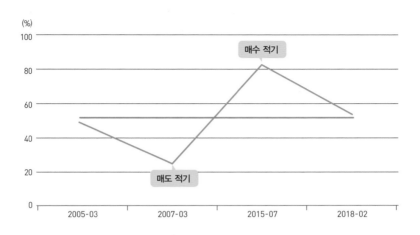

(%)

100

80

매수 적기

60

40

매도 적기

20

0

2005-03   2007-03   2015-07   2018-02

하지만 항상 평균은 있다. 전세가율의 평균을 기준선으로 그으면 어떤 시기가 매도 적기이고 어떤 시기가 매수 적기인지 쉽게 살펴볼 수 있다. 다시 〈도표 4-4〉를 보자. 2015년 7월 전세가율은 82퍼센트였다. 주택을 아무도 사지 않으려고 한 시기였다. 해당 아파트의 평균 전세가율은 52퍼센트다. 현실적으로 전세가율이 82퍼센트에서 더 올라가기는 어렵고, 전세가율 평균(52퍼센트)과 격차도 많이 벌어졌다. 시간이 지나면서 평균으로 회귀할 가능성이 크다. 이후 전세가율이 낮아진다면 매매가가 상승하리라는 걸 의미한다. 따라서 전세가율이 가장 높았던 2015년 7월이 매수 적기였다. 반면 매도 적기는 전세가율이 가장 낮았던 2007년 3월이었다.

단순히 전세가율이 높은 아파트를 사야 한다는 이야기가 아니다. 강남의 아파트는 대체로 전세가율이 낮고 지방의 아파트는 전세가율이 높다. 그렇다면 무조건 지방의 아파트를 사야 한다는 이야기인데, 그렇지 않다. 단순히 전세가율로 비교하는 우를 범하면 안 된다. 아파트별로 과거의 평균 전세가율과 현재의 전세가율을 비교해야 한다. 과거 평균 전세가율과 현재 전세가율을 비교해 지금의 전세가율이 과거 평균보다 현저히 높아졌을 때, 그때가 매수 적기라는 얘기다.

지방에는 전세가율이 줄곧 80퍼센트를 넘는 아파트도 있다. 일시적인 현상이 아니라 평균치가 그러하다면, 매력이 떨어지는 아파트다. 왜냐하면 매매보다는 전세로 거주하고 떠나가는 아파트라는 의미이기 때문이다. 중요한 것은 아파트마다 전세가율의 평균이 다르다는 것이다. 아파트별 전세가율의 평균은 중요하다. 기준이 되기 때문이다. 각 아파트의 평균과 연도별 전세가율의 차이를 비교해보면 절대적인 수치를 구할 수 있다. 아파트별로 계수화하여 점수를 비교해보면 어떤 아파트가 더 매력적인지 객관적으로 파악할 수 있다.

사계절 중 봄을 처음 경험해봤다면 이후 여름이 올지 가을이 올지 알 수 없다. 하지만 봄이 오면 여름이 오고, 여름 다음에는 가을과 겨울이 온다는 걸 매년 반복적으로 경험한 사람이라면 지금 얇은 옷을 입어야 하는지 두꺼운 외투를 꺼내 입어야 하는지 알게 된다. 신도시와 구도심의 중요한 차이는 바로 이것이다. 신도시에는 과거 정보가 없지만 구도심에는 과거 정보가 있다. 구도심은 오랜 기간 동안 변화가 반복된 이력이 있는 곳이다. 앞으로 어떤 흐름이 올지 예상하기는 어렵지만 매매수요와 임차수요만으로도 현재 어떤 상황인지 쉽게 이해할 수 있다.

● 수요 변화에 따른 구도심의 부동산 사이클

수요는 왜 이렇게 손바닥 뒤집듯이 움직이는 것일까? 인간이 하는 일이기 때문이다. '수요 = 사람의 불안한 마음'이라고 생각해보라. '수요 = 사람이 끌어다 쓰는 돈의 크기'라고 생각해보라. 어떨 때 마음이 불안해지겠는가? 부동산에 악재가 될 것 같은 작은 요소라도 뉴스에 자주 보이면 매매가 아닌 임차 쪽으로 기우는 게 사람의 마음이다. 어떨 때 돈을 끌어다 투자를 하는가? 확실하다 싶을 때 레버리지를 일으킨다. 몇 달 만에 가격이 급등하는 모습을 경험하고 나면 없던 돈도 만들어내는 게 인간의 마음이다. 올해 아파트 가격이 2배로 뛴다고 하면 없던 돈도 빌려서 사지 않겠는가? 결국 시세를 움직이는 건 아파트 자체가 아니라 사람의 마음이라 볼 수 있다. 그로 인해 구도심의 부동산은 〈도표 4-5〉와

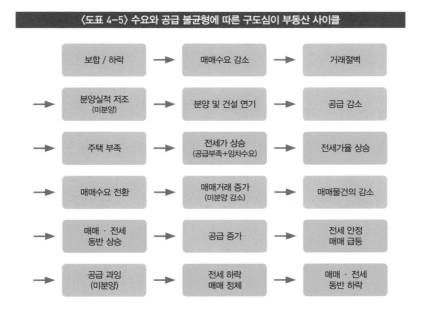

〈도표 4-5〉 수요와 공급 불균형에 따른 구도심이 부동산 사이클

보합 / 하락	매매수요 감소	거래절벽
분양실적 저조 (미분양)	분양 및 건설 연기	공급 감소
주택 부족	전세가 상승 (공급부족+임차수요)	전세가율 상승
매매수요 전환	매매거래 증가 (미분양 감소)	매매물건의 감소
매매 · 전세 동반 상승	공급 증가	전세 안정 매매 급등
공급 과잉 (미분양)	전세 하락 매매 정체	매매 · 전세 동반 하락

같은 사이클이 반복된다.

가격이 보합세이거나 하락하면 마음이 움츠러든다. 주택을 매입하지 않는다. 물건을 내놓아도 선뜻 사려는 사람이 없다. 당연히 거래가 되지 않는다. 가격은 다시 보합 또는 하락을 한다. 새 아파트가 분양돼도 분양을 받지 않는다. 수요가 없으니 건설사들의 분양 일정이 연기된다. 이러한 상황이 길어지면 한동안 그 지역에 공급이 전무하게 된다.

매매수요가 감소하는 만큼 임차수요는 강해진다. 거주할 집은 필요한데 공급이 없으니 전세가가 상승한다. 자연스럽게 전세가율이 높아진다. 전세가와 매매가의 차이가 나지 않으면 돈을 조금 더 보태서 주택을 사는 매매수요가 일부 생겨난다. 개중에는 분양하는 새 아파트를 선택하는 수요도 생기지만 공급되는 부동산이 없기 때문에 기존에 공급한 미분양 주택을 매입한다. 자연스럽게 미분양이 감소한다.

미분양물량이 급격히 소진되면 그때부터는 매매 가격도 함께 오르기 시작한다. 매매수요가 어느 정도 생긴다 싶으면 건설사에서 분양을 한다. 공급을 했을 뿐 집은 여전히 부족하기 때문에 매매가와 전세가가 동반 상승한다. 구축 아파트가 많이 오른 반면 새 아파트와 가격 차이가 많이 나지 않기 때문에 분양 시장으로 몰리게 된다.

곧 분양가에 프리미엄이 붙기 시작하고 재건축과 재개발도 활황기를 맞이한다. 가격이 오르면 오를수록 더 많은 수요가 달라붙는다. 뉴스에서 부동산 급등이라는 기사를 보게 되면 '지금이라도 사야 하지 않을까?'라며 '묻지마 투자'를 감행하는 사람도 나타난다. 수요가 폭발하는 시기에 공급 계획도 폭발한다.

분양받았을 때는 좋았으나 입주 시점이 다가오면 문제점이 하나둘 발생한다. 수요가 충분히 받쳐줄 때는 괜찮지만, 수요의 갈증이 해소되면 새것을 받아줄 수요가 부족해진다. 미분양이 조금씩 증가하기 시작하고 전세가의 하락이 나타난다. 전세가의 하락 속에서 공급이 지속적으로 발생하면 매매가도 버티지 못하고 하락하게 된다.

부동산의 가격은 이러한 패턴으로 움직인다. 여기서 결정적인 역할을 하는 게 바로 수요다.

구도심 투자에
성공하기 위해서는

구도심의 형성 과정

구도심 투자 방법을 이야기 하기 전에 먼저, 도시의 형성 과정을 알아야 한다. 구도심은 최초 어떤 모습이었을까? 신도시로 시작해서 10년, 20년, 30년이 지나 지금의 구도심이 됐을까? 물론 그런 곳도 있다. 강남, 여의도, 분당과 같은 지역이 대표적이다. 하지만 대부분의 구도심은 택지개발사업의 형태로 시작되지 않았다. 마을이 도심이 되고, 그 도심에 인구가 증가하면서 지금의 구도심과 같은 모습을 띠게 됐다. 예전의 마을 이름이 적힌 비석이 세워져 있는 곳들도 여전히 많다. 판자촌에서

구분	택지개발 ○	택지개발 ×
30년 이상인 곳	사례 1	사례 2
30년 이내인 곳	사례 3	사례 4

벽돌집으로 바뀐 지역도 있고, 벽돌집만 있던 곳에 원룸과 상가주택들이 우후죽순으로 들어선 곳도 있다. 그러다가 1980년 도시의 주택난을 해소하기 위해 택지개발촉진법이 제정됐다.

구도심은 크게 택지개발(신도시) 형태로 시작되어 성숙기 단계로 접어든 곳과 그렇지 않은 곳으로 분류된다. 이들 지역은 다시 성숙기를 지나 리뉴얼이 필요한 시기가 된 곳과 그렇지 않은 곳으로 분류된다. 결론적으로 구도심은 네 가지 사례로 분류된다.

앞서 언급한 구도심 지역들 중 어떤 곳이 더 유망할까? 정답은 없다. 모두 투자 가치가 있다. 사례별 접근 방법이 다를 뿐이다.

구도심의 사례별 투자 가치

● 사례 1: 택지개발로 형성된 오래된 구도심

택지개발로 진행된 주거시설의 대표주자는 아파트다. 인구 문제를 해결하기 위해 만들어진 택지개발지구이기 때문에 주거시설 중 아파트의 비중이 가장 많게 설계됐다. 지금도 마찬가지다. 주택의 많은 비중이 아파트이다 보니 노후화된 아파트에 다수의 실수요자가 거주하고 있다. 그러다 시간이 지나면 재건축 기간이 도래하게 된다. 과거 40년이었던 것이 현재는 30년만 지나도 재건축 대상이 된다(현 정부에서는 이 부분에 대한 재조정을 검토하고 있다).

지은 지 30년 즈음 지나고 부터 재건축 아파트가 최고의 인기를 누리게 된다. 대지 지분이 높아 사업성이 좋으면서 재건축 연식이 도래한 아파트부터 새 아파트로 재탄생을 준비한다. 믿기지 않았던 새 아파트가 하나씩 들어서고 그 지역의 시세를 견인하는 랜드마크가 된다. 당연히 그렇지 않겠는가? 주거시설의 70퍼센트 이상을 아파트가 차지하는데 그중 90퍼센트가 낡았고 10퍼센트의 새 아파트가 들어서면 누구나 이 아파트에 거주하고 싶어지기 마련이다. 먼 타지로 이사하기도 어렵고 자녀들의 학교 문제도 있으니 말이다.

따라서 사례 1의 우수 투자처는 재건축 아파트가 1순위가 되고, 재건축 연식이 도래하지 않은 일반 아파트는 2순위가 된다. 시세 상승폭 면에서는 그렇다.

그렇다면 재건축 아파트만 돈이 되는 걸까? 꼭 그렇지는 않다. 재건축 아파트는 수익성이 높은 만큼 리스크도 크다. 많은 투자금이 필요하고, 정책 등으로 인한 사업성의 변화라는 우려가 있으며, 시간상의 여유도 있어야 한다. 세계 불황이나 금융위기 등 대외 시장의 변화에 가장 큰 영향을 받는다. 재건축 아파트는 들어가 살고 싶은 아파트가 아니라 새 아파트로 바뀌었을 때 시세차익을 보고 싶어서 보유하는 것이기 때문에 있어도 그만 없어도 그만일 수 있다. 하지만 구축 아파트는 없으면

살 곳이 없다. 주택 부족이 큰 문제지 새롭게 짓거나 리모델링을 하는
건 시장의 분위기가 좋을 때 이뤄진다.

강남 3구인 강남구, 서초구, 송파구의 지도를 보자. 도로가 대체로 반
듯반듯하다. 체계적으로 설계된 도시다. 이런 곳은 당연히 새 아파트가
선호되고 재건축 아파트가 시세를 견인한다. 분당신도시도 앞으로 10년
이 지나면 많은 아파트가 재건축 대상이 된다. 이때도 입지가 좋으면서
수익성이 높은 재건축 아파트가 시세를 견인하게 된다.

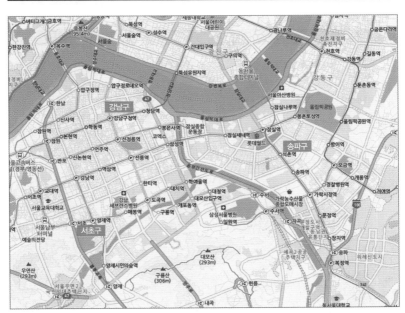

〈도표 4-7〉 강남 3구

자료: 네이버 지도

● 사례 2: 택지개발이 아닌 형태로 형성된 오래된 구도심

택지개발 형태가 아닌 구도심은 단독주택이 대표주자다. 오르막도 많고, 좁은 골목길도 많다. 시장이나 장터가 형성되어 상권을 이루고 있고, 역세권을 중심으로 편의시설들이 들어서 있다. 젊은 사람들은 대부분 이곳을 떠나고 싶어 한다. 새롭게 만들어지는 신도시나 오래됐더라도 인프라가 잘 갖춰진 1기 신도시를 선택하려고 한다.

그렇다면 이곳에는 투자 포인트가 없는 것일까? 그렇지 않다. 주택들이 오래된 곳은 주거환경 개선사업, 주택재건축, 주택재개발, 재정비촉진지구, 가로주택정비사업, 주거환경 관리사업 등으로 리뉴얼된다.

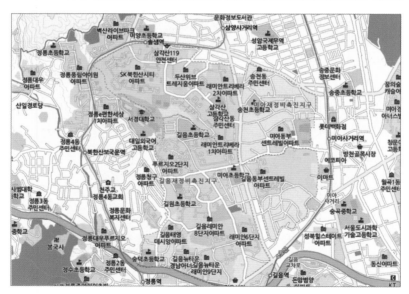

〈도표 4-8〉 서울 길음동, 미아동

출처: 네이버 지도

1~2개의 주택이 새롭게 지어지는 지역도 있지만 정책적으로 지구로 지정되어 동네 전체가 새롭게 탄생하는 지역이 많다. 한마디로 천지개벽하는 곳으로, 이런 곳은 훌륭한 투자처가 된다. 이곳은 현재의 가격으로 가치를 평가하면 안 된다. 미래 택지개발지구 격이기 때문에 미래의 모습으로 평가해야 한다.

〈도포 4-8〉, 〈도표 4-9〉를 보면 이해하기가 더 쉬울 것이다.

서울의 길음동, 미아동, 장위동을 보면 전, 후를 쉽게 확인할 수 있다. 장위동이 전이고 길음동, 미아동이 후라 볼 수 있다. 길음동, 미아동은 도로 사정이 열악하고 오르막도 심하고 주택 위주로 형성되어 있었

〈도표 4-9〉 서울 장위동

출처: 네이버 지도

다. 그런데 지금은 아파트 숲이 됐고 일자리와도 가까워 많은 사람이 거주하고 싶어 하는 곳으로 변했다. 시세 상승은 당연하다. 장위동은 여전히 아파트보다 주택이 많다. 재개발을 위해 이주한 곳도 있고 이주를 준비하고 있는 곳도 있다. 앞으로 아파트 숲으로 변하게 될 지역이다.

서울에는 이 외에도 유사한 지역이 많다. 수색증산, 노량진, 북아현, 신길, 이문휘경, 흑석, 한남 등이 재정비촉진지구로 지정되어 진행 중이다. 30년 이상 됐으나 택지개발 형태가 아닌 사례 2와 같은 구도심에 투자할 생각이라면 '재정비촉진지구(과거 뉴타운)'라는 단어에 주목하자. 재정비촉진지구는 다수의 지구가 지정되어 동네 전체가 천지개벽하는 곳이다. 이곳은 주택이 1순위 투자처가 되고 지구에 포함되지 않은 주택은 2순위가 된다.

● 사례 3: 재건축도 없고, 재개발도 없는 구도심

이 지역은 오래된 아파트가 없어 재건축할 아파트가 없거나 있다고 하더라도 소수에 불과한 경우, 그리고 주택과 아파트들이 섞여 있지만 재개발 지역이 많지 않은 평범한 구도심이다. 이런 곳에 거주하는 사람은 어떤 부동산에 거주하길 원할까? 입지가 좋은 곳은 이미 오래된 아파트들이 차지하고 있다. 이러한 구도심은 편의시설과 역세권 등의 장점을 두루 갖추고 있는 경우가 많지만 재건축 연식에는 한참 못 미치기 때문에 투자 목적보다는 거주 목적으로 선택하는 경우가 많다.

게다가 10년이란 시간이 지나도 입지에 특별한 변화가 없는 경우가 많다. 따라서 실거주자가 가장 선호하는 곳이 된다. 외곽으로 나가면 빈 땅이 조금 있을 수 있는데 그곳에 새 아파트가 들어서기도 한다. 새 아파트는 입지가 안 좋고, 입지가 좋은 곳에 들어선 아파트는 오래됐다. 이 둘의 싸움은 대개 입지 좋은 오래된 아파트의 승리로 끝난다. 간혹 입지가 안 좋은 새 아파트가 새것이라는 이유만으로 선방하는 경우도 있다. 하지만 이내 입지 좋은 곳의 아파트가 뒤따라 올라가 버린다. 결론적으로 입지가 좋은 아파트가 1순위 투자처가 되고, 2순위는 입지가 조금 떨어진 곳에 있는 새 아파트 또는 구축 아파트다.

결론적으로 30년 이상된 택지개발 지역은 재건축 아파트, 30년 이상 됐으나 택지개발이 아닌 형태로 형성된 구도심은 재정비촉진지구의 주택, 재건축 또는 재개발이 없는 30년 이내의 구도심은 1군 입지의 구축 아파트에 관심을 가져야 한다는 얘기다. 어떤가? 우리가 살고 있는 도시를 대수롭지 않게 바라봤을 텐데 이렇게 나누어보니 그동안 보이지 않던 것이 보이지 않는가? 남들이 보지 못하는 나만의 기준을 하나 가진 것 같은 기분도 들 것이다. 하지만 축배를 들기엔 이르다. 투자 포인트보다 더 중요한 구도심 투자 원리를 이해해야 한다.

구도심 투자 성공에 필수적인 다섯 가지 기준

구도심은 크게 다섯 가지 기준을 알아야 한다. 첫째는 수요, 둘째는 공급, 셋째는 가격, 넷째는 입지, 다섯째는 정책이다.

첫째는 수요가 폭발하는 경우다. 수요 중에서도 투자수요가 아닌 실수요가 참여할 때 가격이 많이 오른다. 둘째는 공급이다. 인구수 대비 입주물량이 얼마나 많은지 부족한지에 따라 전세가가 결정되고 매매가도 영향을 받는다. 셋째는 가격이다. 회사 연봉이 동결되듯 너무 오랫동안 오르지 않으면 인플레이션이 축적됐다가 뒤늦게 반응한다. 때로는 경쟁 지역이 오르는 경우 경쟁적으로 함께 오르기도 한다. 넷째는 호재다. 호재는 선별이 필요하다. 1순위는 일자리, 2순위는 교통, 3순위는 재개발로 인한 천지개벽, 4순위는 상권·교육·자연환경의 변화가 있는 경우다. 다섯째는 정책에 의한 풍선 효과다. 풍선 효과는 한 곳을 누르면 다른 한 곳이 올라가는 것을 말한다.

이상의 다섯 가지 기준은 모두 정체되어 있는 변수가 아니다. 부동산 투자로 돈을 벌고 싶은 사람이라면 입지가 좋은 곳에만 투자하는 것이 아니라 공급보다 수요가 넘치는 지역, 공급이 부족한 지역, 가격이 저평가된 지역, 입지가 변하고 있는 지역, 정책에 따른 풍선 효과가 예상되는 지역을 찾을 수 있어야 한다. 다섯 가지 중 두 가지만 충족하더라도 좋은 지역에 속한다. 구도심 성공 투자를 위한 다섯 가지 기준을 조금 더 구체적으로 살펴보자.

● 기준 1: 매매수요와 임차수요의 비중이 어떻게 달라지고 있는가?

수요를 파악하는 가장 쉬운 방법은 주변 사람들에게 물어보는 것이다. 집을 사려고 하는지, 사지 않으려고 하는지 말이다. 이웃분들에게 물어보는 것도 좋고 회사 동료에게 물어보는 것도 좋다. 이들의 움직임을 매매수요와 임차수요로 생각하면 된다. 집을 사려고 한다면 매매수요이고, 전세나 월세로 임차해서 거주하려고 한다면 임차수요다. 정확히 둘로 나뉜다. 한 가지만 더 체크한다면 임차수요에는 실수요만 존재하지만 매매수요에는 실수요와 가수요가 혼재되어 있다는 것이다(실수요는 거주를 위해 집을 마련하려는 수요이고, 가수요는 거주하고 있는 집이 따로 있고 이와 무관하게 투자 목적으로 집을 사려는 수요다).

가수요는 매매수요에만 있는 개념으로 시기에 따라 변동이 심하다. 가수요는 실수요에 비하면 그리 크지 않기 때문에 집을 사려고 하는 실수요의 크기가 더 중요하다. 가격이 오르기 위해서는 매매수요의 실수요가 많아져야 한다. 매매수요의 실수요가 많아지려면 임차수요의 실수요자가 이동해줘야 한다. 결국 집값이 오르는 키는 임차수요자들이 쥐고 있는 것이다. 반대로 집값이 내리는 키는 매매수요가 임차수요로 이

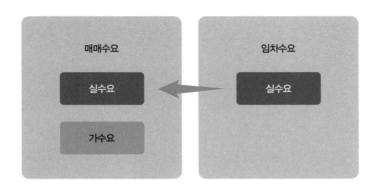

〈도표 4-10〉 수요의 구성 요소

동하는 것이므로 자가로 거주 중인 실수요자가 쥐고 있다.

실수요는 정확히 시소게임이다. 전체 파이가 정해져 있는 게임이기도 하다. 거주할 수 있는 집이 100개가 있을 때 집을 사려는 수요와 임차하려는 수요의 합은 100이 된다. 우리나라의 자가점유율은 2016년 기준 56.8퍼센트다. 43.2퍼센트는 임차해서 살고 있는 것이다. 자가점유율은 수요 측의 선택에 따라 매년 달라진다(자가점유율이란 전체 가구 중 자기 집에서 살고 있는 비율, 자가보유율이란 집을 가지고 있는 가구의 비율이라는 의미로 둘은 약간의 차이가 있다).

매매수요가 많아지면 자가점유율은 높아지겠지만 매매할 수 있는 집이 부족해지므로 집값이 오를 가능성이 크다. 반대로 임차수요가 많아지면 자가점유율은 낮아지겠지만 임차할 수 있는 집이 부족하므로 전세 가격이 오를 가능성이 커진다. 사람들의 선택에 따라 매매가와 전세가가 결정되는 것이다. 물론 공급이 적정하다고 가정했을 때 이야기다. 공급이 많아지거나 확연히 부족해지면 상황은 보다 복잡해진다.

우리가 생각할 것은 두 가지다.

– 첫째, 연도별 자가점유율이 높아지고 있는가, 낮아지고 있는가?
– 둘째, 자가점유율이 낮다, 높다를 판단하는 기준은 무엇인가?

〈도표 4-11〉을 보자. 과거 자가점유율이 가장 높았던 때가 2008년이고 가장 낮은 시기는 2014년이었다. 2016년 이후로는 최고치를 경신하고 있다. 2017년과 2018년에 자가점유율이 더 올라가는 모습이 나타

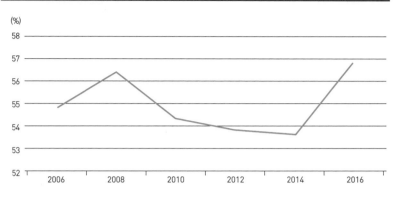

자료: 국가통계포털

난다면 매매 가격이 상승할까, 아니면 하락할까? 당연히 상승하게 된다. 이렇듯 매매수요와 임차수요의 선택은 앞으로의 가격 움직임을 예상할 때 도움이 된다.

단, 평균의 오류에 빠지면 안 된다. 그러기 위해서는 전국 평균 자가점유율보다 지역별 자가점유율을 파악하는 것이 도움이 된다. 더 나아가 관심 있는 아파트별로 보는 것이 더 도움이 된다. 만약 A 지역은 자가점유율이 높아지고 있는 반면, B 지역은 자가점유율이 제자리라고 해보자. 그러면 사람들이 A 지역을 선호하는 것이고, A 지역의 시세가 움직일 확률이 높은 것이다. A 아파트의 자가점유율은 어떻게 판단하면 될까? 앞에서 배운 전세가율로 가늠해볼 수 있다. 자가점유율이 높다, 낮다를 판단하는 기준은 무엇일까? 정확한 답이 있는 것은 아니지만 지역별, 아파트별로 10년, 20년 평균을 기준으로 하여 비교해보면 적당하리라 판단된다.

결론적으로 투자자라면 자가점유율이 평균 대비 최고치일 때보다 바닥일 때 사는 것이 안정적이다. 아파트 단위로 본다면 전세가율이 평균 대비 가장 낮을 때보다 높을 때 사는 것이 안정적이다. 평균으로 수렴할 때 시세차익이 나기 때문이다.

임차수요가 매매수요에 참여하고 있는지 알아보는 방법이 한 가지 더 있다. 바로 청약경쟁률을 살피는 것이다. 아파트투유 사이트에 들어가서 이번 달에 분양한 아파트의 청약경쟁률을 살펴보라. 관심 지역 아파트의 경쟁률이 높다면 임차수요가 매매수요로 이동하고 있음을 의미한다.

● 기준 2: 앞으로 2년 동안 주택 공급이 부족한가?

부동산 경기가 바닥일 때는 집값이 하락할 수 있다는 불안감에 임차수요의 비율이 높다. 그러다 분위기가 잠잠해지고 부동산 경기가 살아나려고 하면 매매수요로 서서히 전환된다. 이때 매매수요의 움직임을 촉발하는 첫 번째 전제조건이 공급 부족이다. 임차수요의 비율이 높은 상태에서 공급마저 부족하면 전세가 상승은 불가피하다. 이런 상황이 지속되면 참다 못한 임차수요가 매매로 전환할 확률이 높아진다.

지역별로 공급량과 가격의 변화를 살펴보면 상관관계를 알 수 있다. 공급이 급증하면 그 순간부터 2년 동안 시세가 하락할 확률이 높고, 2년 넘게 공급 부족이 이어지면 이후 상승하는 경향을 보인다.

〈도표 4-12〉 서울 인허가와 매매지수, 미분양

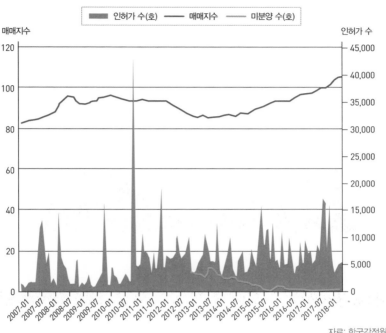

인허가 수(호) 매매지수 미분양 수(호)

매매지수

인허가 수

자료: 한국감정원

〈도표 4-12, 4-13, 4-14〉 그래프에서 볼 수 있듯이 서울과 경기도, 인천을 포함한 수도권에서는 인허가 실적이 많아지면 2년 뒤 시세의 하락이 이어지고, 반대로 인허가 실적이 2년 동안 적어지면 시세가 상승한다. 비단 수도권만의 이야기가 아니다. 부산, 대구, 광주, 울산, 대전의 5대 광역시도 비슷하다.

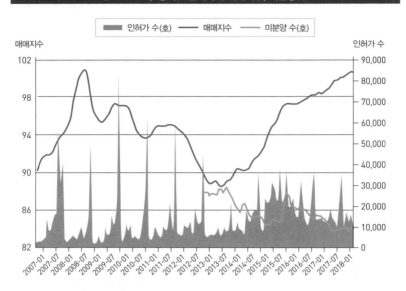

〈도표 4-13〉 경기도 인허가와 매매지수, 미분양 수

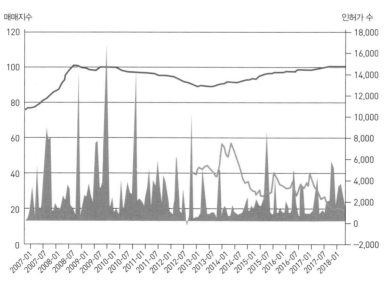

〈도표 4-14〉 인천 인허가와 매매지수, 미분양 수

자료: 한국감정원

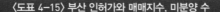

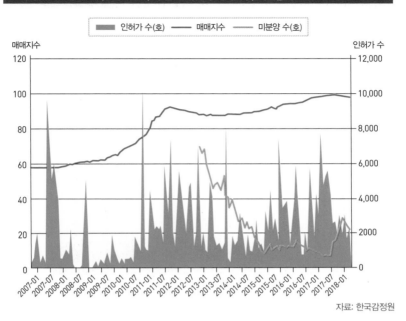

〈도표 4-15〉 부산 인허가와 매매지수, 미분양 수

자료: 한국감정원

부산(〈도표 4-15〉)은 2008년부터 2009년까지 인허가 실적이 적었고, 2009년부터 2011년까지 가격이 상승했다. 2010년 10월부터 인허가 실적이 급격히 늘면서 2012년 1월부터 가격이 하락했다. 2012년 12월부터 다시 인허가 실적이 줄었고 나아가 미분양 수도 급격히 줄어 이후 가격 상승이 있었다. 2016년부터는 다시 인허가가 늘어나면서 가격이 보합으로 이어지는 모습이다.

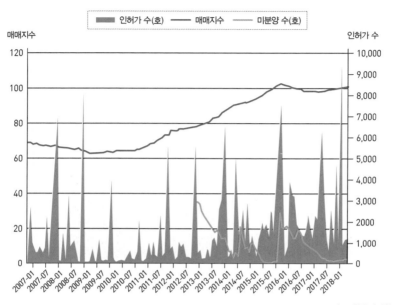

매매지수
인허가 수(호) ━━ 매매지수 ── 미분양 수(호)
인허가 수

자료: 한국감정원

대구는 2009년부터 2011년까지 인허가 실적이 매우 적었다. 그 영향으로 2년 뒤인 2011년부터 가격이 상승했다. 이 시기에 덩달아 인허가 실적도 늘어나기 시작했지만 과한 수준은 아니었고 미분양도 소진돼 2015년 10월까지 가격이 꾸준히 상승했다. 2013년에서 2015년 사이에 인허가 실적이 늘어났는데 그러면서 2016년부터는 가격의 조정기를 겪었다. 다행히 미분양이 늘지 않아 현재는 가격이 안정적으로 움직이고 있다.

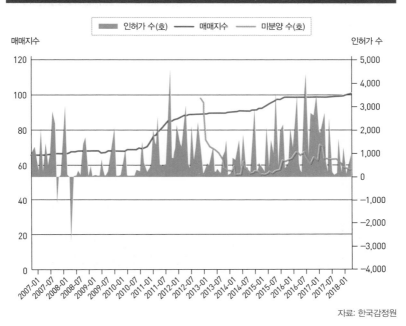

인허가 수(호)　　매매지수　　미분양 수(호)

매매지수

120

100

80

60

40

20

0

인허가 수

5,000

4,000

3,000

2,000

1,000

0

-1,000

-2,000

-3,000

-4,000

2007-01　2007-07　2008-01　2008-07　2009-01　2009-07　2010-01　2010-07　2011-01　2011-07　2012-01　2012-07　2013-01　2013-07　2014-01　2014-07　2015-01　2015-07　2016-01　2016-07　2017-01　2017-07　2018-01

자료: 한국감정원

　광주는 인허가 실적이 2007년부터 2010년까지 매우 적었다. 그 영향으로 2010년부터 2012년까지 가격이 상승했다. 하지만 2012년 인허가 실적이 급격히 늘어났고 이후 가격은 보합으로 이어졌다. 2013년부터 2년간 공급이 줄어들면서 다시 한번 가격 상승을 했고 이후 공급이 늘면서 상승 수준이 미미해졌다.

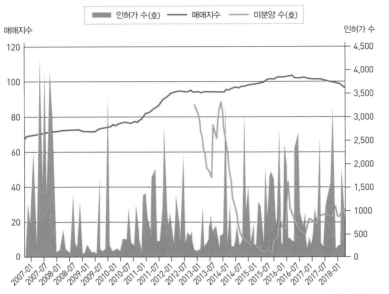

〈도표 4-18〉 울산 인허가와 매매지수, 미분양 수

■■■ 인허가 수(호)　── 매매지수　── 미분양 수(호)

매매지수

인허가 수

자료: 한국감정원

　　울산은 2008년부터 2010년까지 공급이 적었고, 그 영향으로 덕분에 2011년부터 가격이 상승했다. 이후 공급이 많지 않았지만 2013년부터 미분양이 많아 가격이 하락했고, 2014년부터 미분양이 소진되면서 2015년에는 가격이 상승했다. 2016년 이후로는 공급도 많고 미분양이 조금씩 증가해 가격이 보합을 이어가고 있다. 최근에는 조선업 일자리 문제로 가격은 하락세를 보이고 있다.

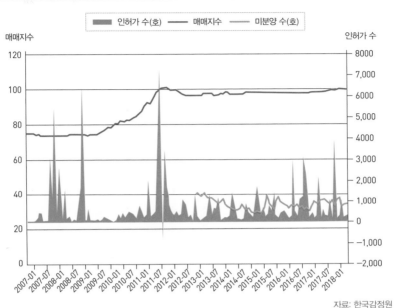

〈도표 4-19〉 대전 인허가와 매매지수, 미분양

인허가 수(호)　━━ 매매지수　━━ 미분양 수(호)

매매지수　　　　　　　　　　　　　　　　　　　　　　　　인허가 수

자료: 한국감정원

　대전은 2009년 7월부터 공급이 거의 없었고, 그 영향으로 2010년부터 상승했다. 2011년 갑자기 공급이 늘어나며 2012년부터는 가격 하락이 조금 있었다. 이후 대전에는 특별한 공급이 없었으나 인접한 세종시에 공급이 급증하면서(〈도표 4-20〉) 대전의 시세가 보합으로 이어졌다.

　이렇듯 공급은 신규 공급만 체크해선 안 된다. 재고도 하나의 공급으로 봐야 한다. 부동산에서 재고는 미분양이다. 미분양이 얼마나 쌓이고 얼마나 해소되고 있는지를 보면 수요를 가늠할 수 있다. 〈도표 4-15〉

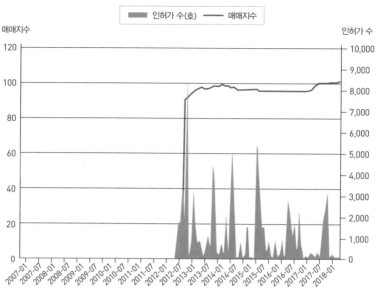

인허가 수(호) — 매매지수

매매지수

인허가 수

자료: 한국감정원

그래프에서 확인할 수 있듯 부산 지역의 경우 인허가 실적이 많아 보이는 2년 후 시기에도 가격이 상승했는데, 이 시기에 기존 미분양도 빨리 소진되는 것을 볼 수 있다. 이런 경우는 공급이 있어도 수요가 넘쳐 다 소화하고도 부족해 기존의 재고였던 미분양으로 수요가 확산된 것이다. 자연히 가격은 상승하게 된다.

따라서 체크해야 할 것은 두 가지, 즉 공급과 미분양이다. 공급은 앞으로 2년 내에 공급될 물량을 가늠해보는 것이다. 한국감정원 통계 사이트에 들어가면 지역별 인허가 실적 자료를 살펴볼 수 있다. 인허가를 받으면 곧 분양이 시작되고 2년 정도가 지나면 입주가 되므로, 인허가를 기준으로 2년 후의 입주물량을 가늠할 수 있다. 미분양 정보는 국가통계포털 또는 국토교통부 통계누리 사이트에서 확인할 수 있다.

하지만 미분양은 과거 자료일 뿐 미래 자료가 아니다. 미분양은 예측할 수 없으니 매월 모니터링하여 추이를 살펴보자. 결론적으로 최근 2년 동안 인허가 실적이 적으면서 미분양물량이 소진되고 있다면 좋은 시기이고 그 반대라면 안 좋은 시기다.

● 기준 3: 가격이 적정한가?

대답하기 어려운 기준이다. 대한민국에서 가장 비싼 강남구의 평당가는 얼마 정도가 적당할까? 연도별로 다르겠지만 2018년 지금은 어느 정도여야 할까? 대답하기 힘들 것이다. 만약 강남구 랜드마크 아파트의 평당가가 8,000만 원이고 구로구 랜드마크 아파트의 평당가가 7,000만 원이라면 어떤 걸 사겠는가? 아마 1초의 망설임도 없이 강남구를 선택할 것이다. 구로구가 분명히 1,000만 원이나 더 저렴한데 왜 우리는 강남구를 선택할까?

강남구의 적정 평당가는 모르지만 비교 대상이 있으면 판단이 쉬워진다. 서울에는 25개의 구가 있고 지역 평균 평당가를 구해 순위를 나열해보면 수십 년 동안 서열이 존재했음을 알게 된다. 시기에 따라 순위에 변화가 생기기도 한다. 10등 하던 지역이 7등으로 올라오기도 하고, 그 반대 현상이 나타나기도 한다. 일시적인 경우는 다시 제자리를 찾아간다.

특정 지역이나 특정 아파트의 시세를 판단할 때 꼭 비교 대상을 찾아 과거부터 지금까지의 시세를 비교해보면 저평가 여부를 판단할 수 있다.

〈도표 4-21〉은 울산 남구 대공원월드메르디앙 34평, 대구 수성구 태왕아너스 37평, 부산 해운대구 더샵센텀파크 34평의 가격 그래프를 나타낸 것이다. 3개 아파트의 시세는 2009년부터 2013년까지 4억 원대를 유지했다. 연식, 세대수, 평형 그리고 가격대가 비슷한 아파트끼리 비교한 것이다. 이들은 각 지역을 대표하는 랜드마크 아파트이기도 하다.

비슷하게 유지되던 아파트 가격에 2014년부터 균열이 발생하기 시작했다. 반란을 주도한 지역은 대구다. 특별한 호재도 없었는데 대구의 아파트가 상승하기 시작했다. 내가 만난 사람들은 이 시점에 대구는 교육열기가 높기 때문에 가격이 오르고 부산과 울산은 그렇지 않아 제자

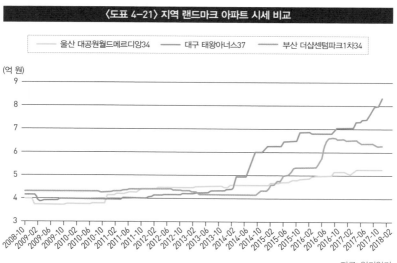

〈도표 4-21〉 지역 랜드마크 아파트 시세 비교

자료: 알리알리

리라고 했다. 2015년부터는 부산 해운대구의 아파트 가격이 대구 아파트를 쫓아갔다. 이때 사람들은 부산 해운대구는 전국적으로 유명해서 시세가 오른다고 했다. 사람들은 해당 시점에 어떤 지역이 저평가됐다고 판단하지 않고 오른 이유를 갖다 붙이기 바빴다.

이 그래프에서 시사하는 바는 이것이다. 어떤 지역이 먼저 상승을 주도할지는 예상하기 어렵지만, 비슷한 수준의 아파트가 상승하고 나면 다른 지역이 저평가됐다고 생각해볼 수 있다는 것이다. 일자리나 교통의 호재가 있어서 시세 변화가 생길 수는 있지만, 세 곳 모두 특별한 호재가 없었는데 상승한다면 인플레이션으로 인한 가격 상승으로 봐야 한다. 서울에서도 비슷한 사례가 많다.

서울은 2014년부터 상승했는데 2016년 말 기준으로 3년간의 상승 정도를 누적 그래프로 그려본 것이 〈도표 4-22〉이다. 연간 단위로 살펴

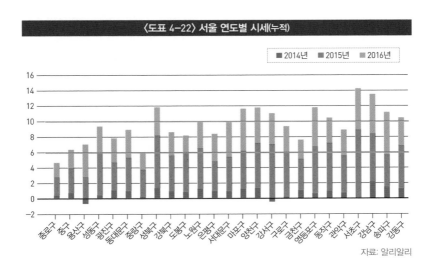

〈도표 4-22〉 서울 연도별 시세(누적)

자료: 알리알리

보면 어떤 지역이 먼저 오르고 다른 지역이 뒤늦게 오를 수 있지만 3년 이상 누적으로 살펴보면 답이 정해져 있다고 볼 수 있다. 입지가 좋은 지역이 입지가 좋지 않은 곳보다 더 큰 상승을 하는 그래프가 나타나게 된다. 그런 측면에서 본다면 〈도표 4-22〉를 보고 몇 가지 내용을 생각해볼 수 있다.

- 성북구는 너무 많이 올랐다.
- 송파구는 강남구와 서초구 대비 적게 올랐다.
- 성북구, 마포구, 양천구의 상승 대비 강남구, 서초구의 상승이 적다.
- 용산구, 광진구의 상승이 유사한 입지인 성동구, 마포구, 영등포구, 동작구 대비 너무 적다.

결국 시간이 지나 2017년에는 어떻게 됐을까? 〈도표 4-23〉을 보라.

- 성북구는 상승을 매우 적게 했다.
- 송파구의 상승이 서초구를 앞질렀다.
- 강남구는 꾸준히 높은 상승을 했다.
- 용산구는 적정 수준으로 상승했고, 광진구는 좀 더 큰 폭으로 상승했다.

2016년 말에 던진 의문들이 2017년에 모두 해소됐다. 또한 2017년까지의 누적 자료를 보고 의문을 던진 것은 2018년에 해소되고 있다.

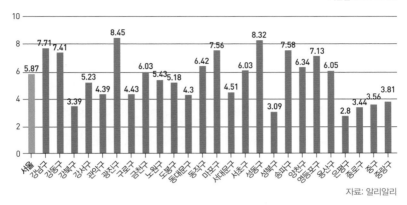

기준일: 2018-03-01

자료: 알리알리

　적정 가격은 지역 간 비교를 해도 좋고 랜드마크 아파트끼리 비교해도 좋다. 해당 시점에 입지 대비 누가 적게 올랐는가, 비슷하던 기존 가격 대비 현재 얼마나 더 저렴해졌는가를 따져보길 바란다. 다만 한 가지 잊지 말아야 할 게 있다. 몇 개 지역을 비교하다 보면 계속 오를 거라는 착각에 빠지게 된다는 점이다. 그러면 적게 오른 지역만 찾게 된다.

　그러나 중요한 것은 오를까, 오르지 않을까보다 얼마나 더 오를 수 있는가 하는 점이다. 이것을 놓치면 안 된다. 최근 4년 동안 가격 급등이 심했는지, 경쟁 지역 대비 싼지 아니면 비싼지를 봐야 한다.

　'입지가 좋고 공급이 적고 수요가 많으면 가격이 무한대로 올라갈 수 있을까? 이미 가격이 많이 오른 상태라면 어떻게 할 것인가?' 하는 점도 따져봐야 한다. 산이 높으면 골이 깊다는 말이 있다. 가격이 올랐다는 것만큼 큰 리스크는 없다. 따라서 관심 지역이 최근 4년 동안 과도한 상승을 한 것은 아닌지 꼭 살펴봐야 한다. 과도함의 정의가 다소 모호하니 이렇게 바꿔보자. '과거 아파트 가격 대비 50퍼센트 이상 올랐는가?'

예를 들어 4년 전 시세가 2억 원이었는데 현재 3억 원이 됐다면 기존 아파트 가격(2억 원) 대비 50퍼센트(1억 원)가 상승한 것이다. 50퍼센트의 수익률을 4년이라는 기간으로 나누면 매년 12.5퍼센트가 상승한 격인데 이는 물가상승률의 3배를 넘는다. 평균이긴 하지만 한 해가 아니라 4년 연속 그렇다는 것은 비상식적으로 많이 오른 것이다.

〈도표 4-24〉를 보자. 아파트별 시세 변화와 과거 4년 전 아파트 가격 대비 상승률의 변화를 나타낸 것이다. 각 지역을 대표하는 랜드마크급 아파트의 시세와 4년 전 아파트 가격 대비 상승률을 체크해보면 대부분 50퍼센트 미만임을 알 수 있다. 이 통계자료가 아니더라도 내가 전국에 투자했던 아파트들의 최고 상승률은 100퍼센트 미만이었다. 매매 가격이 2억 원 정도로 저렴했던 아파트는 4억 원까지 상승하는 일이 비일비재했다. 그렇다 하더라도 100퍼센트 가까운 상승을 하고 나면 이내 조정 또는 하락의 길로 들어섰다.

부동산 경기는 사이클이 정확하진 않지만 대체로 10년을 주기로 상승과 하락이 나타나는 편이다. 바닥에서 상승하여 고점까지 5년 그리고 고점에서 하락하여 바닥까지 5년으로 볼 때, 최근 4년 동안 큰 폭으로 상승했다면 상승 기간을 어느 정도 소진했다고 볼 수 있지 않을까? 물론 짧게 많이 오를 수도 있고 아주 조금씩 길게 오를 수도 있다. 상승 기간보다 상승률이 더 중요한 이유가 이것이다.

노무현 정권 시절 2006년부터 수도권 부동산시장의 상승이 있었다.

(단위: 원)

아파트	2006. 3	2008. 3	2010. 3	2012. 3	2014. 3	2016. 3	2018. 3
서울 서초구 방배 2차 현대 24평	4억 5,000만	6억 (▲50%)	5억 9,000만 (▲31%)	5억 9,000만	5억 8,000만	6억 8,000만 (▲15%)	9억 2,000만 (▲58%)
서울 송파구 잠실 엘스 33평	8억 8,000만	10억 3,000만	10억 3,000만 (▲17%)	9억 1,000만	9억 2,000만	9억 9,000만 (▲8%)	17억 (▲84%)
부산 해운대구 더샵센텀파크 1차 33평	2억 7,000만	4억	4억 1,000만 (▲51%)	4억 4,000만 (▲10%)	4억 1,000만	5억 3,000만 (▲20%)	6억 2,000만 (▲51%)
대구 수성구 태왕 리더스 33평	2억 7,000만	2억 3,000만	2억 3,000만	2억 6,000만 (▲8%)	3억 2,000만 (▲39%)	4억 6,000만 (▲77%)	4억 5,000만 (▲40%)
대구 서구 크로바 31평	3억	2억 9,000만	3억 2,000만 (▲6%)	3억 5,000만 (▲20%)	3억 4,000만 (▲6%)	3억 6,000만 (▲3%)	4억 7,000만 (▲38%)

자료: KB 부동산

당시 많이 오른 아파트가 4년 전 대비 50퍼센트 가까이 상승했다. 이후 10년이란 시간이 지나고 유사한 일이 벌어졌다. 2018년 3월 기준 서울에서 4년 전 아파트 가격 대비 가장 많이 오른 아파트는 송파구 잠실엘스아파트다. 무려 84퍼센트가 넘게 올랐다. 수도권 부동산시장에서 단기간 역대 최고 상승률이라 볼 수 있다.

나는 4년간 기존 아파트 가격 대비 30퍼센트 미만으로 오른 아파트를 살펴보는 편이다. 30퍼센트 미만에 매입해서 50퍼센트 정도에 팔면 적당하다는 생각이다. 50퍼센트 이상 상승한 지역은 되도록 들어가지 않는다. 물론 시장 상황에 따라 과열이 되면 50퍼센트가 아닌 80퍼센트를 넘어 100퍼센트까지 상승하는 경우도 더러 있다. 하지만 그것은 내 것이 아니라고 마음먹는다. 상승률이 50퍼센트 미만인 지역 중에도 투자할 곳이 많기 때문이다. 가격의 저평가 여부를 확인하기 위해 최근 4년간 상승률 정도는 체크하자.

● 기준 4: 입지의 변화가 있는가?

모름지기 투자자라면 입지 변화가 예상되는 곳에 투자를 해야 한다. 서울대는 과거에도 좋은 학교이고 앞으로도 좋은 학교일 확률이 높다. 마찬가지로 강남은 과거에도 좋았고 앞으로도 좋을 확률이 높다. 하지만 입지가 가장 좋은 곳에만 투자할 수는 없는 법이다. 기왕이면 앞으로 입지 변화가 예상되는 지역에 투자하는 것이 좋다. 강남구 내에서도 입지 변화는 있다. 예컨대 삼성역 주변의 입지가 좋아지고 있다. 수도권, 지방 전체를 보더라도 입지 변화가 예상되는 곳은 항상 있다. 입지 변화에는 여러 가지 요소가 복합적으로 얽혀 있다. 얽힌 걸 하나씩 풀어보면 정말로 중요한 것이 무엇인지 드러난다. 입지 변화를 주도하는 주요 포인트 세 가지를 나는 이렇게 본다.

첫째, 일자리 호재가 있는가?

신도시와 마찬가지로 일자리가 가까운 구도심은 시세가 꾸준히 오르는 편이다. 만약 일자리가 없던 지역에 고급 일자리가 들어온다면 어떻게 될까? 산업단지나 물류센터가 아니라 대기업이나 정부기관, IT 및 금융 등의 고급 일자리가 들어온다면 말이다. 한 예로 마곡지구에 입주한 아파트는 업무지구가 조성되기 3년 전부터 시세 상승을 하여 분양가 대비 2배 이상 올랐다. 한국의 실리콘밸리라고 불리는 판교는 판교창조경제밸리가 발표되고 11억 원 정도 하던 한 아파트의 시세가 16억 원까지 치솟았다. 생계와 직결된 일자리만큼 중요한 일은 없다. 일자리 호재를 필히 체크하자.

둘째, 일자리로 연결해주는 교통 호재가 있는가?

좋은 일자리와 가까운 곳에 있는 지역은 대부분 비싸다. 기존에 역세권이 아니었지만 새로운 개발 계획으로 역세권이 되는 지역에 관심을 둬야 한다. 사람들이 많이 그리고 자주 이용하는 교통 수단일수록 더 좋다. '지하철 → 기차 → 도로' 순으로 체크하자. 물론 지하철 역세권이라 해서 모두 같은 건 아니다. 고급 일자리를 지나가는 노선인지를 따져봐야 한다. 예를 들어 강남으로 연결되는 신분당선이 개통된 후 광교부터 용인 수지, 판교가 꾸준히 시세 상승을 했다. 서울의 주요 일자리를 지나가는 9호선의 경우에도 잠실을 비롯한 강서구 대부분 지역의 시세 상승을 견인했다. 하지만 2017년에 개통한 강북의 우이신설선은 주요 일자리나 강남을 지나가지 않기 때문에 미미한 상승을 보였다. 교통 호재가 있는지 체크하고, 나아가 교통이 주요 일자리를 지나가는지 체크하자.

셋째, 5년 내에 재개발되는 구역이 있는가?

아파트 하나가 재건축된다고 해당 지역의 입지가 바뀌진 않는다. 좀더 넓은 지역이 광범위하게 개발되어야 한다. 구도심에서는 이러한 개발이 재정비촉진지구라는 이름으로 진행된다. 쉽게 말해, 주택이 밀집한 곳이 아파트 숲으로 천지개벽하는 것이다. 과거 뉴타운이라는 이름이 붙은 곳이 모두 재정비촉진지구라고 보면 된다. 길음동뉴타운 완성을 시작으로 장위, 아현, 은평, 가재울, 신길, 노량진, 흑석, 한남, 구의자양, 천호, 고덕 같은 곳에 아파트 숲이 들어서고 있다. 이런 지역은 입지의 변화로 시세 상승이 예상되는 곳이다. 아파트 1~2개 재건축되는 것으로는 부족하다는 점을 꼭 기억해야 한다.

● 기준 5: 정책에 의한 풍선 효과

2017년 8월 2일 부동산 대책이 나온 이후로 서울의 입지 좋은 아파트의 가격 상승이 유독 컸다. 강남 3구를 비롯하여 용산구, 성동구, 광진구, 마포구, 강동구와 같이 입지가 좋은 곳으로 수요가 몰렸다. 입지 좋은 곳과 좋지 않은 곳의 가격 차는 더욱 벌어졌다. 분양권을 누르면 재건축 수요로 이동하고, 재건축마저 누르면 구축 아파트로 수요가 몰린다. 구축 아파트를 누르면 주상복합·오피스텔·단독주택으로 퍼지고, 주택 전체를 누르면 상가나 토지로 수요가 이동한다. 수도권을 누르면 지방으로 퍼지고, 눌렀던 수도권을 풀어주면 다시 수도권으로 수요가 몰린다. 이렇듯 정책은 풍선 효과를 유발하는 경우가 많다. 정부가 시장에 개입하는 것이기 때문이다.

정책의 방향성이 무엇보다 중요한데, 부동산시장에 대한 완화냐 억제냐를 따져봐야 한다. 정책 방향에 따라 가격이 오르고 내리는 경우가 많지만 때에 따라서는 오히려 반대로 움직이기도 한다. 반대로 움직이는 건 정책에 구멍이 많은 경우라 볼 수 있다. 그 구멍으로 수요가 움직이는 것이다. 따라서 입지를 분석할 때는 정책에 따른 풍선 효과가 예상되는지도 함께 살펴봐야 한다.

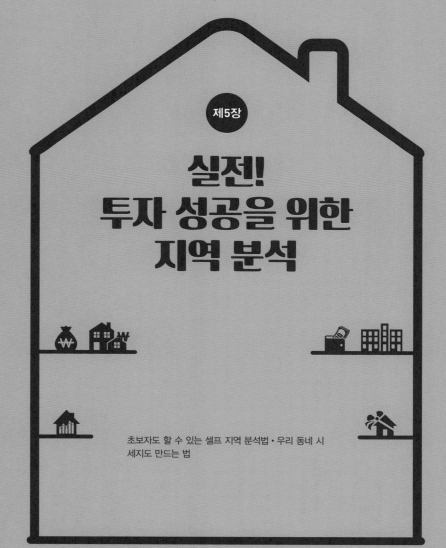

제5장

실전!
투자 성공을 위한
지역 분석

초보자도 할 수 있는 셀프 지역 분석법 · 우리 동네 시
세지도 만드는 법

초보자도 할 수 있는
셀프 지역 분석법

지역 분석하는 방법을 가르쳐주는 곳은 없다. 혹자는 그냥 발품을 열심히 팔면 된다고 말한다. 맞는 말이긴 하지만 넓은 지역을 두 발로 걸어 다니며 익히기엔 시간이 너무나 많이 걸리는 방법이다. 단순히 걸어 다닌다고 되는 것도 아니고 말이다. 방법을 모르다 보니 지역 분석은 전문가들만 하는 것이라 생각할 수도 있다. 하지만 방법을 알고 나면 마술사가 쓰는 트릭만큼 정말로 별것 없다고 느껴질 것이다. 다만 지역이 넓은 경우에는 같은 작업을 반복해야 하기에 시간과 노력을 투자해야 한다.

지역 분석을 하는 이유는 그 도시를 온전히 이해하기 위해서다. 이곳은 왜 비싸고, 길 하나만 건넜을 뿐인데 저곳은 왜 싼지를 이해하는 과정이기도 하거니와 가격을 다르게 만드는 것이 무엇인지 알게 해주는 시간이 된다. 지역을 분석하는 방법은 도시의 크기별로 조금씩 다르다. 예를 들어 어떤 학교에 교장 선생님으로 발령이 났을 때와 담임 선생님으로 발령 났을 때 살펴봐야 할 내용은 많이 다를 것이다. 지역 분석도 대상이 소도시인가 대도시인가에 따라 방법이 달라진다.

지방 소도시 지역 분석법(인구 30만 이하)

첫 번째는 30만 이하 지방 소도시를 분석하는 경우다. 수도권에도 30만 이하의 도시들은 있다. 하지만 수도권과 지방의 도시는 다르다. 수도권은 서울이라는 중심에 따라 입지가 형성되지만 지방 소도시는 자체적인 입지를 갖게 되기 때문이다. 물론 지방 소도시 주변에 큰 도시가 있다면 그 도시의 영향을 받기도 한다.

지방 소도시는 기본적으로는 다음의 순서에 따라 입지를 분석한다. 예를 들어 강원도 춘천시의 지도를 살펴보자.

● 첫째, 네이버 또는 다음 지도에서 지적도를 눌러 색상을 확인한다

분홍색과 보라색 부분이 상업지구다. 마을이 커지면 상업지구가 생기고 상업지구 주변으로 사람들이 몰리게 된다. 상업지구 모양이 반듯하지 않고 삐죽삐죽하다면 오래전부터 형성된 곳이라고 보면 된다. 반

자료: 네이버 지도

면 반듯반듯한 상업지구는 택지개발지구라는 계획하에 만들어진 곳이다. 도시는 어디에서 어디로 형성됐을까? 〈도표 5-1〉에 표시한 ❶번에서 ❷번으로 확장됐을 것이다. 지적도를 보면 도시가 어디에서 시작해 어디로 확장해나가는지 예상할 수 있다.

● 둘째, 택지개발지구를 찾자

택지개발지구는 구도심에서 외곽으로 생기기 마련인데 지금 현재 만들어지는 곳이 있고, 10년이나 20년 전에 만들어진 곳도 있다. 새롭게 만들어지는 곳은 지도에 잘 표기되어 있지만 이미 구도심이 된 곳은 흔적을 찾기 어렵다. 찾는 방법은 지도의 노란색 도로를 보는 것이다. 왕복 4차선 이상 도로가 노란색으로 표시되어 있는데, 노란색이 촘촘하고 반듯한 곳 그리고 노란색 내부에 2차선 도로가 반듯한 곳은 택지개발로 개발된 곳이라 보면 된다. 사람들은 구도심보다 택지개발지구를 좋아한다는 것을 명심하자.

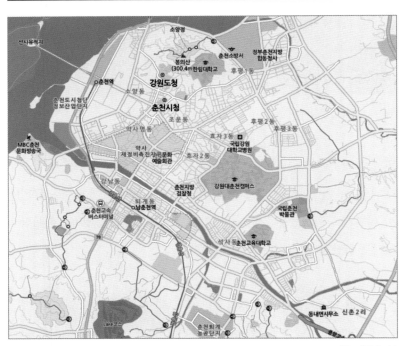

〈도표 5-2〉 택지개발지구 확인

자료: 네이버 지도

● 셋째, 시청의 위치를 살펴보자

시청은 위치상으로 도시의 중간쯤에 있는 경우가 많다. 많은 사람이 편하게 방문할 수 있어야 하기 때문이다. 시청이 오래되고 공간이 좁으면 택지개발지구나 신도시로 이전하는 경우도 있다. 춘천시는 그대로 남아 있는 경우인데 시청 주변의 입지가 좋은 편이 아니다. 예컨대 서울시청이 강남에 있다고 생각해보라. 넓은 부지에 너무 비효율적일 것이다. 더욱이 시청은 서민의 소리를 가장 잘 들을 수 있는 곳에 위치한다

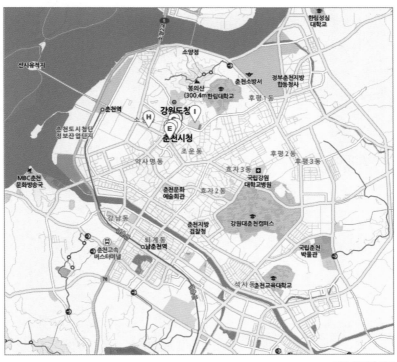

〈도표 5-3〉 시청의 위치

자료: 네이버 지도

는 점이 중요하기 때문에 가장 좋은 입지를 선택할 확률도 낮다. 어쨌든 시청의 위치를 보면 이 도시의 시작이 어디인가를 가늠해볼 수 있다.

● 넷째, 법원 자리를 찾아보자

법원은 시청보다 사이즈가 작고 가볍다. 그래서 인근 지역이 택지개발지구로 개발되면 외곽으로 나가는 경우가 많다. 법원이 들어선 자리는 다른 곳보다 기본적으로 학구열이 높다. 그 수요를 겨냥한 학원들도

〈도표 5-4〉 법원의 위치

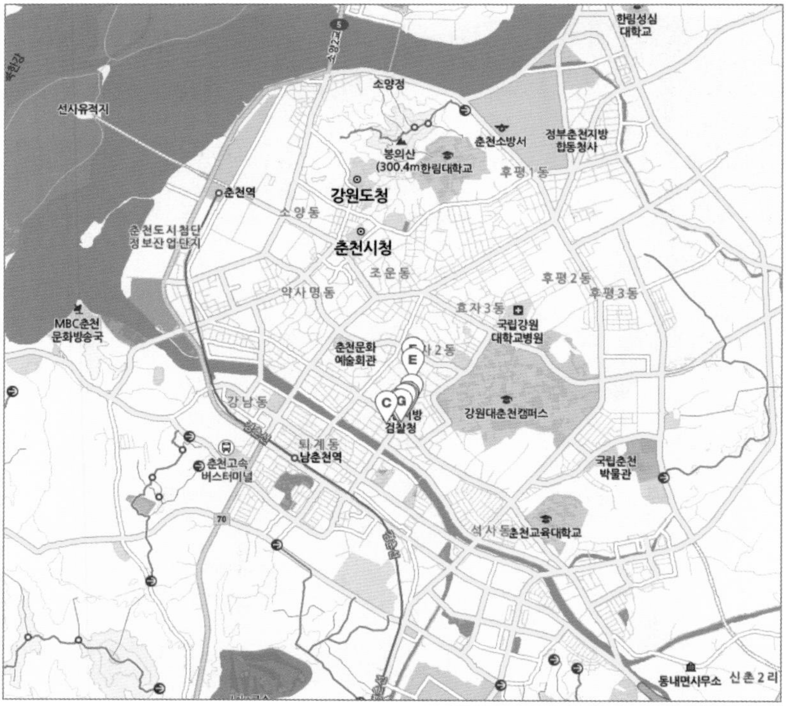

자료: 네이버 지도

많이 들어서게 된다.

- 다섯째, 시외버스터미널을 찾자

지하철이 없는 지방 소도시는 시외버스터미널이 중요한 역할을 한다. 터미널 인근에는 숙박시설이나 쇼핑몰 같은 편의시설이 자리 잡게 된다. 춘천 시외버스터미널 인근에도 이마트, 롯데마트, 메가박스 같은 상권이 형성돼 있다. 다른 지역들도 다르지 않다. 시외버스터미널의 입

〈도표 5-5〉 시외버스터미널 위치

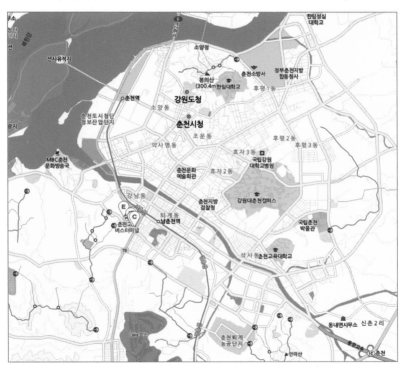

자료: 네이버 지도

지는 학군이 좋고 조용하게 살 수 있는 곳은 아니지만 편의성을 추구하는 사람들에게 인기가 있는 곳이다. 서울에는 터미널이 많다. 그중에서 고속버스터미널은 한 곳인데 바로 반포에 있다. 터미널이 있다는 말은 그만큼 외부에서 들어오기 편하도록 교통 환경이 갖춰져 있다는 말이다. 따라서 이곳을 중심으로 교통 계획이 구상될 수밖에 없다.

- **여섯째, 영화관 · 백화점 · 대형마트 · 아울렛을 검색해보자**

CGV, 메가박스 등의 영화관을 검색해보면 상업지구 중에서도 어디가 활성화되어 있는지 알 수 있다. 영화관 주변으로 먹거리와 쇼핑가가 형성되어 있을 확률이 매우 높기 때문이다. 백화점, 마트, 아울렛도 함께 살펴보자.

- **일곱째, 학원가가 형성된 곳을 찾자**

지방은 학군 수요가 서울만큼 많지는 않다. 따라서 학교에 따라 그렇게 심한 차이를 보이지 않는다. 하지만 공부를 시키고자 하는 열기는 어디에나 있다. 인기 좋은 중학교를 찾아내는 것도 좋지만 그것보다 학원가가 형성된 곳이 어디인가를 찾아내는 게 더 중요하다. 입지의 가격에 영향을 많이 주기 때문이다. 서울은 대치동, 목동, 노원구 중계동에 학원가가 밀집되어 있으며 다른 곳보다 시세가 높은 편이다.

학원가를 찾는 방법은 쉽다. 아주 유명하거나 요즘 뜨고 있는 수학학원, 영어학원 이름으로 검색해보면 된다. 그것도 아니면 단순히 '수학학원'으로 검색해봐도 된다. 춘천시에서 수학학원으로 검색했더니 〈도표

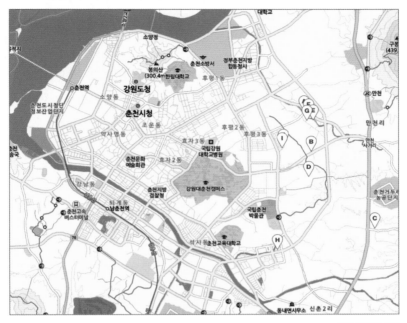

자료: 네이버 지도

5-6)과 같은 결과가 나왔다. 학원의 숫자가 많을수록 그만큼 수요가 있다는 것이다.

● 마지막으로, 평당가 높은 아파트를 찾아보자

평당가 높은 아파트가 어디에 있는지 찾아보면 지금까지 조사한 입지 결과와 유사한 결과가 나올 것이다. 이러한 과정이 번거롭다면 역으로 비싼 아파트가 어디인지 찾고, 그곳이 왜 비싼지를 지금까지 설명한 방법에 대입해보는 것도 좋다.

광역시 이상 지역 분석법(인구 100만 이상)

부산, 대전, 대구와 같은 광역시도 그렇고 수도권도 마찬가지로 도시가 너무 크다 보니 30만 이하 소도시와 같은 방법으로는 한계가 있다. 구 하나가 소도시보다 더 크기 때문이다. 이런 도시들의 지역 분석 방법은 다르다. 왜 다른지 무엇부터 봐야 하는지 하나씩 살펴보자.

● 업무지구가 밀집된 곳은 어디인가?

서울에서 살 때와 창원, 구미와 같은 지방도시에서 거주할 때 가장 큰 차이는 뭘까? 바로 출퇴근에 소요되는 시간이다. 지방 소도시는 출퇴근 시간이 중요한 요소가 아니다. 크기가 작기 때문에 어디에 있어도 웬만하면 차로 30분 이내에 출퇴근을 할 수 있다. 지하철이 보편화되어 있지

〈도표 5-7〉 중심상업지구 확인

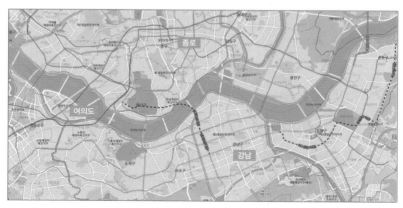

자료: 네이버 지도

216

않기 때문에 대중교통 아니면 자동차인데, 자동차를 이용하는 경우가 많다. 따라서 편의시설이나 학원가 그리고 택지개발지구가 중요한 항목이다. 반면 도시의 크기가 커지면 커질수록 직주근접의 문제가 중요해진다. 특히 서울은 다른 무엇보다 출퇴근 시간이 중요한 요소다. 생존과 직결되는 문제이기 때문이다.

지도에서 중심상업지구가 가장 큰 곳이 어디인지 찾아보면 된다. 서울은 종로, 강남, 여의도가 가장 크다. 그 외 용산, 공덕, DMC, 목동, 마곡, 구로, 잠실, 문정 등이 있다. 상업지구는 크기도 중요하지만 얼마나 고급 일자리인지가 더 중요하다.

● **업무지구로 빠르게 이동할 수 있는 교통이 있는가?**

자동차는 거리와 시간이 비례한다. 지하철은 급행 여부에 따라 그리고 환승 여부에 따라 시간 차이가 커진다. 거리도 중요하지만 시간이 더 중요하다. 얼마나 빨리 업무지구까지 이동할 수 있는가에 따라 입지가 결정된다.

● **택지개발지구 또는 신도시로 개발한 곳인가?**

업무지구와 가까운 신도시일수록 인기가 있을 것이다. 업무지구와 같은 거리에 있다고 가정했을 때 구도심보다는 신도시가 훨씬 더 인기 있다. 새 아파트는 얼마든지 지을 수 있지만 신도시는 자체가 희소성을 가지고 있다. 신도시는 설계부터 하고 도시를 만들기 때문에 우후죽순으로 개발되는 구도심과는 확연히 차이가 난다. 겉으로 보이는 것을 중요하게 생각하는 우리나라의 경우는 더더욱 그렇다. 기왕이면 신도시의 크기가 클수록 좋다.

● 아파트가 밀집한 곳인가? 주택이 다수인가?

도시를 살필 때 아파트가 밀집된 곳이 있고 주택이 밀집된 곳이 있다면, 아파트가 밀집된 곳이 좋다. 왜냐하면 그만큼 수요가 많다는 뜻이기 때문이다. 지하철역을 하나 만들더라도 주택가 사거리에 만들기보다는 아파트가 밀집된 사거리에 만들 확률이 높다. 인구수뿐만 아니라 가계 재정 측면에서도 차이가 난다. 상권이나 학원 등은 그 수요에 맞춰 입점하게 되니 결국은 좋은 곳이 더 잘된다.

● 중학교 학군이 좋은 곳인가?

서울은 학군 열기가 매우 높다. 지방도 높은 곳은 높지만 서울을 따라올 순 없다. 인기가 좋은 곳과 인기 없는 곳의 편차도 너무나 심하다. 부동산에서 가격에 영향을 주는 건 중학교 학군 수요다. 왜냐하면 좋은 고등학교는 어디에 거주하더라도 지원하여 입학할 수 있지만 좋은 중학교는 인근 거주자만 입학할 수 있기 때문이다. 그래서 좋은 중학교 인근으로 이사를 하는 경우가 많다. 물론 고등학교 역시 가까운 곳에서 통학시키고 싶기 때문에 이사를 할 순 있겠으나 옆 동네에서 버스나 지하철로 한두 정거장 이동하는 정도는 큰 문제가 아니기 때문에 어느 정도 분산이 된다. 중학교 순위를 찾고 싶다면 네이버나 다음에서 '2017년 ○○지역 중학교의 특목고 진학순위'로 검색해보라. 누군가 정리해둔 표가

순위	지역	학교명	과학고	외고 국제고	자율형 사립고	과고+외고 +자사고
1	서울특별시 서초구	경원중학교	9	6	133	148
2	서울특별시 강북구	영훈국제중학교	5	15	100	120
3	서울특별시 강남구	휘문중학교	3	6	110	119
4	서울특별시 양천구	월촌중학교	2	15	99	116
5	서울특별시 서초구	신동중학교	8	6	100	114
6	서울특별시 송파구	신천중학교	11	8	95	114
7	서울특별시 광진구	대원국제중학교	9	31	73	113
8	서울특별시 서초구	세화여자중학교	1	5	105	111
9	서울특별시 광진구	광남중학교	7	7	97	111
10	서울특별시 서초구	서일중학교	4	14	90	108
11	서울특별시 양천구	목운중학교	12	10	78	100
12	서울특별시 양천구	목일중학교	9	12	78	99
13	서울특별시 서초구	원촌중학교	4	10	83	97
14	서울특별시 강남구	대청중학교	8	9	75	92
15	서울특별시 동대문구	경희중학교	1	7	84	92

있을 것이다.

원천 소스를 확인하고 싶다면 학교알리미 사이트(www.schoolinfo.go.kr)에 들어가면 된다. '공시정보 → 공개용 데이터 → 졸업생의 진로현황' 메뉴에 있는 연도별 엑셀 파일을 내려받으면 학교별 상세 내역을 확인할 수 있다.

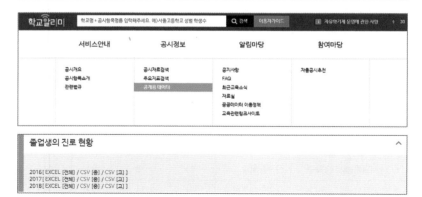

〈도표 5-9〉 학교알리미 사이트

● 지역 분석 예: 강동구

지금까지 이야기한 내용을 바탕으로 강동구를 한번 살펴보자.

– 강동구의 중심상업지구로는 인근 잠실을 제외하고 천호, 강동이
  있다. 고급 일자리가 있는 곳은 없고 상권이 형성된 정도다. 인근
  송파구만 하더라도 잠실, 가락, 문정 등 여러 곳이 있는 반면 강동
  구는 핵심 일자리가 없는 배후 지역임을 알 수 있다.

– 강동구 주요 지하철 노선은 5호선, 8호선 그리고 앞으로 연장될
  9호선이 있다 서울 주요 업무지구로 이동하기 위해서는 9호선이
  가장 좋다. 따라서 둔촌동이 앞으로 기대되는 곳이다. 5호선은 강
  남으로는 못 가지만 종로를 지나가기 때문에 입지에 영향을 주는

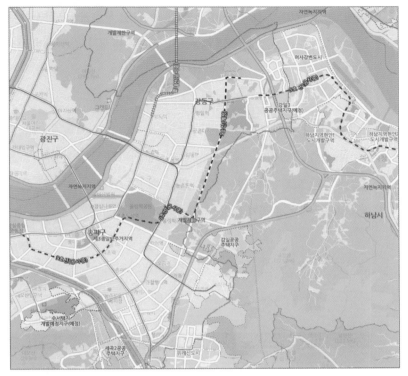

자료: 네이버 지도

노선이다. 8호선은 업무지구인 잠실을 경유하기도 하지만 강남 업무지구로 갈아탈 수 있으므로 의미가 있다. 강동구는 업무지구로 접근 가능한 역세권이냐 아니냐에 따라 시세 차이가 난다.

– 강동구는 사람이 굉장히 오래전부터 살던 곳이다. 강동구청은 2000년 초반에 지어진 곳이라 인근 도로가 반듯하다. 과거 송파구

에 편입되어 있다가 강동구로 쪼개졌기에 구청의 위치가 다소 왼쪽에 치우쳐 있다. 천호동, 성내동, 길동은 옛 모습을 그대로 간직하고 있고 둔촌동, 길동, 명일동, 고덕동은 체계적으로 설계되어 만들어졌다.

– 아파트가 가장 밀집한 곳은 고덕동이다. 그만큼 사람들의 거주하고 싶어 하는 곳이다. 재건축이 되어 새 아파트가 들어서고 있는 곳으로, 앞으로 더 많은 수요가 생길 수 있다. 반면 암사동, 천호동, 성내동에는 주택이 많다.

– 중학교 학군이 좋은 곳은 어디일까? 학군 알리미의 자료를 취합해보면 다음과 같다.

순위	학교명	과학고	외고 국제고	자율형 사립고	과고+외고 +자사고
	〈도표 5-11〉 강동구 내 중학교의 특목고 진학순위(2017년)				
1	배재중학교	0	2	87	89
2	명일중학교	1	5	44	50
3	한영중학교	3	8	37	48
4	강일중학교	2	6	33	41
5	신암중학교	0	5	21	26

상위 5등 안에 드는 주요 학교를 지도에 표기해보면 조금 더 안쪽에 있는 암사동, 명일동, 고덕동이다. 이들 지역 주변에 학군 수요

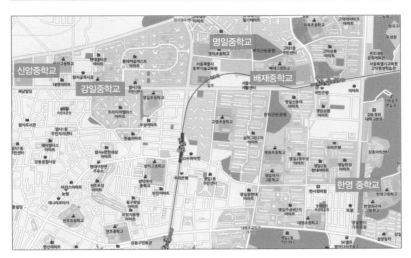

〈도표 5-12〉 강동구 상위 5위 중학교 위치

자료: 네이버 지도

가 많다고 볼 수 있다.

지금까지 분석한 내용을 바탕으로 현장에서 확인하는 것은 당신의 몫이다. 아무것도 없는 상태에서 시작하는 것보다는 시간이 많이 줄어들 것이다. 그래도 뭔가 아쉬움은 있다. 현재의 모습은 알겠는데, 미래의 모습은 어떻게 알 수 있을까 하는 점이다. 이럴 때는 손품을 좀 팔아야 한다.

손품으로 입지 변화 살피는 법

● 도시기본계획 살펴보기

도시는 국가에서 관리하는 대상이다. 〈도표 5-13〉과 같은 구조로 체계적으로 관리되고 있다.

서울을 분석하고 싶다면 서울시청 홈페이지에 들어가 도시기본계획을 살펴보자. 도시기본계획은 시 단위 중 가장 상위의 계획이다. 그중에서도 강동구를 분석하고 싶다면 강동구청 홈페이지에 들어가면 된다. 하지만 구 단위로는 기본계획을 수립하지 않는다. 도시기본계획 자료를 찾아 공간구조 부분을 중점적으로 살펴봐야 한다.

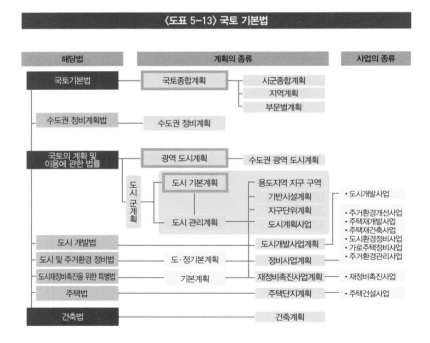

〈도표 5-13〉 국토 기본법

3. 중심지체계 개편

> ### "3도심 7광역중심 12지역중심"

- 2030 서울플랜에서는 주민의 삶의 질 향상 요구, 권역 간 격차 심화, 서울대도시권으로의 광역화, 글로벌 대도시권 간 경쟁심화 등 공간구조와 관련한 과제를 선도적으로 해소하기 위해서 기존 단핵구조에서 다핵구조로의 전환을 제시함.
- 기존 중심지체계는 '1도심, 5부도심, 11지역중심'의 단핵의 단순 위계적 공간구조로서 위에서 제기한 과제를 해소하기에는 한계가 있음. 2030 서울플랜의 중심지체계는 '3도심, 7광역중심, 12지역중심'으로 다핵의 기능적 체계를 강조하여, 중심지별 특화육성과 중심지 간 기능적 연계를 통한 상생발전을 가능하도록 함.
- 중심지체계는 서울의 공간구조를 형성하는 기본요소로서 서울시 차원에서 직접 관리해야 할 중심지를 기준으로 구성함. 서울대도시권 및 5개 권역생활권 차원에서 중추기능을 담당해야 할 도심, 광역중심, 지역중심은 서울시에서 전략적으로 관리함.
- 이외에 각 권역생활권 내에서 이루어지는 일상생활활동의 거점인 지구중심은 기정 2020 도시기본계획의 지구중심을 유지하되, 후속계획인 생활권계획 수립 시 자치구 협의 등을 통하여 필요 시 조정할 수 있도록 함. 즉, 지구중심의 지정과 관리를 자치구와 구민의 수요를 반영하여 협의 · 조정할 수 있도록 하였음.

도심 : 글로벌 경쟁력 강화

- 서울의 다핵화된 공간구조를 반영하고 글로벌 경쟁력 강화를 위해 한양도성 안(기존 사대문 안 도심) 외에 서울(서울대도시권)의 대표적인 발전축을 고려한 강남, 영등포 · 여의도를 추가함으로써 3도심 체제로 구성하고, 3개 도심이 특화하여 담당해야 할 글로벌 기능을 부여함.

〈표 2-2〉 3대 도심의 특성 및 육성방향

> **한양도성** : 역사문화중심지 (ICC : International Culture Center)
>   – 서울의 역사도심으로 국제적인 문화교류기능을 담당
>   ※ 기존 도심의 범위를 한양도성지역으로 한정하여 역사보전에 초점을 맞추도록 하되, 대한민국 수도 서울의 경제, 행정, 문화 중심지로서의 특별한 지위 유지
> **영등포 · 여의도** : 국제금융중심지 (IFC : International Financial Center)
>   – 증권거래소 등을 중심으로 국제금융기능을 담당

강남 : 국제업무중심지 (IBC : International Business Center)
- 국제기구유치 및 MICE 산업 육성 등을 통해 다양한 국제비즈니스 기능을 담당

—중략—

용산 (도심권)
- 역사도심인 한양도성 안에서 수용하기 어려운 고밀 · 고층의 대형 상업 · 업무시설 등을 흡수하고 한양도성 및 영등포 · 여의도와 연계한 국제기능 등 고차업무기능을 집적

청량리 · 왕십리 (동북권)
- 지역 간 철도교통 및 환승역세권의 잠재력을 활용하여 상업 · 문화중심 기능을 집적

창동 · 상계 (동북권)
- 경원축의 중심지로 창동차량기지 등 가용지를 활용하여 지역고용기반을 구축함으로써 외곽에서 시내로 유입되는 통근교통을 흡수하고 서울 대도시권 동북지역의 자족성을 제고

상암 · 수색 (서북권)
- 한강축에서 경의축이 갈라지는 교차점으로 대규모 개발가용지를 활용하여 서울 대도시권 서북지역의 광역적 고용기반을 구축

마곡 (서남권)
- 김포공항 및 상암과 연계, 대규모 개발가용지를 활용하여 신규 지식기반산업을 창출

잠실 (동남권)
- 강남 도심과 연계, MICE 산업 등을 육성하여 국제적 관광 · 쇼핑기반을 구축

—중략—

① 동대문 (도심권)
- 패션산업 등을 통해 다양한 창조산업 육성(※ 역사보전에 초점을 맞춘 도심과 기능 구분)

② 망우 (동북권)
- 지역 간 철도교통을 기반으로 상업 · 문화 중심기능을 집적

③ 미아 (동북권)
- 교통의 결절점으로 상업 · 문화 중심기능을 집적

④ 성수 (동북권)
- 건대입구의 대학잠재력과 성수준공업지역을 연계하여 창조적 지식기반산업 집적지로 전환

⑤ 신촌 (서북권)
- 신촌 · 홍대앞 등 집적된 대학잠재력을 활용하여 다양한 창조문화산업의 거점으로 육성

⑥ 마포 · 공덕 (서북권)
- 공항철도를 기반으로 기존의 업무기능을 확대

⑦ 연신내 · 불광
- 교통의 결절점으로 상업 · 문화 중심기능을 집적 및 사회혁신창조클러스터를 활용한 신성장산업 육성

⑧ 목동 (서남권)
  - 기존의 업무 및 상업 중심의 자족기능 확대
⑨ 봉천 (서남권)
  - 행정, 상업, 문화, 대학 등의 특화된 기능의 융복합을 통하여 서남권의 복합업무거점으로 육성
⑩ 사당 · 이수 (서남권)
  - 동 · 서 및 남 · 북 간 교통의 결절점으로서의 잠재력을 활용한 고용기반 강화
⑪ 수서 · 문정 (동남권)
  - 광역교통기능(KTX)과 연계하여 업무 · R&D · 물류 등 복합기반 구축
⑫ 천호 · 길동 (동남권)
  - 대규모 배후지역 개발에 따라 외곽에서 시내로 유입되는 통근교통을 흡수하는 고용기반 구축

● 시청장 및 구청장 이름으로 최근 뉴스 및 인터뷰 검색하기

인터넷에서 시청장, 구청장 이름으로 최근 뉴스를 검색하자. 인터뷰한 내용이 있을 것이다. 해당 지역의 문제점과 해결 방향에 대한 이야기가 주를 이룰 텐데, 어떤 부분을 더 중점적으로 진행할 계획인지 유심히 살펴보면 도움이 된다.

● '지역 + 키워드'로 검색하기

강동구를 분석한다고 가정했을 때 다음과 같은 키워드로 인터넷에 검색해보라. 지역을 이해하는 데 도움이 된다.

'강동구 개발 호재', '강동구 교통 호재', '강동구 분양', '강동구 일자리', '강동구 지역경기', '강동구 부동산', '강동구 학군', '강동구 인구', '강동구 대기업', '강동구 위해 취약시설' 등이다.

● 나무위키에서 지역에 대한 히스토리 살펴보기

나무위키는 우리나라에서 만든 위키피디아 같은 사이트다. 나무위키에서 관심 있는 지역을 검색해보라. 행정구역의 변화부터 교통, 관광, 교육 등 자세한 내용이 수록되어 있다.

지금까지 이야기한 내용을 바탕으로 자신만의 지역 분석 자료를 만들어보길 권한다. 물론 시간이 지나면 업데이트를 해야 하겠지만 자료를 만들다 보면 정리가 되는 느낌을 받을 것이다. 또 이 방법을 사용하면 금방 잊히지 않고 오래 기억되므로 분석에 드는 시간이 점차 줄어든다는 이점도 있다.

우리 동네 시세지도
만드는 법

자신이 거주하고 있는 곳에 대해 우리는 얼마나 알고 있을까? 예컨 대 수원시에 거주한다고 할 때 수원시 전체를 얘기하는 게 아니다. 이를 테면 이런 것들이다.

– 집 앞 파리바게트는 매매가가 얼마이고 월세 시세는 어느 정도일 까?

– 아이가 검진을 받았던 그 내과의원은 매매가가 얼마일까? 월세는 얼마 정도 할까?

– 집 근처에 4층짜리 다가구주택이 새로 지어졌는데 그 건물의 매매

가는 얼마일까? 토지는 얼마에 사서 얼마에 지은 것일까?

– 그 바로 옆에 쓰러질 것 같은 정말 오래된 1층 단독주택이 하나 있는데 왜 새로 짓지도 않고 저렇게 방치되고 있는 것일까? 그리고 얼마 정도 할까?

멀리 갈 필요도 없다. 내가 사는 곳에서 반경 500미터만 보더라도 모르는 것투성이다. 아파트는 인터넷에 매물 정보가 뜨기 때문에 시세 파악이 쉽지만 그 외 부동산은 알기 어렵다. 그래서인지 일반인뿐만 아니라 부동산 공부를 하는 사람들조차 자기 동네의 시세를 잘 모르는 경우가 많다. 관심이 없는 사람도 있겠지만 관심이 있는데도 방법을 몰라 모르는 사람이 더 많다. 집집마다 무턱대고 문을 두드리고 시세를 물어볼 수도 없고, 거래를 할 것도 아닌데 무작정 중개소에 들어가 물어보기도 그렇다. 더욱이 매물로 나오지 않은 물건은 중개소에서도 시세를 모를 수 있다. 그렇지만 부동산 투자를 결심한 사람으로서 최소한 내가 사는 동네의 시세지도는 그릴 수 있어야 하지 않을까?

작년 가을의 일이다. 경매 물건을 보다가 관심이 가는 다가구주택이 있어서 관심 목록에 담아두었다. 메모란에 내 의견을 적고, 현재 임차인의 월세 시세를 역계산하여 희망 낙찰가를 적어두었다. 희망 낙찰가는 감정가의 70퍼센트 선이었다. 입찰을 할 건 아니라서 시세를 제대로 조사하지 않고 적은 것이다. 시간이 지나 해당 지역의 시세지도를 그린 적이 있다. 그리고 문득 관심 물건이 기억나 확인해보니 감정가의 120퍼센트에 낙찰된 것이 아닌가. 시세가 터무니없이 낮게 감정된 것임을 시세지도를 그려보고 나서 알게 되었다.

이렇듯 해당 지역의 시세지도를 그려본 것과 그려보지 않은 것의 차이는 크다. 처음에는 우리 동네부터 그려보겠지만 하나를 완성하고 나면 옆 동네가 궁금해질 것이다. 그렇게 하나둘 늘려가면 멀리 있는 지역도 그려보게 되고 몇 곳을 객관적으로 비교해볼 수 있게 된다. 지역 전문가라 해서 대단한 뭔가를 하는 사람이 아니다. 지금부터 설명하는 방법에 대단한 지식이 요구되는 것도 아니다. 관심이 가는 부동산을 다 찾아가 보면 좋겠지만 가보지 않고도 스스로 시세지도를 그려보는 방법을 설명하려 한다. 흰 종이를 꺼내 들고 시작해보자.

단독주택으로 대지 평당가 이해하기

단독주택은 오래된 주택으로 선정해야 한다. 단독주택의 시세를 먼저 조사하는 이유는 우리 동네의 평당가를 이해하기 위해서다. 어떤 건물을 지을 수 있는 대지인가에 따라 평당가는 천차만별이지만 개인 투자자가 쉽게 접근할 수 있는 주택부터 기준을 잡아나가는 게 좋다. 개별 공시지가는 토지이용규제정보서비스(luris.molit.go.kr), 부동산공시가격알리미(www.realtyprice.kr), 온나라 부동산정보 통합포털(www.onnara.go.kr)에서 지번으로 확인할 수 있다. 하지만 공시지가는 실제 거래 가격과 차이가 너무 많이 난다. 따라서 실제 가격을 알려면 매물 정보를 확인하거나 실제 거래된 정보를 찾아보는 게 좋다.

● 매물 정보로 확인하는 법

네이버 부동산에 들어가면 아파트만 있다고 생각하는 사람이 많은데 오피스텔, 분양권, 주택, 토지, 원룸, 상가, 공장 등 다양한 매물이 올라와 있다. 관심 지역에 나와 있는 주택 매물의 시세를 확인해보자.

경기도 성남시 중원구 상대원동 대일초등학교 인근 주택재개발 지역을 예로 들어 살펴보자.

네이버 부동산에 들어가면 다음과 같이 매물 정보가 나온다. 단독주택도 보이고 상가주택도 보이고 빌라도 보일 것이다. 아주 오래된 단독

〈도표 5-15〉 매물정보 확인 단계-지도 검색

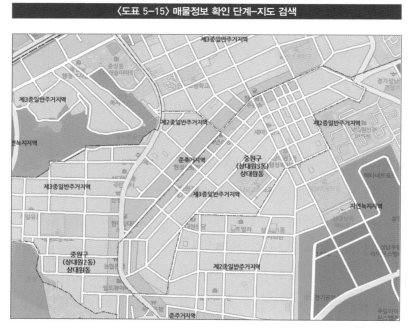

자료: 네이버 부동산

232

주택을 하나 클릭해보자.

상세 내용을 보면 대지 면적이 나와 있고 평수가 얼마인지도 나와 있다(〈도표 5-17〉). 매매 가격에서 평수로 나누면 평당 토지 가격이 나온

〈도표 5-16〉 매물 정보 확인 2단계-매물 리스트

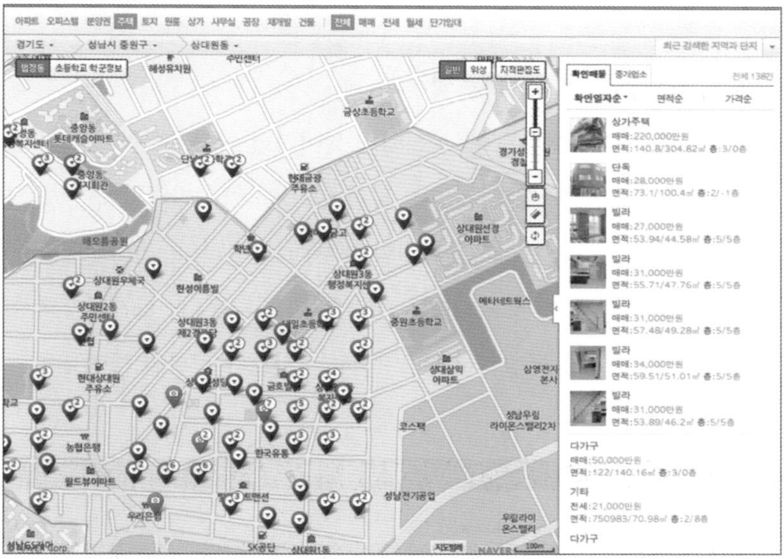

자료: 네이버 부동산

〈도표 5-17〉 매물 정보 확인 3단계-매물 상세정보

단독 지역매물 전체				대지/연면적 ⊙단위 64.1/119.01㎡		매매가 22,000만원 (1,135만원/3.3㎡)	
지상층/지하층	2 / -1층	방/욕실수	6/3개	건축면적	41.37㎡	융자금	- 만원
입주가능일	1개월 이내 협의가능	준공년월	1990	용적률/건폐율	185.7 / 64.5 %	기보증금/월세	500 / 25 만원
특징	지층,1층 공실임.2층500/25월세임.집상태굿						

자료: 네이버 부동산

다. 1990년에 준공됐고, 반지하가 있는 2층짜리 물건이며, 대지가 64㎡
로 3.3㎡로 나누면 19평 정도 되는 단독주택이다. 매매가 2억 2,000만
원을 약 20평으로 나누면 평당 토지 가격은 1,157만 원가량이 된다. 이
동네의 평당가가 대충 이 정도라고 보면 된다. 연식이 30년 이상이니 건
물 가격은 없고 대지의 가격만 있기 때문이다.

● 실거래가 정보로 확인하는 법

국토교통부 실거래가 공개 시스템에 들어가면 아파트뿐만 아니라 주
택의 거래 내역도 확인할 수 있다. 과거 연도 자료도 확인할 수 있으므
로 지금까지 가격 상승 추이를 확인할 때 매우 유용하다. 전월세도 확인
할 수 있다. 해당 동에서 거래된 내역이 월별로 나온다. 실거래가 사이
트의 한 가지 단점은 동별로 매물을 볼 수는 있으나 정확한 지번을 찾을

〈도표 5-18〉 거래 내역 확인하기 1

자료: 국토교통부

수 없다는 것이다.

이를 보완하는 방법이 있다. 최근에 만들어진 밸류맵 사이트(www.
valueupmap.com)를 이용하는 것이다. 전국 토지 및 건물의 시세를 실
제 거래된 매물 정보를 근거로 지도에 표기해주는 사이트다. 대지 몇 평
이 얼마에 팔렸는지 지도에 표시되므로 지번의 정확한 물건 정보를 확
인할 수 있다.

2016년 2월에 거래된 물건을 하나 클릭해보면 상세 내역을 알 수 있

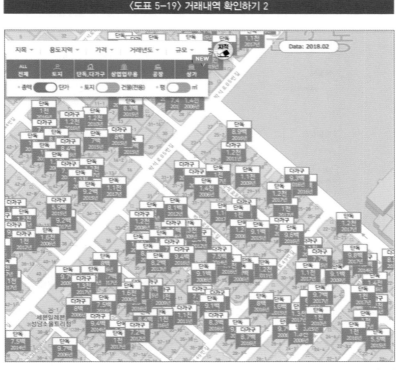

〈도표 5-19〉 거래내역 확인하기 2

자료: 밸류맵

자료: 밸류맵

다. 2년 전에는 평당가가 860만 원으로 지금보다 좀 더 저렴했다는 것을 알 수 있다. 재개발구역으로 부동산 경기가 살아나면서 최근엔 시세가 상승했는데, 2006년 당시에는 평당 1,000만 원 정도였다는 사실을 생각한다면 가격이 하락했다가 최근 상승한 것임을 알 수 있다.

〈도표 5-21〉은 실제 현장 사진이다. 반지하가 유행일 때 지어진 건물의 전형적인 모습이다. 만약 해당 지역에 경매 물건이 나온다면 적정 감정가를 판단하기 수월할 것이다.

다가구로 신축 건물의 수익성 알아보기

만약 해당 지역에 다가구 신축이 매물로 나온다면 원가는 얼마일까? 232쪽 〈도표 5-15〉를 다시 살펴보면 상대원3주택재개발지구 바로 아래쪽은 재개발구역이 아니다. 다가구주택이 즐비한 곳에 가보면 구축이 주를 이루지만 간간이 신축을 볼 수 있다. 로드뷰를 통해 신축 건물이 있는지 살펴보자.

〈도표 5-22〉는 기존 주택을 매입하여 허물고 새로 지은 건물이다.

〈도표 5-22〉 로드뷰를 통해 확인한 신축 건물(2016년 9월)

자료: 네이버 지도

자료: 네이버 지도

이 건물 1층은 주차장, 2~5층까지 4층은 다세대주택을 지어 분양하고 있다. 해당 건물을 추적해보자. 2013년 9월 로드뷰를 보면 다음과 같이 오래된 다가구 주택이었다.

다음 쪽 〈도표 5-24〉에서 확인해보면 도로지번 24-2 필지와 24-4 필지 2개가 2015년에 거래된 내역을 확인할 수 있다. 신축 주택은 과거 건물 2개를 매입해 허물고 그 자리에 새로 지은 것으로, 30평 2개 필지를 매입해 60평을 확보한 것이다. 토지 매입 비용으로 5억 5,000만 원 (3억 + 2.5억)이 들어갔음을 알 수 있다. 인근 도로지번 38 필지가 7억 원에 거래됐음을 보면 적당한 가격임을 알 수 있다. 38 필지가 도로의 크기가 넓어서 위치가 더 좋다는 점을 고려하면 무난한 가격이다.

〈도표 5-22〉의 건물은 60평 대지에 1층 주차장을 제외하고 4층으로 지은 것이다. 건축비는 얼마 정도 들었을까? 정확한 비용을 확인할 수

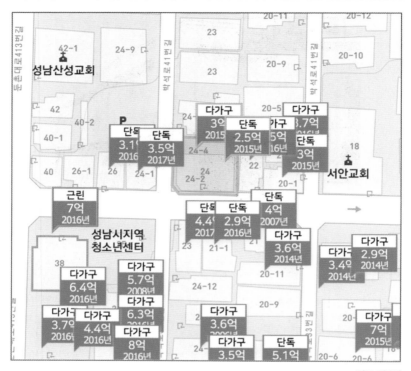

자료: 밸류맵

는 없지만 대략 예상해볼 수는 있다. 먼저 건폐율과 용적률을 알아야 한다. 밸류맵에서 해당 건물을 확인해보면 건폐율 59.849퍼센트 용적률 209퍼센트라 나온다. 이는 지은 결과물이지 최대치는 아니다(〈도표 5-25〉).

최대치는 용도지역으로 결정된다. 해당 지역은 제2종 일반주거지역으로 건폐율 60퍼센트, 용적률 250퍼센트가 적용된다. 건폐율은 토지면적 대비 지을 수 있는 건물의 최대 면적이다. 따라서 대지면적 60평의

〈도표 5-25〉 해당 건물 정보 확인하기 2

건물정보

신축년도	2016년 11월 21일	연면적	762.545(㎡) 🔄단위
주용도	공동주택	주구조	철근콘크리트구조
지붕	(철근)콘크리트	규모	지상4/지하1
건폐율	59.849%	용적률	209.887%
주차장	8대	승강기	1

자료: 밸류맵

60퍼센트 정도를 가정하면 36평이 건축물이 차지하는 대지 면적이라고 볼 수 있다. 해당건물의 건폐율은 59.8퍼센트이기 때문에 건축 가능한 최대 한도로 지은 것이다. 용적률은 어떨까? 용적률은 최대 몇 층까지 지을 수 있는지 알 수 있는 기준이다. 전체 대지(60평)의 면적의 250퍼센트, 즉 150평까지 건축면적으로 활용할 수 있다. 건축면적의 합을 연면적이라 부른다. 36평 곱하기 층수의 합이 연면적을 넘을 수 없다. 최대 몇 층까지 지을 수 있을까? '36×5'는 180이고, '36×4'는 144다. 즉 최대 4층까지 지을 수 있다. 왜 이 집이 4층으로 지어졌는지 이해가 되었는가? 그림으로 나타내면 다음 쪽 〈도표 5-26〉과 같다.

해당 대지는 4층 다세대주택을 지을 수도 있고 3층 다가구 주택을 지을 수도 있었다. 주인 세대가 꼭대기 층에 거주하면서 아래층은 세를 주는 다가구는 1층 주차장을 제외하고 3층 이하로 건축이 가능하다. 이에 비해 다세대주택은 4층까지 지을 수 있고 개별세대 분양이 가능하다는 차이점이 있다.

〈도표 5-26〉 건폐율과 용적률에 따른 최대 층수

건폐율: 60%	최대 건물면적 = 대지(60평)×건폐율(0.6)	36평
용적률: 250%	최대 연면적(건축면적의 합) = 대지(60평)×용적률(2.5)	150평

36평씩 4층으로 지으면 36 + 36 + 36 + 36 = 144로 최대 연면적 150평을 넘기지 않는다

〈도표 5-27〉 다세대주택과 다가구주택 비교

비교	다세대주택	다가구주택
바닥면적	660㎡ 이하	660㎡ 이하
거주 세대수	제한 없음	19세대 이하
분양	개별 세대 분양 및 소유 가능	불가
구분등기	구분등기	불가
주택층수	4층 이하	3층 이하
등기부상 건축물 종류	공동주택	단독주택

해당 주택은 흔히 말하는 신축빌라를 지어 세대별 분양을 한 것이다. 총 몇 세대를 분양했고 세대당 분양가는 얼마 정도였을까?

건물 정보			
신축년도	2016년 11월 21일	연면적	762.545(㎡)
주용도	공동주택	주구조	철근콘크리트구조
지붕	(철근)콘크리트	규모	지상4 / 지하1
건폐율	59.849%	용적률	209.887%
주차장	8대	승강기	1

호별 정보 자세히 보기		
지상 101	공동주택(다세대주택)	64.22㎡
지상 102	공동주택(다세대주택)	63.025㎡
지상 201	공동주택(다세대주택)	69.61㎡
지상 202	공동주택(다세대주택)	70.585㎡
지상 301	공동주택(다세대주택)	69.61㎡
지상 302	공동주택(다세대주택)	70.585㎡
지상 401	공동주택(다세대주택)	69.61㎡
지상 402	공동주택(다세대주택)	70.585㎡
지하 B01	제1종근린생활시설(의원)	72.83㎡

1층에 2개, 2층에 2개, 3층에 2개, 4층에 2개로 총 8세대를 분양한 것으로 했을 것이다. 구글 검색을 통해 해당 건물의 분양광고를 살펴보면 32평형(실면적 25평) 아파트 같은 느낌으로 2억 5,500만 원에 분양한 것으로 나온다.

어떤가? 해당 신축 건물의 매매가는 얼마가 적정가일지 예상이 되는가? 신축 건물의 원가는 다음과 같은 공식으로 구한다.

● 신축 건물의 원가 = 대지비용(1,100만 원×평수)+건축비(연면적 평수
　　　　　　　　　　×평당건축비)

이 공식에 사례의 값을 대입해보면 〈도표 5−29〉와 같다.

〈도표 5−29〉 신축 건물 원가 산정

항목	내용	금액
대지비용	필지 2개(3억+2억 5,000만 원)	5억 5,000만 원
건축비	연면적(36평× 4층 = 144평) × 건축비 대략 400만 원	5억 7,600만 원
총	대지와 순수 건축비만 계산(모든 부대비용 불포함)	11억 2,600만 원

　신축 건물의 원가가 11억 2,600만 원가량 된다. 해당 건물이 지어지고 빌라 8세대를 분양했다. 한 세대당 대략 2억 5,500만 원에 분양했는데 만약 8채 모두 분양이 된다면 총매출이 20억 4,000만 원이다. 대지와 순수 건축비를 빼면 순수익이 9억 원이 조금 넘는다. 여기서 세대당 내부 인테리어와 가구 같은 부대비용을 빼면 실제 순수익이 될 것이다. 대략적이지만 수익률을 어느 정도 짐작해볼 수 있다.

　기존 건물이 허물어지고 새롭게 지어지고, 새롭게 지어진 빌라를 누군가가 구매하는 모습이 신기하지 않은가? 빌라를 마지막에 분양받고 오르길 희망하는 사람이 되지 말고 변화를 주도하는 사람이 되자. 당장 실행하지는 않더라도 우리 동네 건물이 최소한 어떻게 지어졌는지 정도는 알고 있도록 하자.

상가로 월세 수익 이해하기

상가는 평당가가 큰 의미가 없다. 토지 지분이 작아 토지 평당가가 차지하는 비중이 그리 크지 않기 때문이다. 상가에서 중요한 건 상권의 입지와 상가가 입점한 상가빌딩의 입지다. 상가의 가격은 그 두 가지로 결정된다. 그러므로 매물 정보를 바로 확인하는 게 좋다. 네이버 부동산에 나와 있는 매물을 확인하고 밸류맵에서 실제 거래된 정보도 확인하자.

상가의 정보를 조사할 때는 다음의 키워드를 꼭 체크해야 한다.

● **상권**

상권에 따라 가격대가 다르게 형성된다. 테헤란로의 상가 가격과 판교나 수지의 상가 가격은 다르다. 상가도 입지가 중요하다. 입지보다 더 중요한 건 유효 수요 대비 상가의 수다. 상가를 이용할 수 있는 사람의 수(세대수)에 비해 상가의 개수가 적으면 좋은 상권이다. 일명 '항아리 상권'이라고도 한다.

● **상가빌딩 이름**

상권도 중요하지만 좋은 상권이라 해서 모든 상가가 잘되는 것은 아니다. 상권 내에서도 상가 위치가 중요한데 결국 상가빌딩의 입지가 중요하다는 의미다. 그뿐 아니라 상가빌딩에 입점한 업종도 중요하다. 병원이나 학원처럼 깔끔하고 한번 들어오면 잘 나가지 않는 업종으로 구성된 빌딩이 좋은 건물이다. 반대로 지하에는 노래방이 있고, 1층에는 술집이 있고, 2층부터 고층까지 고시원, 사무실, 휴대폰 수리점 등 소매점이나 사무실이 들어 있으면 좋은 건물이 아니다. 건물 자체가 나쁘다는 게 아니라 조합이 나쁘다는 것이다. 상가의 매물 정보를 조사할 때는 어떤 빌딩인가 하는 정보도 함께 적어둬야 한다.

● 층수

상가에서 층수는 매우 중요하다. 1층과 2층은 하늘과 땅 차이만큼 가격 차이가 나지만 2층과 3층의 차이는 크지 않다. 상가는 1층이 대장 중에 대장이기 때문이다. 따라서 나온 매물의 가격대를 파악할 때 1층인지 아닌지를 잘 체크해두자.

● 월세 정보

매매 물건을 보면 매매가도 나오지만 기존의 보증금과 월세가 함께 나오는 경우도 많다. 만약 월세 정보가 없다면 월세로 나온 매물과 함께 비교해야 한다. 월세 수익률이 얼마인지도 꼭 적어둬야 한다.

● 전용면적

상가는 전용면적으로 크기를 가늠할 수 있어야 한다. 전용면적만으로도 대략적인 월세 시세를 예측해볼 수 있다. 예를 들어 내가 강남역 인근에서 학원업을 했을 때 70명 정도가 들어가는 강의실이 있었다. 복도와 대기실, 로비 공간을 다 합쳐 전용 40평 정도 됐다. 월 시세는 400만 원정도였다. 학원을 구하기 위해 강남구 일대를 많이 돌았는데, 전용면적에 9~10을 곱하면 월세 시세가 된다는 것을 그때 깨달았다. 전용면적이 20평인 곳은 월세가 180~200만 원 정도 했고 30평은 270~300만 원, 40평은 360~400만 원 가까이 했다.

2년 정도 시간이 지나 판교를 가봤는데 그곳도 크게 다르지 않았다. 용인 같은 곳은 어떨까? 보정동에 가면 독정초등학교 인근에 학원들이 많이 있는데 전용 26평이 보증금 1,000만 원에 월세 95만 원으로 나와 있다. 즉 전용면적에 3.5~4를 곱하면 적당하다는 것이다.

상권별로, 상가빌딩별로, 1층과 고층을 나눠 층별로 매매가와 월세 시세를 정리해보자. 그렇게 하면 어떤 상권의 수익률이 높은지 비교할 수 있다. 따라서 무조건 수익률만 높다고 선택하는 우를 범하진 말자. 상가는 공실이 발생하면 수익률이 의미가 없어지기 때문이다. 가장 먼저 살펴야 할 것이 바로 상권의 유효 수요다.

수익률은 비슷한데 하나는 상가가 너무 많은 곳이고 다른 하나는 상가가 적은 항아리 상권이라면 후자를 선택해야 한다. 또 둘 다 항아리 상권으로 공실률은 적은데 수익률에 차이가 난다면 빌딩의 상황을 살펴야 한다. 좋은 유형의 상가들이 입점한 랜드마크 빌딩이라면 수익률이 낮아도 좋다. 그리고 마지막으로, 모든 조건(상권, 상가 입지, 층수, 임차인 업종)이 같고 월세 수익률 차이만 있다면 그때 수익률을 살펴라. 상가는 수익률만 보고 들어가면 안 된다. 상가 물건 수익률이 7퍼센트라고 얘기한다 해서 그 상권의 평균을 7퍼센트라 생각하지 마시라. 위 조건을 다 만족하는 상가의 수익률을 기준으로 삼아야 한다.

아파트 알짜 팁, 저평가된 평형 찾기

마지막으로 아파트를 가지고 시세지도를 그려볼 수 있다. 아파트 시세는 너무나 잘 나와 있으므로 정보를 구하는 건 쉽다. 지도 위에 아파트를 그리고 평당가가 높은 아파트부터 낮은 아파트의 시세를 적어보자. 어떤 곳이 더 비싼지와 그 이유도 함께 고민해보자. 다음으로 할 일이 매우 중요한 것인데, 아파트 평형별로 시세를 손으로 써보는 것이다. 쓰다 보면 특정 평형이 저렴하다는 느낌을 받을 때가 있다. 하지만 적기만 해서는 긴가민가하다. 이럴 때 필요한 것이 기준표다.

나는 평형별 적정 평당가표를 가지고 있다. 각 지역별 평균 가격을 구해서 백분율로 나타낸 것이다. 다음 〈도표 5-30〉은 24평을 기준으로 할 때와 56평을 기준으로 할 때 두 가지로 정리해놓은 것이다.

〈도표 5-30〉 렘군의 평형별 적정 평당가 비율표(경기도 기준)		
구분	24평 기준	56평 기준
24	100	131
33	90	118
44	82	107
56	76	100

● 적정 평당가로 적정 매매가 구하기

24평인 아파트의 평당가가 1,000만 원이라고 가정해보자. 매매가가 2억 4,000만 원 정도 할 것이다. 같은 아파트에 33평이 있다면 매매가는 얼마 정도 할까? 〈도표 5-30〉에 대입해보자. 24평이 100일 때 33평은 90퍼센트이므로 33평의 평당가는 '1,000만 원×90퍼센트', 즉 900만 원이다. 즉 '900만 원×33평'으로 33평의 적정 매매가는 2억 9,700만 원이 된다. 실제 나와 있는 매물의 시세를 확인해보자. 확인 결과 매물의 시세가 이 기준가보다 높으면 고평가이고 낮으면 저평가인 것이다. 물론 이것은 내가 활용하고 있는 하나의 기준일 뿐 절대적인 값은 아니다.

● 평당가표를 활용한 투자 사례 1

실제로 적정 평당가표를 이용해서 투자했던 사례를 살펴보자.

〈도표 5-31〉 평당가표 활용 투자 사례 1-1

용인소재 A 아파트(2016.1)

평형(평)	매매가(만 원)	평당가(만 원)	현 비율(%)	적정비율(%)	차이
33	35,000	1,060.61	100.00	100	0.00
44	42,500	965.91	91.07	91.11	0.04
56	44,000	785.71	74.08	84.44	10.36

2016년 1월 기준으로 용인 A 아파트의 평형별 시세는 〈도표 5-31〉과 같았다. 평당가를 계산해보니 역시나 평수가 올라갈수록 내려갔다. 평형이 커질수록 평당가가 내려가는 것은 지극히 정상이다. 일부 특정 지역에서는 대형의 평당가가 더 높은 경우도 있지만 대다수는 낮아지는

경향이 있다. 해당 아파트는 33평과 44평의 가격 차이가 7,500만 원인 반면 44평과 56평의 가격 차이는 1,500만 원가량으로 매우 적었다.

적정 평당가표에 대입해보니 33평을 기준으로 봤을 때 44평은 적정한 가격을 유지하고 있었지만 56평은 10퍼센트가 저평가된 것으로 나타났다. 4억 4,000만 원의 10퍼센트인 4,400만 원 정도가 더 비싸야 적정하다는 판단으로 해당 아파트를 2016년 초에 매입했다. 물론 다른 호재들도 있었다.

2년이란 시간이 지나 해당 아파트는 운이 좋게도 가격이 상승했다. 호재가 있었기에 저평가된 56평만 상승한 게 아니라 전 평형이 올랐다. 33평이 가장 많이 올라 3억 5,000만 원에서 4억 3,500만 원이 됐다. 2018년 3월을 기준으로 다시 평형별 적정 가격을 살펴봤다. 33평이 비정상적으로 많이 오른 탓에 44평이 9퍼센트 저평가됐다. 56평은 16.7퍼센트로 더 저평가됐다. 시간이 지나 33평의 시세가 제자리라고 가정하면 44평은 저평가된 9퍼센트가 상승하여 5억 2,800만 원이 되어 있을 것이고 56평은 16.7퍼센트가 상승하여 6억 2,000만 원이 되어 있을 거

〈도표 5-32〉 평당가표 활용 투자 사례 1-2

용인 A 아파트(2018.3)

평형(평)	매매가(만 원)	평당가(만 원)	현 비율(%)	적정비율(%)	차이
33	43,500	1,318.18	100.00	100	0.00
44	47,500	1,079.55	81.90	91.11	9.21
56	50,000	892.86	67.73	84.44	16.71

라 생각한다. 더 시간이 지나봐야 검증이 되겠지만 이러한 사례는 수도
권뿐만 아니라 부산, 울산, 대구, 광주 같은 지방 광역시에서도 동일하게
적용됐다.

● 평당가표를 활용한 투자 사례 2

2017년에 유사한 사례가 또 있다. 판교의 B 아파트다.

2017년 4월 기준으로 33평보다 44평이 9.8퍼센트가량 저평가되어
있었다. 평수 대비 금액 차이가 너무 적게 난 것이다. 이유는 33평이 단
기간에 급등했기 때문이다. 44평은 33평이 추가 상승을 하지 않더라도
9퍼센트가 저평가되어 1억 1,000만 원 정도가 저평가된 것이었다. 해당
시점에 나는 44평을 매수했다. 물론 33평의 시세 상승도 불가피한 상황
이었지만 44평의 시세가 더 매력적이었다.

1년이란 시간이 지나 확인을 해본 결과 해당 아파트는 운이 좋게 올
랐다. 모든 평형이 올랐는데 33평은 2억 4,000만 원이 오른 반면 44평
은 3억 9,000만 원이 올랐다. 두 평형의 적정 비율 차이는 이제 9.8퍼센
트에서 0.83퍼센트로 확연히 줄어들었다. 이제 비로소 적정 가격이 된

〈도표 5-33〉 평당가표 활용 투자 사례 2-1

판교 B 아파트(2017.4)

평형(평)	매매가(만 원)	평당가(만 원)	현 비율(%)	적정비율(%)	차이
33	84,000	2,545.45	100.00	100	0.00
44	91,000	2,068.18	81.25	91.11	9.86

판교 B 아파트(2018.3)

평형(평)	매매가(만 원)	평당가(만 원)	현 비율(%)	적정비율(%)	차이
33	108,000	3,272.73	100.00	100	0.00
44	130,000	2,954.55	90.28	91.11	0.83

것이다. 가격 상승이 함께 이뤄졌지만 44평형이 저평가되어 있던 만큼 더 많이 오른 것이다.

왜 이런 일이 벌어지는 것일까? 어떤 아파트의 33평 가격이 오르면 바로 옆에 있는 아파트의 33평도 함께 오른다. 시간 간격이 매우 짧기 때문에 상승하는 지역 내에서 A 아파트가 오르는 것을 보고 같은 평형인 B 아파트를 오르기 전에 사는 것은 매우 어렵다. 같은 동네가 아닌 조금 떨어진 지역으로 가면 오르기 전에 살 수도 있을 것이다. 하지만 그마저도 시간이 지나면 금세 반영이 된다. 하지만 평형은 다르다. 평형별 시세는 천천히 반영된다. 우리 동네 33평이 오르고 옆 동네도 오르고 한 바퀴 다 돌 때쯤 되면 그다음 평형이 오른다. 릴레이 경기를 하는 것처럼 말이다. 시간 간격이 조금 더 길기 때문에 그 순간이 우리 눈에 포착되는 것이다.

지금도 지역별로 아파트 평형별 시세를 보면 이상한 곳이 많다. 당신은 평형에 대한 자신만의 기준을 가지고 있는가? 만약 가지고 있지 않다면 우리 동네 아파트의 평형별 평당가를 구해보라. 그리고 다른 지역과 비교해보라. 차이가 크다면 둘 중 하나다. 상대 지역이 이상하든지 우리

지역이 이상하든지. 아파트 가격을 비교할 때 적정 평당가표는 매우 유용하다.

　지금까지 단독주택, 다가구(다세대), 상가, 아파트에 대해 시세지도 만드는 방법을 설명했다. 각 종목의 특성을 여기서 모두 설명할 수는 없다. 각각이 책 한 권으로 나와야 할 만큼 다룰 게 많은 주제다. 다만 여기서 강조하고 싶은 것은 우리 동네 시세를 파악하라는 것이다. 노트에 내가 살고 있는 동네의 부동산 가격을 적어보는 습관을 들이기 바란다. 종목별 시세와 적정 원가를 파악할 수 있다면 현재 시점에서 어디가 저평가된 것인지 객관적으로 알 수 있다.

　단독주택에서는 토지 원가를 구할 수 있었다. 다가구주택 내용에서는 신축 건물의 원가를 알아낼 수 있었다. 상가를 이야기할 때는 단순한 수익률이 아닌 공실이 발생하지 않을 곳의 수익률을 기준으로 해야 한다고 했다. 아파트는 어떤 아파트의 평당가가 저렴한가도 중요하지만 평형별 평당가를 유심히 살피라고 했다. 다른 것 같지만 모두 같은 이야기다. 원가와 적정 가격에 대한 이야기를 한 것이다. 원가와 적정 가격을 알아야 내가 매입할 물건이 싼지 비싼지를 판단할 수 있다. 시세지도를 가지고 있으면 무서울 게 없다. 우리 동네로 만족하지 말고 주변 지역으로 확대해보라. 내가 살고 싶은 지역, 내가 살아봤던 지역들의 시세지도를 만들어보라. 어느새 부동산중개소 소장님보다 그 지역을 더 잘 아는 사람이 되어 있을 것이다. 혼자서 하기가 힘들다면 마음에 맞는 사람과 함께 하는 것도 좋은 방법이다.

제6장

내게 꼭 맞는
투자 물건 찾기

부동산 데이터 분석의 다섯 가지 핵심 이론 · 분양권
시세 검증법 · 거래량으로 투자 지역 선정하기 · 월세
수익률 높은 아파트 찾기 · 투자금이 적게 들어가는
아파트 찾기 · 매매수요로 전환될 가능성이 큰 아파트
찾기

부동산 데이터 분석의
다섯 가지 핵심 이론

지금은 없어진 회사지만 한때 증권가에서는 '야후 주식이 오르면 구글 주식을 사라'라는 말이 유행했다. 유사한 서비스를 하니 하나가 인기를 얻으면 다른 하나도 비슷하게 갈 거라는 논리다. 그대로 된다면 얼마나 좋겠는가. 하지만 서비스의 유용성도 같고 똑같이 미국 회사일지라도, 엄연히 다른 회사다. 주가 움직임은 회사 내부 사정의 영향을 많이 받는다.

반면 부동산은 어떨까? 강남구가 오르면 서초구도 함께 오를 확률이 높을까? 아니면 반대로, 서초구는 내릴 확률이 높을까? 당연히 전자다. 범위를 조금 더 좁혀서 강동구 암사동에 A 롯데캐슬퍼스트, B 프라이어

팰리스가 있을 때 A 아파트가 오르면 B 아파트가 함께 오를 확률은 어
느 정도나 될까? 같은 구의 같은 동이고 비슷한 입지인 경우 같은 흐름
을 보일 확률이 99퍼센트 이상이다. 부동산은 개별성이 커서 예측이 불
가능하다고 하는데 어떻게 이렇게 시세가 함께 움직이는 걸까? 그건 부

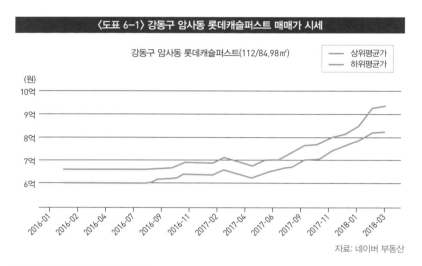

〈도표 6-1〉 강동구 암사동 롯데캐슬퍼스트 매매가 시세

강동구 암사동 롯데캐슬퍼스트(112/84.98㎡)

자료: 네이버 부동산

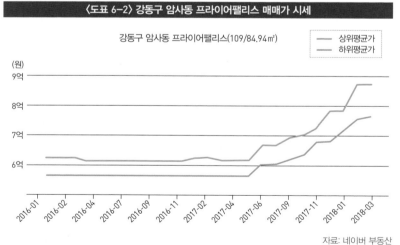

〈도표 6-2〉 강동구 암사동 프라이어팰리스 매매가 시세

강동구 암사동 프라이어팰리스(109/84.94㎡)

자료: 네이버 부동산

동산이 가진 지역성이라는 특성 때문이다.

지역은 물리적인 공간을 의미한다. 부동산은 공간의 영향을 받는다. 주식과 다른 부분이다. 강동구에 2개의 회사가 붙어 있다고 하더라도 주가가 함께 움직이는 경우는 없다. 부동산은 날씨와 비슷하다. 가까운 지역일수록 날씨가 같을 확률이 높다. 이러한 이유 때문에 가격이 함께 오르고 함께 내리는 것이다. 무엇보다 아파트는 부동산 종목 중에서도 가장 개별성이 크지 않은 종목이다. 아파트란 대지 위에 콘크리트로 건물을 올리고 이름만 다르게 붙인 것뿐이잖은가. 결국 콘크리트일 뿐이다. 가격을 결정하는 건 콘크리트가 아니다. 주변 요인들인데 그 주변 요인들은 모두 지역과 연관성이 높다.

방금 얘기가 별것 아니라고 생각하는 사람도 있을 것이다. 아파트 가격이 2017년 6월부터 동시에 움직였으나 A가 오르는 것을 보고 B를 사기엔 늦었다고 할 것이다. 그렇다면 10미터 거리가 아닌 500미터 정도 떨어진 C 한강현대아파트의 시세는 어떻게 됐을까?

정확히 5개월이 지나 2017년 11월부터 상승하기 시작했다. 조금만 관심을 가졌다면 오르기 전에 C 아파트를 충분히 매입할 수 있었을 것이다. 물론 A, B 아파트가 추가 상승을 하여 C 아파트보다 수익률이 더 높을 가능성도 있다. 누가 더 많이 올라갈 것인가를 예측하고자 함이 아니다. C 아파트도 함께 올라가리라는 점을 충분히 예상할 수 있었다는 얘기다.

사실 이 사례는 빅데이터라고 할 것도 없다. 아파트 3개의 시세를 확인한 정도이니 손품으로도 인지할 수 있는 수준이다. 여러 지역을 비교

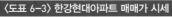

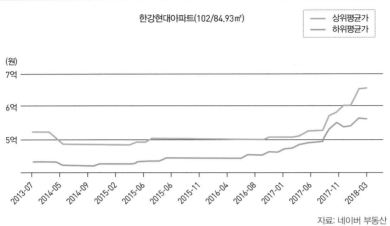

한강현대아파트(102/84.93㎡)

상위평균가
하위평균가

(원)
7억
6억
5억

2013-07 2014-05 2014-09 2015-02 2015-06 2015-06 2015-11 2016-04 2016-08 2017-01 2017-06 2017-11 2018-03

자료: 네이버 부동산

하거나 보다 많은 아파트를 대상으로 원하는 정보를 얻기 위해서는 반드시 빅데이터가 필요하다.

빅데이터를 활용하는 데에도 몇 가지 법칙이 있다. 이를 알고 있으면 데이터를 해석하는 데 큰 도움이 된다. 내가 수년 동안 부동산 투자를 하며 알게 된 법칙 중에서 빅데이터와 궁합이 아주 잘 맞는 것들만 추려 소개하고자 한다.

가격이 아닌 비율

가격이 상승하거나 하락할 때 절대적인 가격이 아니라 동일 비율로 움직인다는 사실을 알고 있는가? 시세가 4억 원인 A 아파트와 2억 원인

B 아파트가 있다고 가정해보자. 둘은 2억 원 차이가 난다. A 아파트가 초등학교도 가깝고 지하철역도 가깝고 세대수도 조금 많고 브랜드도 좋고 연식도 더 새것이다. 가격은 거짓말을 하지 않는다. 복합적으로 A 아파트가 좋은 만큼 가격 차이가 나는 것이다. 4년 정도 지나 A 아파트가 8,000만 원이 오른 4억 8,000만 원이 됐다고 가정해보자. B 아파트는 얼마 정도가 되어야 적당할까? 동일하게 8,000만 원이 올라 2억 8,000만 원이 되어서 2억 원의 격차를 유지하는 것일까?

일반인들이 많이 놓치는 부분이 바로 이것이다. 아파트 가격은 결코 동일한 가격으로 상승하지 않는다. 선도 아파트가 상승한 비율만큼 오른다. A 아파트가 20퍼센트인 8,000만 원이 상승했으므로 B 아파트는 20퍼센트인 4,000만 원 정도 상승하는 게 적당하다. 금액이 커지면 그 차이는 더욱 극명해진다.

〈도표 6-4〉를 보자. 1억 원부터 5억 원의 아파트 5개가 있고, 수십 년 후 500퍼센트 정도 상승했다고 가정해보자. 이때는 격차가 커진다. 격차의 비중은 100퍼센트로 모두 같지만 가격 차이는 크게 벌어진다. 예를 들어 처음 1억 원 아파트와 2억 원 아파트는 500퍼센트 상승 후 5억 원과 10억 원으로 5억 원 차이나 나게 된다.

서울 내에서도 3억 원대 아파트와 20억 원대 아파트의 가격이 시간이 지날수록 더 벌어지는데, 이는 단순히 입지의 차이 때문만은 아니다. 서울 아파트와 지방 아파트의 가격 차이가 갈수록 더 벌어지는 것도 같은 맥락이다. 그렇다면 부동산 호황기를 맞이했을 때 5억 원인 아파트는 3,000만 원 오르고, 2억 원인 아파트가 2,000만 원 올랐다면 어떤 아

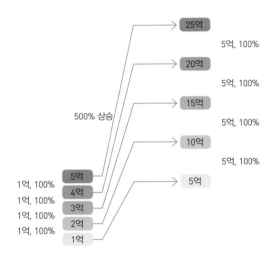

파트를 사야 할까? 10퍼센트가 오른 2억 원 아파트보다 6퍼센트 오른 5억 원 아파트를 사는 게 현명하다. 왜냐하면 비율이 적게 올랐으니까. 단순한 논리다. 물론 다른 조건이 같다는 전제하에서의 이야기다.

아파트끼리가 아니라 같은 아파트의 평형별 시세 변화에도 동일하게 적용할 수 있다. 예를 들어 A 아파트 단지는 24평, 56평으로 구성되어 있다. 24평의 시세는 2억 4,000만 원이고, 56평은 5억 6,000만 원이라고 해보자. 모두 평당 1,000만 원이다. 4년 후 두 평형이 평당 100만 원씩 오르면 각각 얼마씩 오르는 걸까? 24평은 2,400만 원이 오르는 것이고 56평은 5,600만 원이 오르는 것이다. 가격만 놓고 보면 56평이 많이 오른 것처럼 보이지만(착시현상이다) 실제로는 동일하게 오른 것이다. 가격은 벌어졌지만 평당가는 여전히 같다.

가격이 아닌 비율로 비교하는 습관을 들여야 한다. 입지 대비 상승률이 낮은 아파트가 있으면 그게 저평가 아파트이고, 같은 아파트 내에서도 평형 대비 상승률이 낮은 아파트가 있으면 그게 저평가 평형이다.

거리에 따른 가격 변화

아파트는 결국 지역이라는 범주 내에 있다. 아파트의 가격 자체가 오르는 게 아니라 그 지역의 변화로 입지가 좋아지면서 아파트 가격이 오르는 것이다. 그러므로 아파트보다 더 중요한 것이 지역이다. 아파트 공부를 한다고 생각하지 말고 지역 공부를 한다고 생각하라. 아파트 시세를 공부한다고 생각하지 말고 지역 시세를 공부한다고 생각하라. 모든 키워드를 지역으로 바꿔라. 그게 올바른 방법이다.

앞서도 말했듯이, 부동산의 대표적인 특징이 바로 지역성이다. 서울 강남에 있는 회사 A, B의 주식 가격은 결코 함께 움직이지 않는다. 오를 때 함께 오르고 내릴 때 함께 내리는 법이 없다. 반면 강남에 있는 A 아파트와 마주 보고 있는 B 아파트는 특별한 이슈가 없는 한 함께 오르고 함께 내린다. 같은 지역이기 때문이다. 지역의 시세가 움직이는 것이지 아파트가 지역의 시세를 견인하는 것이 아니다. 때에 따라서는 랜드마크 아파트가 상승하며 그 지역이 전반적으로 오르는 모습을 볼 수 있다. 이 경우도 특정 아파트가 지역의 시세를 끌어올린 것은 아니다. 지역에 거주하고 있는 수요가 시세를 움직인 것이다. 지역의 수요를 공부하면 그러한 부분들이 함께 보인다.

　지역성을 이해하면 부동산 상승기에 A 아파트의 오름을 보고 B 아파트를 매입할 수 있다. 특정 지역에 호재가 있다면 진원지에서 가까운 거리순으로 영향을 받는다. 정도의 차이가 있을 뿐 대부분 영향을 받게 된다. 잠실동에 9호선이 뚫리면 아파트 1~2개만 오르는 게 아니다. 주변의 아파트 대부분이 오른다. 동탄2신도시에 KTX가 들어서면 전체적으로 영향을 받는다. 지하철이 개통되거나, 고급 일자리가 생기거나, 대규모 재개발이 빠르게 진행되거나, 공급이 꾸준히 부족하면 지역 전체가 영향을 받는다.

　이렇듯 지역성을 이해하면 시세 변화는 진원에서 주위로 퍼지면서 영향을 준다는 것을 알 수 있다. 강남구, 서초구가 오르면 송파구가 오를 확률이 높아진다. 강동구가 상승할 확률도 높아진다. 지방의 경우 부산 해운대구가 오르기 시작하면 멀리 떨어진 북구나 사하구보다 동래구, 수영구가 영향을 받을 확률이 매우 높다.

　나는 지역성에 따른 가격 변화를 벚꽃에 비교하곤 한다. 진해에서 벚꽃이 피고 나면 개화 지역이 북쪽으로 차츰 옮겨간다. 진해 벚꽃이 피었다고 다음 주에 바로 서울에서 벚꽃이 피는 게 아니다. 거리에 따른 순서가 있고 어느 정도의 시간이 소요된다. 이런 의미에서 지역성이 거리의 제약을 의미한다고도 말할 수 있다.

입지에 따른 가격의 평준화

방금 살펴본 것처럼, 부동산은 지역성이라는 특성을 가지고 있으며 이는 거리의 한계를 의미한다. A 지역이 오르면 B를 건너뛰고 C로 갈 수가 없다. 하지만 뛰어넘는 경우가 있다. 비슷한 수준의 입지가 붙어 있지 않고 떨어져 있는 경우다. 서울로 따지면 성북구가 오르면 인접한 지역인 노원구, 강북구가 오를 확률이 높지만 입지 수준이 비슷한 은평구와 강서구가 오를 확률도 매우 높다. 유사한 입지이기 때문에 지역이 멀리 떨어져 있어도 가격이 함께 움직이는 것이다. 강남 3구가 오르면 인접한 동작구, 강동구가 오를 확률도 있지만 성동구, 마포구, 용산구, 광진구가 오를 확률도 매우 높다. 나아가 과천, 분당이 오를 확률도 높다. 결국 입지 수준에 따른 밴드가 형성되는 것이다. 수도권이 아닌 지방으로 눈을 돌리면 광역시의 1군 입지끼리 묶을 수도 있고 2군 입지끼리 묶을 수도 있다.

부동산 공부를 시작하고 1~2년 차에는 시야가 좁았다. 한 도시 내에서 구 하나를 보기에도 버거웠다. 멀리 있는 지역끼리 비교할 만한 역량이 없었다. 그러다 보니 한 도시 내에서 한 지역이 오르는 걸 보고 인근 지역으로 확산될 것을 예상하는 수준이었다. 시간이 지나 전국의 도시를 살펴볼 역량이 생기자 거리의 제약을 받지 않고 유사 입지의 시세 비교를 할 수 있게 됐다. 춘천시의 1군 입지와 순천시의 1군 입지를 비교할 수 있게 됐고, 청주시의 1군 입지와 김해·전주의 1군 입지를 비교할 수 있게 됐다.

부동산 투자에서 가장 확실한 호재는 유사한 입지의 가격이 급상승하는 것이다. 그러면 같은 밴드 내 입지는 상승의 명분을 갖게 된다. 가격이 따라 움직이지 않는 경우도 물론 있다. 특정 지역의 공급이 너무 많거나 수요가 전혀 없거나 지역을 대표하는 일자리가 위협받는 이슈가 발생했을 때는 유독 시세를 따라가지 못하기도 한다. 공급이 어느 정도 진행되고 미분양도 해소되고 일자리 이슈도 서서히 해결됐다고 가정해 보자. 그러면 해당 지역의 시세가 상승하지 못할 이유는 전혀 없다. 단기간이 아니라 기간을 조금 길게 보면 항상 시세를 유사하게 따라가는 경향이 있다.

인구의 법칙

부동산 투자에서 인구는 중요한 요소다. 인구가 늘어나면 당연히 좋은 일이다. 하지만 인구가 시세 상승에 절대적인 영향을 주는 것은 아니다. 대부분의 구도심은 인구의 변화가 경미한 수준이다. 부산이나 대구와 같은 서비스 산업 위주의 도시는 인접 지역으로 인구를 빼앗기면서도 시세는 줄곧 상승했다. 서울도 마찬가지다. 경기도로 인구가 계속 빠져나갔지만 오히려 서울의 시세는 더 많이 상승했다. 인구 지표는 시세의 오름과 내림을 예측하기 위해 보는 지표가 아니다. 기왕이면 인구가 늘면 좋겠지만 가격 변화의 절대적인 요소는 아니라는 뜻이다. 인구의 법칙은 다른 곳에 적용된다.

● 첫째, 인구 대비 공급

인구가 많은 도시는 인구가 적은 도시보다 더 많은 주택을 필요로 한다. 10만 도시에서 매년 필요한 주택 수와 1,000만 도시에서 매년 필요한 주택 수는 다르다. 1,000만 도시에서는 결혼하는 수도 많고 출가하는 수도 많으니 당연히 더 많은 주택을 필요로 한다.

● 둘째, 인구 대비 미분양

10만 도시의 미분양 세대수가 1,000세대인 것과 1,000만 도시의 미분양 세대수가 1,000세대인 것은 의미하는 바가 많이 다르다. 인구 10만 도시는 아주 위험한 상황이고 1,000만 도시는 미분양이 아주 적은 상황이다. 같은 미분양 세대수를 두고도 해석이 완전히 달라진다.

● 셋째, 인구 대비 가격 상승률

인구가 적은 곳은 수요가 매우 적다. 아무리 좋은 상황이 되더라도 시세 상승에 한계가 있다. 매수자가 끊임없이 들어와 줘야 하는데 실수요가 너무 적다. 지방 소도시보다는 광역시가, 광역시보다는 수도권이 더 큰 폭의 상승을 할 수 있는데, 이는 유입될 수 있는 돈의 크기가 인구수와 밀접한 관련성이 있기 때문이다. 인구가 많은 곳은 꾸준히 상승하는 반면 인구가 적은 곳은 금방 오르고 금방 식는 경향을 보이는 것도 같은 맥락이다.

- 넷째, 인구 대비 평당가

10만 도시에서 가장 비싼 아파트의 평당가와 광역시에서 가장 비싼 아파트의 평당가를 비교해보라. 어떤 게 더 비쌀까? 알아볼 것도 없이 광역시의 평당가가 당연히 더 비싸다. 이유는 간단하다. 인구수가 많아 도시가 커져야 직주근접이라는 개념도 생기고 입지의 차별화가 발생하기 때문이다.

지역의 흐름과 평형의 흐름

부동산 대세 상승기를 맞으면 A 지역이 오르고 인접 B 지역이 오른다. 이때 A 지역의 모든 평형이 오른 다음에 B 지역이 오를까, 아니면 A 지역의 중소형이 오르면 B 지역의 중소형이 오를까? 답은 후자다. 물론 입지 수준과 수요에 따라 어떤 지역은 대형 평형이 먼저 오르기도 한다. 이런 경우는 인접 유사 입지도 대형부터 오른다. 결국 같은 평형으로 지역을 넓혀나가는 것이다. 한 지역의 모든 평형이 오르고 인접 지역으로 넘어가는 게 아니다.

〈도표 6-5〉와 〈도표 6-6〉을 보면 금방 이해가 될 것이다. 분당 파크타운(서안)아파트를 보자. 24평은 2015년부터 상승하여 3년 동안 줄곧 올랐다. 반면 69평은 2017년 10월경이 되어서야 상승했다.

왜 이런 현상이 나타나는 걸까? 사람들이 합리적인 선택을 하기 때문이다. 리스크를 감수하지 않으려는 경향이 있기에 내가 살고 있는 동네

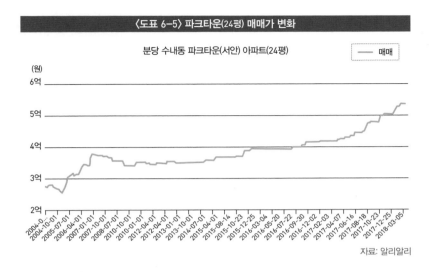

〈도표 6-5〉 파크타운(24평) 매매가 변화

분당 수내동 파크타운(서안) 아파트(24평)

자료: 알리알리

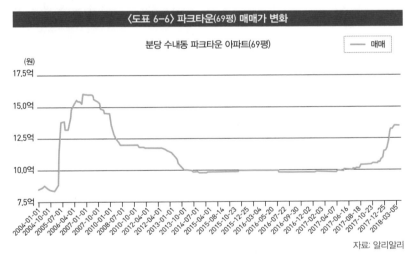

〈도표 6-6〉 파크타운(69평) 매매가 변화

분당 수내동 파크타운 아파트(69평)

자료: 알리알리

중소형이 오르면 바로 옆 동네 중소형부터 살펴본다. 무리해서 대형부터 보지 않는 것이다. 우리 동네의 입지가 좋은 대형 아파트가 오르는 걸 눈으로 확인한 후 그제야 인근 지역 대형에 관심을 둔다.

지역의 흐름을 수평적 흐름이라고 본다면 평형의 흐름은 수직적이다. 흐름은 수평으로 움직인 후 수직으로 움직인다. 수평적 움직임은 끝없이 퍼져나가는 게 아니다. 지역 입지라는 바운더리가 있다. 예를 들어 분당신도시의 1군 입지에 속하는 수내동, 서현동의 중소형이 오르면 2군 입지인 정자동, 구미동까지 퍼져나갈 확률이 매우 높다. 하지만 인근 용인이나 수원까지 다 퍼진 다음 큰 평형으로 옮겨가는 것이 아니라 구미동의 중소형이 오르고 다시 1군 입지인 분당 수내동, 서현동의 중형이 바로 오르는 형태를 보인다. 분당이라는 보이지 않는 입지 바운더리가 존재하는 것이다. 그래서 용인과 수원은 또 다른 흐름을 보이게 된다. 이러한 입지 바운더리는 그 외 신도시에서도 나타난다. 광교와 수원이 다른 흐름을 보이고, 위례와 성남이 다른 흐름을 보이며, 동탄2와 동탄1이 다른 흐름을 보인다.

이상의 다섯 가지 이론을 알고 있으면 부동산 빅데이터를 이해하는 데 큰 도움이 된다. 단순히 데이터를 잘 다루는 개발자에게 어디를 사야 할지 물어보면 대답할 수 있을까? 결코 아니다. 해석은 결국 투자자의 몫이다. 핵심 이론을 이해했으니 이제 데이터를 활용해 우리가 투자할 만한 물건을 찾아보자.

분양권
시세 검증법

자신이 살고 있는 동네에 모처럼 새 아파트가 분양되면 지역 거주민들은 어떤 반응을 보일까? 오래된 아파트가 많은 구도심이라면 관심 갖는 사람이 많을 것이다. 모델하우스를 방문해 쇼룸을 구경하고 새집에서 사는 상상을 해볼 것이다. 1층에서 분양 책자를 받아 들고 분양가를 제일 먼저 살펴볼 것이다. 그리고 한마디 내뱉을 것이다. "뭐가 이렇게 비싸? 평당 2,000만 원이라니!" 자신이 '호갱님'이 되는 건 아닐까 불안한 마음이 들 것이다.

그런데 어느 정도 부동산 지식이 있는 사람은 입지 분석을 해본다. 분양가가 적정한지 입지 기준으로 살펴본다. 인근 구도심 유사 입지 아파트의 평당가와 새 아파트의 평당가를 비교하는 것이다. 보통은 입지가 비슷해도 새 아파트의 평당가가 더 비싸다. 항상 그런 것은 아니지만 구도심 유사 입지 아파트 대비 10~20퍼센트 높은 가격으로 분양을 하는 게 일반적이다. 구도심에 5억 원 하는 아파트가 있다면 새 아파트는 5억 5,000만 원에서 6억 원 정도의 금액으로 분양하는 것이다.

입지만 놓고 보자면 아무래도 새 아파트보다 구도심이 조금 더 좋을 확률이 높다. 좋은 입지부터 아파트가 들어서기 때문이다. 그러다 보니 좋은 입지에 거주하는 사람은 그 돈을 주고 새 아파트로 들어가기보다 입지 좋은 헌 아파트에 있으려고 하는 경우가 많다. 자신이 살고 있는 입지를 결코 따라잡을 수 없다고 생각하고, 가격도 그럴 거라고 생각한다. 이는 반은 맞지만 반은 틀리다. 왜냐하면 부동산은 입지, 상품성, 가격이라는 세 가지로 경쟁력을 가지기 때문이다. 연식은 이 중 상품성과 관련이 있다.

● 가격 = 입지 + 상품성 + 가격 경쟁력

입지는 처음부터 정해진 것이어서 변할 수 없다. 하지만 상품성은 새 아파트가 항상 뛰어나다. 남은 것은 가격경쟁력인데, 입지가 비슷하다면 무조건 새 아파트가 비싸야 정상이다. 입지가 조금 안 좋다면 비슷하거나 새 아파트가 조금 더 비싸야 하고, 입지 차이가 너무 크다면 새 아파트 분양가가 저렴해야 한다.

문제는 이론은 알겠는데, 실제 현장에서 분양되는 금액을 보면 그게 어느 정도인지 가늠하기 힘들다는 것이다.

나도 과거에 혼란을 겪었다. 비싸게 분양한 것 같은데 이상하게도 새 아파트의 프리미엄은 나날이 비싸져 갔다. 입주할 시점에는 구축 아파트는 넘보지 못할 수준으로 비싸졌다. 무엇을 놓친 것일까?

입지는 사람이 판단을 해주면 된다. 최대한 비슷한 입지를 비교할 수도 있다. 만약 입지가 똑같다면 상품성이 좋은 새 아파트가 당연히 비싸야 한다. 그렇다면 얼마 정도 비싸야 할까? 객관적으로 검증할 수 없을까? 새 아파트의 상품성 중 브랜드를 제외하고 구조나 자재는 대동소이하다. 남은 것이 연식이다. 연식에 따라 다르게 판단해줘야 한다. '구도심의 10년 차 아파트 vs. 새 아파트', '구도심 20년 차 아파트 vs. 새 아파트'는 비교하는 방법이 달라야 한다.

나는 주관적인 판단이 아닌 객관적인 지표로 저평가 여부를 검증하는 방법을 고안해냈다. 듣고 나면 콜럼버스의 달걀 세우기만큼 시시하다고 느낄지도 모른다. 하지만 쉽고 강력한 방법이다. 검증표에 몇 가지 기본 항목만 입력하면 둘 중 어느 쪽이 얼마나 저평가되었는지 정확한 금액이 나온다. 새 아파트의 미래 시세가 나오는 것이다. 누구나 따라 해볼 수 있는 쉬운 방법이니 사례를 통해 배워보자.

사례 1: 용인 수지구 풍덕천동 e편한세상수지

이 아파트는 2015년 3월 분양했다. 당시 미분양이 많은 용인 지역에 확장비 포함 분양가 5억 원은 좀 과하다는 의견이 대세였다. 다행히 입지가 좋아서 프리미엄이 조금 붙었다. 이때도 사람들의 의견은 분분했다. 그런데 만약 〈도표 6-7〉 같은 검증표가 있었다면 논쟁을 할 필요가 없었을 것이다.

e편한세상은 풍덕천동이다. 풍덕천동에서 전통적으로 입지가 좋은 위치는 성복역 인근이 아닌 수지구청역 인근이다. 따라서 역까지 도보 5분 이내에 이동 가능한 현대아파트 33평이 적절한 비교 대상이다.

먼저 입지는 현대아파트가 좋다. 학군, 상권 모든 면에서 그렇다. 상품성은 당연히 새 아파트인 e편한세상이 좋다. 연식을 보자면 현대가 1994년 입주였고, e편한세상은 2017년 입주로 23년 차이가 난다. 연식에 따른 시세 차이는 연간 물가상승률을 고려해 비교할 수 있다. 이 부분이 포인트다. 물가가 1년에 2~2.5퍼센트의 상승률을 보인다고 가정해보자. 토지 가격과 건축에 따른 자재비·인건비의 상승을 고려하는 것이다. 시기에 따라 편차는 있겠지만, 길게 보면 평균에 수렴한다. 연간 물가상승률 2퍼센트를 기준으로 하면 23년 동안 46~57.5퍼센트가 상승한 셈이다. 금액으로 환산하면 '4억 원 + (4억 원×0.46)'으로 5억 8,400만 원이 된다. 2.5퍼센트를 기준으로 하면 6억 3,000만 원이 된다.

즉 e편한세상의 적정 시세는 5억 8,400만 원에서 6억 3,000만 원 사이라고 볼 수 있다. 분양가가 4억 8,000만 원에 확장비를 포함하더라도

5억 원 미만이니 1억 원 정도는 저평가되었다고 볼 수 있다. 프리미엄이 4,000~5,000만 원 정도 붙었다고 하더라도 더 상승할 여지가 있는 것이다.

미래는 시간이 지나봐야 검증이 된다. 2018년 6월 기준 두 아파트의 시세는 어떻게 됐을까?

〈도표 6-7〉의 ②번 내용을 보면 2018년 6월 기준 e편한세상은 예상

〈도표 6-7〉 새 아파트 적정가 검증표 - e편한세상수지

① 2015년 3월(e편한세상수지 분양일 기준)

구분	현대아파트(33평)		e편한세상수지(33평)		비고
시세	4억 원		4억 8,000만 원		
평당가	1,212만 원		1,455만 원		17% 차이
연식	1994년		2015년 3월	2017년	2017년 12월 입주
물가상승률	2%	2.5%			
전체상승률	46%	57.5%			
상승금액	1억 8,400만 원	2억 3,000만 원			
예상금액	5억 8,400만 원	6억 3,000만 원	-1억 400만 원	-1억 5,000만 원	저평가 금액

② 2018년 6월

구분	현대아파트(33평)		e편한세상수지(33평)		비고
시세	5억 원		7억 8,000만 원		
평당가	1,515만 원		2,364만원		
연식	1994년		2015년 3월	2017년	2017년 12월 입주
물가상승률	2%	2.5%			
전체상승률	46%	57.5%			
상승금액	2억 3,000만 원	2억 8,750만 원			
예상금액	7억 3,000만 원	7억 8,750만 원	5,000만 원	-750만 원	저평가 금액

*물가상승률에 복리 적용하지 않음

가격 6억 3,000만 원을 훌쩍 넘은 7억 8,000만 원이 되었다. 상품성에 따른 가격 상승뿐만 아니라 부동산 상승 흐름을 함께 탄 것이다. 그 덕에 현대아파트도 1억 원이 상승하여 5억 원대가 되었다.

그럼 2018년 6월 기준으로 두 아파트를 비교하면 어떨까? 검증표에 따르면 e편한세상의 적정 가격은 7억 3,000만 원에서 7억 8,000만 원 정도다. 벌써 7억 8,000만 원이 되었기 때문에 연식에 따른 상품성은 이미 반영되었다고 볼 수 있다. 오히려 구축인 현대아파트가 5,000만 원가량 저평가된 것으로 보인다.

어떤가? 이 검증표를 자신의 것으로 만들 수 있겠는가? 분양 당시 2개 아파트의 시세와 연식 차이만 알면 쉽게 계산할 수 있다. 만약 분양하고 시간이 꽤 흘렀다면 현재 시점의 매매 가격을 넣으면 된다. 사례 하나를 더 살펴보자.

사례 2: 안양 만안구 안양동 메가트리아

덕천지구 재개발로 들어선 안양 만안구 안양동의 메가트리아 사례다. 2014년 6월 분양 당시 미분양 물건이 존재할 정도로 분위기가 좋지 않았다. 조합원 분양가는 3억 6,000만 원이었다.

비교 대상으로 길 건너 비산동의 비산삼성래미안아파트를 선정했다. 비산동은 동안구에 속하며, 입지상으로 만안구보다 선호되는 구다. 하지만 비산동의 입지는 동안구 평촌보다 좋지는 않고, 메가트리아보다는

자료: 네이버 지도

조금 더 좋다.

다음 쪽 〈도표 6-9〉에서 볼 수 있듯이, 비산삼성래미안을 기준으로 적정 가격을 산정해보면 5억 5,000만 원에서 5억 9,000만 원 정도가 적정 시세로 나온다. 2018년 6월 기준 메가트리아의 시세는 6억 5,000만 원 선이다. 수도권 부동산이 상승 흐름을 보이면서 구축인 비산삼성래미안아파트도 상승했다. 5억 3,000만 원 선으로 매물이 나오고 있다. 지금 시점에서 구축을 기준으로 메가트리아의 적정가를 검증해보면 6

① 2014년 6월(메가트리아 분양일 기준)

구분	비산삼성래미안(33평)		메가트리아(33평)		비고
시세	4억 3,000만 원		3억 6,000만 원		
평당가	1,303만 원		1,091만원		19% 차이
연식	2003년		2014년 6월	2016년	2016년 11월 입주
물가상승률	2%	2.5%			
전체상승률	26%	32.5%			
상승금액	1억 1,180만 원	1억 3,975만 원			
예상금액	5억 4,180만 원	5억 6,975만 원	-1억 8,180만 원	-2억 975만 원	저평가 금액

② 2018년 6월

구분	비산삼성래미안(33평)		메가트리아(33평)		비고
시세	5억 3,000만 원		6억 5,000만 원		
평당가	1,606만 원		1,970만 원		
연식	2003년		2014년 6월	2016년	2016년 11월 입주
물가상승률	2%	2.5%			
전체상승률	26%	32.5%			
상승금액	1억 3,780만 원	1억 7,225만 원			
예상금액	6억 6,780만 원	7억 225만 원	-1,780만 원	-5,225만 원	저평가 금액

*물가상승률에 복리 적용하지 않음

억 7,000만 원에서 7억 1,000만 원가량으로 나온다. 적정 시세에 도달하고 있다. 현재로선 메가트리아가 아주 조금 저평가 되었다고 볼 수 있다. 물론 두 아파트 모두 상승 흐름을 탈 수도 있고 함께 조정을 받을 수도 있다. 이 부분은 다른 측면으로 살펴봐야 한다. 다만 두 아파트만 비교했을 때는 이제 큰 차이가 없는 상태다.

거래량으로
투자 지역 선정하기

부동산 투자를 위해 지방을 부리나케 돌아다니며 부동산중개소 문을 노크할 때마다 가장 많이 들었던 말이 있다. "왜 이제 오셨어요? 투자자들은 작년에 다 왔다 갔어요. 좋은 물건은 다 빠졌어요. 저층밖에 안 남았는데…. 조금만 더 일찍 오지 그러셨어요."

처음엔 이게 무슨 분위기인가 어리둥절했다. 새로운 지역을 갈 때마다 비슷한 얘기를 듣게 되니 이런 생각이 들었다.

'나는 왜 항상 늦는 걸까? 아니, 그들은 어떻게 항상 빠른 걸까?'

궁금증이 커졌지만 도무지 해결의 실마리를 찾을 수 없었다.

실거주자와 투자자가 같은 선상에서 달리기를 한다고 가정하면 누가 더 빠를까? 답은 투자자다. 투자자들은 항상 빠르다. 빨라도 한참 빠르다. 이들은 공급의 불균형부터 개발 호재뿐만 아니라 기본 입지에 대한 이해도가 매우 높다. 개발 호재가 뜨면 기가 막히게 수혜 지역을 찾아내고 과감하게 행동에 나선다. 정보도 빠르지만 행동도 빠르다. 공급이 부족한 지역이 보이면 미리 준비를 하고 있다가 전세가가 상승하는 시점에 맞춰 진입한다. 오랜 투자 경험과 노하우로 기다리는 여유도 갖고 있다. 그들을 어떻게 이길 수 있을까?

현장에 갈 때마다 늦었다는 이야기를 여러 번 듣다 보니 점점 오기가 생겼다. 한번은 한국감정원의 거래량 데이터를 놓고 씨름하고 있었다. 한 주 동안 거래량 데이터를 지지고 볶다가, 어느 순간 유레카를 외쳤다.

'바로 이거야! 그들을 이길 수 없다면 그들 다리에 센서를 장착해둬야겠어. 이동할 때마다 기록되도록 말이야!'

거래량으로 투자자들의 움직임을 한눈에 파악하는 방법을 발견한 것이다.

나는 그 방법을 혼자만 알고 있지 않았다. 다섯 시간 정도를 할애해 나의 블로그에 아주 세세하게 포스팅했다. 사람들의 반응은 폭발적이었다. 그럴 수밖에 없는 것이 투자자들의 움직임을 정확히 체크할 수 있었고, 다음 투자처를 찾는 데도 매우 유용했기 때문이다.

전국 투자자들이 올해 어느 지역에 가장 많이 투자하고 있는지, 서울 사람들은 최근 3개월 동안 어느 지역을 공략하고 있는지, 실거주자는 최근 어느 지역에서 거래를 많이 하는지와 같은 정보를 쉽게 알 수 있다. 그들의 움직임을 모니터링하면 투자에 매우 유용하다. 한 박자 느린 것 같지만 실제로는 늦지 않은 경우가 더 많다.

항상 뒷북만 치던 나도 지금은 그들처럼 빠르게 움직인다. 어쩌면 그들보다 조금 더 빠를지도 모르겠다. 그래서 이제는 그들을 모니터링하는 것이 나에게 큰 도움이 되지는 못하지만, 부동산을 처음 시작하는 사람들에겐 도움이 되리라 생각한다.

2015년부터 나는 투자자들에게 길을 안내하는 메신저 역할을 해왔다. 매년 전국 부동산 전망을 했고 당시 언급한 지역은 예상대로 움직였다. 부동산 전망 자료를 만들 때 빼놓지 않고 만드는 장표가 있다. 바로 투자자의 움직임이다.

지금부터 투자자의 움직임을 모니터링하는 방법을 구체적으로 안내하려고 한다. 준비물로는 한국감정원의 거래량 데이터와 엑셀 프로그램이고, 기본적인 함수 활용 능력만 있으면 된다. 컴퓨터 활용 능력이 부족해 직접 만들기가 어렵다면 알리알리 사이트에서 제공하는 화면을 활용해도 좋다. 만드는 방법이 중요한 게 아니라 그게 왜 중요한지, 어떻게 활용해야 하는지 방법을 이해하는 거니까 말이다. 당신이 투자자들보다 빨리 움직일 수 없다면 꼭 이 방법을 활용하길 바란다. 전국을 투자 대상으로 생각하는 사람에게 가장 큰 도움이 되겠지만, 전국이 아닌 인근 지역의 흐름을 파악할 때도 도움이 될 것이다.

거래량 데이터는 어디서 확인할 수 있나?

한국감정원 통계사이트(r-one.co.kr)에 들어가 '부동산통계 → 부동산거래현황 → 아파트매매 거래현황 → 월별 매입자거주지별' 메뉴를 클릭하자.

〈도표 6-10〉 거래량 데이터 확인하기

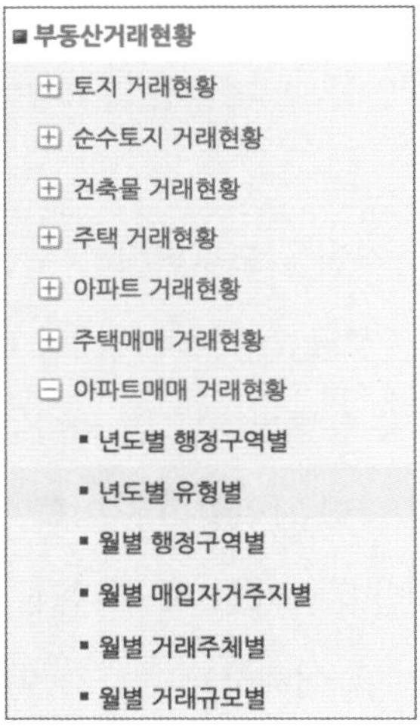

■ 부동산거래현황
- ⊞ 토지 거래현황
- ⊞ 순수토지 거래현황
- ⊞ 건축물 거래현황
- ⊞ 주택 거래현황
- ⊞ 아파트 거래현황
- ⊞ 주택매매 거래현황
- ⊟ 아파트매매 거래현황
  - ▪ 년도별 행정구역별
  - ▪ 년도별 유형별
  - ▪ 월별 행정구역별
  - ▪ 월별 매입자거주지별
  - ▪ 월별 거래주체별
  - ▪ 월별 거래규모별

자료: 한국감정원

그 화면에서 오른쪽 상단에 있는 '전체받기' 버튼을 클릭하면 전국의 거래량 데이터 엑셀 파일을 내려받을 수 있다. 엑셀을 내려받으면 화면에서 선택한 지역 및 기간에 대한 자료가 보일 것이다.

거래량 데이터에서 알아야 할 내용은?

거래량 데이터 엑셀 파일에서 '월별 매입자거주지별' 항목을 자세히 들여다보면 '합계'를 포함해 다섯 가지 범례가 있다. 이 범례를 정확히 이해하는 것이 중요하다.

	A	B	AC	AD	AE	AF
1	지 역	매입자거주지	2018년 02월	2018년 03월	2018년 04월	2018년 05월
2	전국	합계	49366	62050	46368	41989
3		관할시군구내	26216	33850	27125	24433
4		관할시도내	12362	15013	10296	8808
5		관할시도외_서울	3202	4080	2934	2829
6		관할시도외_기타	7586	9107	6013	5919
7	서울	합계	11986	14609	6535	5697
8		관할시군구내	4978	6412	3046	2765
9		관할시도내	4457	5108	2342	1905
10		관할시도외_서울	0	0	0	0
11		관할시도외_기타	2551	3089	1147	1027
12	부산	합계	2459	3751	2609	2416
13		관할시군구내	1423	2141	1657	1450
14		관할시도내	687	1093	671	640
15		관할시도외_서울	54	73	36	36
16		관할시도외_기타	295	444	245	290
17	대구	합계	2773	3454	3311	3054
18		관할시군구내	1584	2009	2000	1829
19		관할시도내	774	962	898	843
20		관할시도외_서울	56	62	44	37
21		관할시도외_기타	359	421	369	345

〈도표 6-11〉 거래량 데이터에서 범례 확인하기

자료: 한국감정원

지역 구분에 '전국', '서울', '부산', '대구' 등이 있고 지역별로 5개씩 범례가 있다. 오른쪽에는 기간별로 거래 건수가 적혀 있다.

서울 지역부터 살펴보자. 2018년 2월 한 달 동안 거래된 전체 건수(합계)는 1만 1,986건이다. 서울에 살면서 자신이 거주하던 구의 아파트를 매입한 사람의 수는 어떤 것일까? '관할시군구내'에 적혀 있는 4,978건이다. 예를 들어 서울 관악구에 주소가 등록된 사람이 관악구의 아파트를 매입하면 해당 항목에 집계된다. 그럼 관악구에 살던 사람이 동작구의 아파트를 매입하면 어떤 항목에 집계될까? '관할시도내' 항목에 집계된다. 거주하던 구가 아닌 서울 내 다른 구의 아파트를 거래했다는 것으로 2018년 2월에만 4,457건이다.

남은 범례 2개가 있다. '관할시도외_서울'과 '관할시도외_기타' 항목이다. '관할시도외_서울'은 서울에 거주하는 사람이 서울 외 지역의 아파트를 매입한 것을 말한다. 가장 헷갈리는 항목이다.

예컨대 부산 지역을 보자. 2018년 2월 '관할시도외_서울'의 값이 54다. 서울에 주소가 등록된 사람이 부산의 아파트를 매입한 건수가 54건이라는 의미다. 이제 이해가 되었는가? 대구의 이 항목을 보면, 2018년 2월 56건으로 되어 있는데 서울 사람들이 대구 아파트 56건을 매입했다는 뜻이다.

알고 보면 쉽다. 다만, 서울 지역은 예외 사항이 있다. 서울의 '관할시도외_서울' 수치는 모두 0이다. 서울에 살던 사람이 서울을 거래한 것은 '관할시군구내' 또는 '관할시도내'에서 모두 집계된다. '서울 지역에 거주하지 않는 서울 사람'이 서울의 아파트를 매입했다는 것인데, 서울 지역에 거주하지 않는 서울 사람이란 말 자체가 이율배반적이다. 그래서 0이 되는 것이다.

남은 것 하나를 더 살펴보자. '관할시도외_기타'의 의미는 A(지역) 항목에 표시된 지역에 거주하는 사람이 아니고 서울에 거주하는 것도 아닌 사람이 거래한 건수를 말한다. 예를 들어 2018년 2월 부산의 '관할시도외_기타' 값이 295다. 이 말은 부산에 거주하지 않으면서 서울에도 거주하지 않는 사람이 부산의 아파트를 매입한 건수가 295건이라는 것이다. 부산에서 가까운 도시이거나 멀리 떨어진 지역을 모두 포함한다. 서울의 '관할시도외_기타'는 어떤 의미일까? 서울이 아닌 경기, 인천, 그외 지방에 거주하는 사람이 서울의 아파트를 거래한 건수를 의미한다.

합계를 제외한 네 가지 항목의 현실적인 의미를 이해하자.

첫째, '관할시군구내' 항목은 실거주 목적일 가능성이 크다. 실거주자의 거래량으로 봐도 무방하다. 물론 강서구에 살면서 강서구 아파트를 몇 개 더 사는 것은 투자 목적이겠지만, 그 수가 많지 않기에 실거주로 보자는 것이다.

둘째, '관할시도내' 항목은 투자와 실거주 경계선에 있다. 동작구에 살고 있지만 마포구로 이사 가기 위해 집을 샀을 수도 있고, 투자 목적으로 하나 더 샀을 수도 있다. 그래도 같은 시도이기 때문에 실거주일 가능성이 크다.

셋째, '관할시도외_서울'은 어떨까? 부산 지역의 경우 2018년 2월 54명의 서울 사람이 부산 아파트를 매입했는데, 이는 실거주 목적일 수도 있지만 다른 의도가 더 크다고 볼 수 있다.

넷째, '관할시도외_기타'도 '관할시도외_서울'과 마찬가지다. 해당 시도에 거주하지 않는 사람이 매입한 건, 즉 투자성이 있는 건으로 보는 게 합리적이다.

항목별 특징을 이해했다면, 4개 항목의 월별 거래 건수를 가지고

10년 치 평균을 구한다. 그리고 이번 달과 10년 치 평균을 비교해본다. 평균보다 이번 달에 많이 거래되고 있는가, 아니면 적게 거래되고 있는가? 만약 많이 거래되고 있다면 그들이 움직이고 있는 것이다. 실거주자가 움직이거나, 투자자가 움직이고 있는 것이다.

예를 들어보자. 〈도표 6-11〉를 다시 보면 서울의 2018년 2월 '관할시도외_기타' 수치는 2,551건이다. 2008년 6월부터 2018년 5월까지 10년 동안 서울 지역의 '관할시도외_기타' 항목의 평균을 구해보면 1,222건인데, 2018년 2월의 거래량이 2,551건이니까 평균 대비 2.08배 많은 것이다. 즉 서울 아파트의 외지인들 거래량이 평소 대비 2배라는 뜻이다. 2018년 서울의 가격은 어떻게 되었을까? 말 안 해도 알 것이다. 4개 항목 중에서 가장 빠른 움직임을 보이는 것은 '관할시도외_기타'다. 이는 전국의 투자자들을 의미한다. 2018년 2월 기준 서울은 2배의 외지인 거래가 발생했는데, 더 많이 거래된 곳은 없을까? 증가 정도가 가장 높은 곳 'Top 5'를 뽑아보라. 나아가 2018년 2월 한 달 동안이 아닌 2017년 6월부터 2018년 5월까지 1년 동안 외지인의 거래 증가량이 가장 높은 지역 다섯 군데를 뽑아보라. 엑셀 작업이 조금 필요하지만 의미 있는 정보가 나올 것이다.

2006년 한 해 동안 서울 사람들이 가장 많이 투자한 'Top 5'를 뽑아보면 경기, 충북, 인천, 경남, 부산 순이다(서울 사람들이 서울에 투자한 것은 제외되었음을 고려하자). 경기도가 1등, 인천이 3등으로 수도권이 대세였다는 것을 알 수 있다.

지방 사람들은 2006년 한 해 동안 전국 어디에 투자를 많이 했을까?

서울, 경기, 인천, 충북, 울산 순이었다. 즉 지방 투자자들이 수도권에 많이 투자했다는 것이다. 부동산 흐름은 1년이 아니라 최소 2~4년의 상승을 보이는 경향이 있다. 따라서 어떤 해의 첫날인 1월 1일 시점에 작년 거래량을 살피고 1등 지역으로 달려가도 전혀 늦지 않다.

다들 알다시피 2007년에도 수도권이 선두였다. 그런데 2008년부터는 참여정부 시절 부동산 정책의 영향으로 수도권을 규제하면서 수도권 투자 수요가 싹 사라지고 지방으로 대체된 것을 볼 수 있다. 투자자들이 틈새시장을 찾아 경남, 강원, 충남, 충북 지역으로 들어간 것이다. 이러한 흐름은 2~4년 정도를 이어간다. 2009년에는 도 지역이 아닌 광역시

〈도표 6-12〉 외지인의 거래량 증감 top 사례(2006~2010년)			
구분	투자의 중심	서울 사람들이 투자한 곳	지방 사람들이 투자한 곳
2006	수도권	경기, 충북, 인천, 경남, 부산	서울, 경기, 인천, 충북, 울산
		서울 사람도 수도권, 지방 사람도 수도권. 투자가 수도권으로 집중됨	
2007	수도권	인천, 경기, 전북, 전남, 충북	인천, 경기, 서울, 충남, 경남
		2006년도와 마찬가지로 수도권에 집중되는데 인천이 가장 각광받음	
2008	전국	경남, 강원, 충남, 충북, 전북	강원, 전남, 충남, 경남, 충북
		수도권이 다 오르니까 다른 곳들도 오를 줄 알고 지방 전국으로 흩어짐	
2009	광주, 부산	광주, 경남, 부산, 전북, 경북	전북, 충북, 서울, 광주, 부산
		눈치 빠른 투자자들이 전라도, 경상도권으로 집중됨	
2010	울산, 대구	울산, 대구, 전남, 경북, 부산	충북, 대전, 경남, 광주, 부산
		서울 사람들은 경상도 쪽으로 많이 들어오고 지방 사람들은 서쪽으로 집중됨	

가 선두로 나서기 시작한다. 2009년부터 지방광역시 투자 시기가 열렸는데, 2010년에 이를 확인하고 지방광역시 어디를 달려가도 늦지 않았을 것이다. 2011년에는 울산 지역에 서울 사람들이 가장 많이 들어갔는데, 내가 울산 지역에 투자했던 시기와 정확히 일치한다. 이런 식으로 나는 매년 데이터를 살펴보면서 다음 해 투자 지역을 선정할 때 참조한다.

〈도표 6-13〉에 정리되어 있듯이 2011년에는 서울 사람들은 경북으로, 지방 사람들은 대구로 들어갔다. 경북과 대구는 지역적으로 거리가 가까워서 흐름을 함께한다. 2012년부터 시작된 대구의 상승이 지금까지 이어지고 있다. 2013년에는 신기하게도 수도권이 다시 등장한다. 수도권의 규제가 완화되고, 양도세 중과 폐지가 발표되고, 도시 재생으로 재건축 규제도 상당 부분 풀렸기 때문이다. 그런데 이런 정보를 잘 몰랐

	〈도표 6-13〉 외지인의 거래량 증감 top 사례(2011~2014년)		
구분	투자의 중심	서울 사람들이 투자한 곳	지방 사람들이 투자한 곳
2011	경북, 울산	**경북, 울산, 충북**, 전북, 전남	대구, 경북, 울산, 대전, 충남
		서울, 지방 사람들 모두 경상도(대구, 울산, 경남, 경북)로 집중됨	
2012	울산, 제주	**울산, 제주, 강원**, 광주, 인천	**제주, 경북, 대구**, 충남, 전남
		2011년에 이어 울산, 대구, 경북이 관심을 받고 추가로 제주도에 대해서도 관심이 급증함	
2013	제주, 수도권	**제주, 인천, 경기**, 강원, 대전	제주, 울산, 대구, 경북, 경기
		서울 사람들은 투자의 방향을 제주 및 수도권으로 급전환. 지방 사람들은 울산, 대구에 끝물 작전, 일부 눈치 빠른 사람들은 경기도로 접근	
2014	제주, 수도권	**제주, 인천, 경기**, 강원, 대전	제주, 경남, 부산, 전남, 광주
		서울 사람들은 제주 및 수도권에 집중하고 지방 사람들은 뒤늦게 경남, 부산에 올라타고 있음	

다고 하더라도 그들이 들어가는 데에는 분명 이유가 있는 것이다. 2013
년 이후로 2018년까지 수도권은 상승하고 있다.

　2013년에는 수도권의 재등장도 이슈였지만 제주도의 거래량이 1등
이었다. 제주도는 2013년부터 만 4년간 급등세를 이어갔다. 한 박자 느
리더라도 투자 타이밍을 잡을 수 있다는 건 부동산의 사이클이 서서히
움직이기 때문이다. 이러한 사실을 알았으니, 2017과 2018년 거래량을
통해 2019년을 예상해보는 건 어떨까?

월세 수익률 높은
아파트 찾기

지역 선정이 어느 정도 되고 나면 지역 안에서 나에게 맞는 투자처를 추려야 한다. 좋은 지역을 찾았다 하더라도 넘어야 할 산이 또 기다리고 있는 것이다. 이때는 지역 안에서 무작정 투자처를 찾는 것보다 자신이 원하는 것이 무엇인지 구체적으로 정의해야 한다. 이를테면 조금은 비싸더라도 입지가 좋은 아파트를 매입한 후 중장기 보유를 원하는지, 입지는 조금 부족하더라도 소액으로 접근해 단기간에 시세차익을 볼 수 있는 곳을 원하는지, 최소한의 투자금액으로 월세 수익률을 극대화하고 싶은지 등을 결정해야 한다. 그 결정에 따라 투자처를 찾는 방법이 달라진다.

소액으로 월세를 받아 현금흐름을 만들고 싶어 하는 사람이 많다. 시세차익과 월세 수익률 모두를 만족하면 좋겠지만 이는 욕심이다. 구조적으로 이루어질 수 없는 상극이다. 시세차익이 크게 날 수 있는 곳은 입지가 좋으면서 호재가 있는 곳이다. 이런 곳은 매매가가 상당히 높기 때문에 월세 수익률은 형편없다. 반대로 월세 수익률이 높은 곳은 매매가가 1억 원대로 굉장히 저렴해 전세금을 마련하기 힘든 세입자가 선택한다. 머무르기보다는 거쳐 가는 곳으로 큰 폭의 시세차익을 기대하기 어려운 곳이다. 물론 흐름을 잘 파악한다면 월세 수익률과 어느 정도의 시세차익을 기대할 수도 있다.

월세 수익률 높은 아파트를 빠르게 찾는 방법

월세 수익률이 높은 아파트를 빠르게 찾는 방법을 알아보자. 다만, 지금부터 설명하는 방법을 활용하여 입지는 무시하고 높은 수익률만 좇는 우를 범하진 말자. 입지와 수익률의 접점을 찾아야 한다. 연식이 너무 오래된 단지라든지, 공장 옆에 있는 나홀로 아파트라든지, 혐오시설이 있는 곳이라 매매가가 너무 저렴해서 상대적으로 수익률이 높아 보이는 단지가 있기 때문이다. 입지 분석은 구도심에서 소개한 분석 방법을 참고하고, 여기서는 월세 수익률이 높은 단지를 찾는 방법을 이해하는 데 초점을 맞추자. 다음과 같은 세 단계로 진행하면 된다.

● 1단계: 큰 틀에서 월세 시세 확인하기

지역이 넓을수록 월세 수익률이 높은 아파트를 찾는 데 시간이 많이 걸린다. 시간을 아끼기 위해서는 월세 시세가 다소 부정확하더라도 전체를 큰 틀에서 비교할 수 있으면 좋다. 어떤 지역의 월세 수익률이 상대적으로 높은지 살펴보는 것이다. 이를 위해 관심 지역의 월세 시세 정보가 필요하다. 기왕이면 내가 원하는 조건으로 필터링할 수 있도록 데이터 형태로 확보해야 한다.

KB 리브온(KB Live ON) 사이트에 월세 시세 정보가 제공된다. 사이트에 접속해 시세 메뉴를 눌러보자. 화면 아래쪽에 '맞춤시세조회' 배너가 보일 것이다.

맞춤시세조회 >
우리동네/우리집의 시세가 궁금하다면?

자료: KB 리브온

배너를 누르면 팝업창이 뜬다. 지역을 선택하고 조회를 해보면 해당 지역 아파트 리스트와 함께 매매가, 전세가, 월세가 정보가 제공된다. 충청남도 천안시 쌍용동을 선택하고 조회해보자. 그러면 다음과 같이 아파트 리스트가 뜬다(〈도표 6-15〉).

쌍용동에 있는 모든 아파트의 시세 정보가 나타난다. 매매가와 월세가를 알면 대략적인 월세 수익률을 구해볼 수 있다. 화면에 보이는 표를 마우스로 드래그하여 복사(ctrl + c)한 후 엑셀 프로그램에 붙여넣기(ctrl

맞춤시세조회   *KB

우리동네/우리집의 시세가 궁금하다면?
내가 궁금한 지역 및 단지의 시세를 빠르게 알려주는 KB부동산 맞춤시세조회!

조회조건

단지유형	● 아파트 ○ 오피스텔
지역	충청남도 ◆ 천안시 ◆ 쌍용동 ◆ (읍/면/동까지 입력해주세요.)
단지명	
시세	전체 ◆ 전체 ◆ 만원 ~ 만원
전용면적	전체 ◆ m² ~ m²

조회   초기화

단지명/소재지	공급/전용면적(m²)	매매가			전세가			월세가	
		하위평균가	일반평균가	상위평균가	하위평균가	일반평균가	상위평균가	보증금	월세
경동/ 천안시 쌍용동	51.28/45.88	7,000	7,800	8,200	6,000	6,500	7,000	1,000	38~40
	65.7/60.3	8,800	9,300	9,800	7,250	7,900	8,250	-	-
	79.2/73.79	9,400	10,350	10,900	8,500	9,750	10,500	2,000	48~53
	85.14/79.74	10,650	11,900	12,650	9,250	10,500	11,500	-	-
계룡푸른마을/ 천안시 쌍용동	84.96/79.56	10,400	11,650	12,400	9,250	10,500	11,500	2,000	53~58
	78.21/59.8	12,250	13,000	14,000	11,250	11,750	12,500	2,000	43~48
	105.81/84.97	15,250	16,500	17,000	13,500	14,500	15,000	2,000	53~58
광영/ 천안시 쌍용동	84.58/59.93	12,750	14,000	14,500	11,500	12,250	13,000	1,000	60~65
	114/84.56	16,600	17,250	17,650	14,250	15,000	15,750	2,000	65~70
	163.67/125.61	21,400	22,300	23,150	15,750	16,500	17,500	-	-

자료: KB 리브온

+ v) 해보자. 표의 제목 부분이 조금 어그러질 수 있지만 조금만 손보면 된다. 이렇게 데이터가 확보되면 이제 수식을 걸고 월세 수익률을 뽑아 보자. 그리고 최종적으로, 월세 수익률이 가장 높은 순으로 정렬하자.

● 월세 수익률 = 월세×12/(매매가격 − 보증금 − 대출금액) × 100

KB 리브온의 월세 시세는 대체로 현장 시세보다 높은 편이다. 그래서 나는 월세 시세가 53~58만 원과 같은 형태로 적혀 있을 때 앞부분의 숫자만 떼서 활용한다. 엑셀의 텍스트 나누기 기능을 활용하면 된다. 보증금도 생각보다 높게 잡혀 있기 때문에 보증금을 배제하고 계산하는 것이 좋다. 최종적으로 수익률을 계산할 때는 대출이 있을 때와 그렇지 않을 때를 구분하자. 30분 정도의 시간을 할애하면 다음과 같이 나만의 데이터가 만들어질 것이다. ○○동에서 월세 수익률이 가장 높은 아파트를 찾는 데 20~30분이면 충분하다. 여기에 매매가를 원하는 조건으로 필터링하면 보다 세부적인 단지 리스트를 구할 수 있다.

　〈도표 6-16〉을 보면 대출 없이 수익률이 가장 높은 아파트를 정렬한 결과, 경동아파트가 1등임을 알 수 있다. 경동아파트는 연식이 1986년으로 아주 오래된 아파트다. 최고층이 5층으로 엘리베이터가 없는 저층 아파트다. 이러한 아파트는 수익률이 아무리 높아도 시세차익이 거의

〈도표 6-16〉 관심 지역 아파트 시세 엑셀 파일(천안시 쌍용동)

	지역	아파트	면적	하위평균	일반평균	상위평균	보증금	월세1	월세2	대출한도	월세수익	대출없이
40	천안시 쌍용동	경동/	51.28/45.88	7,000	7,800	8,200	1,000	38	40	4900	19.82609	5.560976
41	천안시 쌍용동	시영2차근로복지/	66.04/49.67	8,500	8,800	8,900	1,000	40	45	5950	24.61538	5.393258
42	천안시 쌍용동	시영2차근로복지/	67.81/49.67	8,500	8,800	8,900	1,000	40	45	5950	24.61538	5.393258
43	천안시 쌍용동	이화/	77.8/71.56	9,250	10,750	11,250	2,000	50	55	6475	21.62162	5.333333
44	천안시 쌍용동	경동/	79.2/73.79	9,400	10,350	10,900	2,000	48	53	6580	24.82759	5.284404
45	천안시 쌍용동	주공7단지(2차)/	67.82/49.77	9,350	10,100	10,250	1,000	45	45	6545	19.96303	5.268293
46	천안시 쌍용동	이화/	85.67/79.43	11,150	11,900	12,300	2,000	53	58	7805	25.49098	5.170732
47	천안시 쌍용동	주공7단지(3차)/	82.65/59.85	11,200	11,650	12,300	1,000	53	55	7840	18.3815	5.170732
48	천안시 쌍용동	주공7단지(3차)/	85.95/59.85	11,200	11,650	12,300	1,000	53	55	7840	18.3815	5.170732
49	천안시 쌍용동	경동/	84.96/79.56	10,400	11,650	12,400	2,000	53	58	7280	20.38462	5.129032
50	천안시 쌍용동	이화/	60.97/54.73	7,700	8,500	8,950	1,000	38	43	5390	17.8125	5.094972
51	천안시 쌍용동	일성4차(다래)/	81.41/59.68	13,550	14,350	14,850	1,000	63	70	9485	17.31959	5.090909
52	천안시 쌍용동	일성4차(버들)/	72.74/59.81	11,450	12,150	12,650	1,000	53	58	8015	17.49656	5.027668
53	천안시 쌍용동	광명/	84.58/59.93	12,750	14,000	14,500	1,000	60	65	8925	15.7377	4.965517
54	천안시 쌍용동	주공7단지(3차)/	59.31/39.9	7,500	8,000	8,500	1,000	35	35	5250	18.66667	4.941176
55	천안시 쌍용동	주공7단지(2차)/	57.03/41.85	7,350	8,100	8,500	1,000	35	35	5145	17.83439	4.941176
56	천안시 쌍용동	시영1차/	59.55/42.66	8,250	9,000	9,500	500	39	43	5775	14.51163	4.926316
57	천안시 쌍용동	주공7단지(2차)/	80.52/58.65	11,250	11,750	12,250	1,000	50	55	7875	17.77778	4.897959
58	천안시 쌍용동	일성4차(다래)/	98.08/71.9	15,250	16,200	16,700	1,000	68	75	10675	16.23881	4.886228
59	천안시 쌍용동	극동/	83.05/59.88	11,000	12,000	13,700	1,000	55	55	7700	13.2	4.817518
60	천안시 쌍용동	현대(1차)/	105.53/84.94	13,500	14,000	15,000	2,000	60	68	9450	20.28169	4.8

자료: KB 리브온

없기 때문에 배제하는 게 좋다. 두 번째의 시영2차는 1994년에 입주했고 14층짜리 개별난방 아파트다. 연식이 오래되었지만 수리를 깔끔하게 하면 월세 투자처로서 무난하다 할 수 있다.

대출 없이 5퍼센트 이상의 수익률을 보이고 있고, 대출을 진행하면 수익률이 24퍼센트로 높아진다. 이는 지방 LTV(주택담보대출비율) 70퍼센트를 가정하고 계산한 것이며, 대출 시 수익률은 지역에 따라 개인의 대출 조건에 따라 달라질 수 있다.

마음에 드는 아파트 단지를 찾았다면, 인근 아파트도 유심히 살펴보자. 수익률이 거의 비슷할 것이다. 이렇게 하나의 동을 분석할 수 있다. 다른 동들도 똑같이 해보자. 어느새 천안시 전체 시세가 내 손에 들어와 있을 것이다. 관심 지역에서 월세 수익률 높은 아파트를 빠르게 찾아내는 방법이다.

● 2단계: 실거래 내역으로 검증하기

1단계의 한계는 시세 정보가 정확하지 않다는 데 있다. 가장 정확한 건 실제 거래된 내역이다. 따라서 국토부 실거래가 사이트에 들어가 정리한 동의 실거래 내역을 교차 검증해야 한다.

〈도표 6-17〉은 국토부에서 확인한 실거래 내역이다. 최근 거래 내역을 보면 2018년 5월에 보증금 500만 원, 월세 33만 원에 거래되었음을 확인할 수 있다. KB 리브온에 나와 있는 월세 40만 원과 차이가 난다. 이런 경우 목표 수익률을 보다 낮게 잡아야 한다.

쌍용동 전체 실거래 내역을 확보하려면 실거래가 사이트 메인 화면

매매	전월세

▸ 년도 : 2018년 ⬍   ▸ 면적 : 전체 ⬍   ▸ 금액 : 전체 ⬍

· 6월   [차트] [인쇄]

전용면적(㎡)	계약일	보증금(만원)	월세(만원)	층	건축년도
49.67	11~20	6,000	10	12	1994

· 5월

전용면적(㎡)	계약일	보증금(만원)	월세(만원)	층	건축년도
49.67	11~20	500	33	8	1994
49.67	11~20	8,500	0	2	1994

자료: 국토부

으로 돌아가자. 상단에 '실거래가자료제공'이라는 메뉴가 있다. 기간과 지역을 선택하여 조회한 후 엑셀 파일 버튼을 누르면 전국의 실거래 내역(매매, 전월세)을 파일로 내려받을 수 있다. 그 파일을 활용하여 월세 수익률을 살펴볼 수 있다. 단점은 최근 거래 내역이 없는 아파트가 많고, 거래 내역이 오래된 경우 시세가 맞지 않는다는 것이다.

● 3단계: 네이버 매물 시세로 최종 확인하기

마지막으로, 현재 나와 있는 매물 시세를 확인하는 것이다. 나와 있는 매물 시세가 현재 시세를 가장 잘 반영한다고 볼 수 있다. 한 가지 주의할 점은 수리 여부에 따라 월세 시세가 달라질 수 있으니 그 부분을 꼭 체크해야 한다는 것이다. 네이버 부동산 매물에 '올수리' 기준 500/40~45 정도로 나오는데, 수리가 안 되어 있다면 500/35~38 정도로 예상할 수 있다.

〈도표 6-18〉 매물 시세 최종 확인하기

거래	확인일자	매물명	면적(㎡) ∨	동 ∨	층	매물가(만원)
월세	18.07.09.	시영2차 Ⓝ 용무 즉시입주 샤시 화장실 싱크대 중문 …	66/49	201동	4/13	1,000/55 매경부동산
월세	18.07.03.	시영2차 Ⓝ 남향 로얄층 즉시입주 욕실포함수리	66/49	201동	6/13	500/40 매경부동산
월세	18.06.29.	시영2차 Ⓝ 남향 로얄층 즉시입주 욕실포함수리	66/49	201동	6/13	500/40 매경부동산
월세	18.06.19.	시영2차 Ⓝ 올수리	66/49	202동	13/14	1,000/33 매경부동산
월세	18.06.19.	시영2차 Ⓝ 올수리.즉시입주	66/49	201동	10/13	500/45 매경부동산

자료: 네이버 부동산

월세 수익률 극대화 전략, 임대사업자 대출

실제로 투자를 하다 보면 욕심이 생겨 대출 레버리지를 활용하게 된다. 수익률 차이가 많이 나기 때문이다. 대출을 무한대로 받을 수 있으면 좋겠지만 개인 명의로 활용할 수 있는 건수와 금액에 한도가 있다. 더욱이 2018년 4월 1일 이후로는 대출 규정이 더 강화되어 DTI(총부채상환비율)와 DSR(총부채원리금상환비율)을 더 엄격히 적용한다.

이를 극복하는 방법이 몇 가지 있는데, 그중 투자자들이 많이 활용하는 방법이 임대사업자 대출을 활용하는 것이다. 임대사업자의 경우 민간임대주택매입자금을 이용할 수 있다. 민간임대주택매입자금이란 주택도시보증공사(HUG)가 운용하는 주택도시기금 중 하나다. 임대를 목적으로 주택을 매입하는 기업 또는 일반 임대사업자를 대상으로 매입비용을 대출해주는 제도다. 주택임대차 시장을 안정화하려는 취지에서 마련된 제도다.

투자자들이 해당 대출을 선호하는 이유는 DTI, DSR을 따지지 않기 때문이다. 즉 대출한도 없이 여러 건을 진행할 수 있는 것이다. 기존 사업자대출이 있어도 가능하다. 이 외에도 몇 가지 혜택이 더 있다. 금리가 시중은행보다 저렴하며, 거치기간이 길고 고정금리다. 임대 물건으로 등록했기 때문에 재산세 할인 혜택도 있다. 8년 장기일반민간임대주택으로 등록하면 종부세 배제 혜택도 받을 수 있다. 물론 단점도 있다. 의무 임대 기간을 채워야 하며, 임대료를 연간 5퍼센트 이상 인상할 수 없다. 세입자가 바뀔 때마다 매번 신고를 해야 하는 불편함도 있다. 그럼에도 대출한도가 없다는 장점이 있어서 많은 이들이 이용하고 있다.

이를 활용하려면 개인 대출과의 차이점을 이해해야 한다. 대출을 진행할 때 알고 있어야 할 것은 취급 은행, 대출한도, 대출금리, 대출상환, 최우선변제금 등 크게 다섯 가지다.

우선, 취급 은행은 현재 우리은행이 유일하다. 일반적인 대출이 아니라서 우리은행 대출 담당자 중에 잘 모르는 경우도 있으니 설명을 잘 해야 한다. 그리고 대출한도가 있다. 개인별 DTI, DSR은 보지 않지만 아파트 하나당 최대 대출한도가 있다. 〈도표 6-19〉에서 볼 수 있듯이 면적에 따라 금액이 달라진다.

대출금리 역시 면적에 따라 달라진다. 원금상환 없이 거치기간 동안

4년 단기일반민간임대주택

구분	전용면적 45㎡ 이하	전용면적 45㎡ 초과 60㎡ 이하	전용면적 60㎡ 초과 85㎡ 이하
호당 대출한도	5,000만 원	7,000만 원	9,000만 원
대출금리	연 3.2%	연 3.5%	연 4.0%

8년 장기일반민간임대주택

구분	전용면적 45㎡ 이하	전용면적 45㎡ 초과 60㎡ 이하	전용면적 60㎡ 초과 85㎡ 이하
호당 대출한도	5,000만 원	8,000만 원	1억 원
대출금리	연 2.2%	연 2.5%	연 3.0%

이자만 납부하는 방식이다. 거치기간은 4년(단기일반민간임대주택) 또는 8년(장기일반민간임대주택)이다. 만기 일시상환이 원칙이나 연장 시 원금의 5~10퍼센트를 상환하면 된다.

　마지막으로 최우선변제금을 체크해야 한다. 일반적인 개인 대출의 경우는 최우선변제금을 체크할 필요는 없다. 아파트 가격과 LTV(주택담보대출비율)에 따라 대출한도가 결정되기 때문이다. 하지만 임대사업자 대출의 경우는 최우선변제금을 제외하고 70퍼센트까지 대출을 해주기 때문에 지역별 최우선변제금 확인이 필수다(〈도표 6-20〉).

　천안의 전용면적 59㎡의 매매가 1억 원 아파트를 장기일반민간임대주택(8년)으로 등록했다면 호당 대출한도는 최대 8,000만 원이다. 그런데 최우선변제금 1,700만 원이 있기 때문에 이를 뺀 금액의 70퍼센트까지만 대출이 가능하다. 8,300만 원(1억 원 − 1,700만 원)의 70퍼센트는

지역	소액임차인 범위		최우선변제 금액	
	종전	개정	종전	개정
서울특별시	9,500만 원	1억 원	3,200만 원	3,400만 원
수도권 및 과밀억제권	8,000만 원	변동 없음	2,700만 원	변동 없음
광역시	6,000만 원	변동 없음	2,000만 원	변동 없음
세종시	4,500만 원	6,000만 원	1,500만 원	2,000만 원
그 밖의 지역	4,500만 원	5,000만 원	1,500만 원	1,700만 원

*2016년 3월 기준

5,810만 원으로 호당 대출한도는 8,000만 원이 아닌 5,810만 원이다. 천안의 한 아파트를 사례로 표로 나타내면 〈도표 6-21〉과 같다.

대출한도가 8,000만 원인데 5,810만 원의 대출을 받은 사례다. 매매가가 1억 3,000만 원이면 어떻게 될까? 최우선변제금을 제외하고 70퍼센트이므로 최대 7,910만 원의 대출을 받을 수 있다. 대출한도 8,000만 원 가까이 받게 되는 것이다. 매매가 1억 3,000만 원을 넘기면 어떻게 될까? 어떤 경우에도 최대 한도 8,000만 원을 넘을 수 없기 때문에 계산 결과와 관계없이 최대 8,000만 원만 대출받을 수 있다. 결국 수익률이 낮아진다. 매매가가 낮으면 상관없지만, 매매가가 높으면 수익률이 낮아지는 것이다. 그래서 투자자들은 전용 45㎡ 초과 60㎡ 이하는 매매가 1억 3,000만 원보다 낮은 물건을 선호하고, 전용 60㎡ 초과 85㎡ 이내는 매매가 1억 5,900만 원보다 낮은 물건을 선호한다.

〈도표 6-21〉 적은 금액으로 하는 투자의 사례	
지역	충남 천안시
전용면적	49㎡
임대유형	장기일반민간임대주택(8년)
매매가	1억 원
보증금	500만 원
월세	50만 원
최우선변제금	1,700만 원
임대주택매입자금 대출한도	8,000만 원
최우선변제금 감안한 대출금액	(8,000만 − 1,700만) × 70% = 5,810만 원
실제 투자금	1억 − 보증금(500만) − 대출(5,810만) = 3,690만 원
월세 수익률	16.2%

투자금이 적게 들어가는
아파트 찾기

앞에서 월세 수익률 높은 아파트 찾기를 잘 따라왔다면, 투자금 적게 들어가는 아파트 찾기는 이미 5부 능선을 넘은 것과 다름없다. 투자금 적게 들어가는 아파트를 찾을 때 중요한 것은 무턱대고 매매와 전세 갭이 적은 단지를 찾는 것을 목표로 해선 안 된다는 것이다. 입지를 함께 살펴야 한다.

투자금이 적게 들어가는 세팅 방법은 월세가 아닌 전세를 낀 투자다. 요즘 흔히 말하는 갭투자(높은 전세가율을 이용해 자기 돈을 적게 들여 아파트를 사는 것) 방식이다. 갭투자는 월세처럼 현금흐름이 생기는 것이 아니다. 오로지 시세차익을 목표로 한다. 시세차익을 얻기 위해서는 입지를 고려해야 한다. 입지가 나름대로 괜찮으면서 갭이 적은 단지를 찾는 것이 포인트다. 갭은 매매가와 전세가의 차이를 이용하면 된다.

그렇다면 입지는 어떻게 판단해야 할까? 같은 동네에서 입지가 좋은 아파트는 평당가가 비싸다. 입지가 가격에 반영되어 있기 때문에 평당가로 입지를 가늠해볼 수 있는 것이다. 앞에서 만든 관심 지역의 아파트 시세 엑셀 파일을 다시 열어보자.

매매가와 전세가 항목이 있을 것이다. 매매 상위평균에서 전세 상위평균을 빼면 실투자금이 된다. 투자금이 적은 단지 찾기는 정말로 쉽다. 리스트를 투자금이 적은 순으로 정렬하면 된다. 남은 것은 평당가를 구하는 것이다. 공급면적과 전용면적이 함께 적혀 있을 텐데, 텍스트 나누

〈도표 6-22〉 관심 지역 아파트 시세 엑셀 파일(평당가까지 구하기)

	A	B	C	D	E	H	K	L	M
1	지역	아파트	평수	공급면적	전용면적	매매 상위평균가	전세 상위평균가	실제투자금	평당가
2	천안시 쌍용동	파크밸리동일하이	33	109.63	84.97	38,000	29,000	9,000	1,144
3	천안시 쌍용동	파크밸리동일하이	48	158.44	137.83	53,500	39,500	14,000	1,114
4	천안시 쌍용동	파크밸리동일하이	32	107.07	84.99	36,000	27,500	8,500	1,110
5	천안시 쌍용동	파크밸리동일하이	38	127.14	106.85	42,000	31,000	11,000	1,090
6	천안시 쌍용동	파크밸리동일하이	50	164.74	137.86	50,500	39,500	11,000	1,012
7	천안시 쌍용동	파크밸리동일하이	59	196.63	172.56	54,500	41,000	13,500	915
8	천안시 쌍용동	파크밸리동일하이	80	264.38	236.31	69,250	45,000	24,250	864
9	천안시 쌍용동	파크밸리동일하이	70	231.3	202.1	60,500	41,500	19,000	863
10	천안시 쌍용동	파크밸리동일하이	88	289.8	243.12	74,500	47,500	27,000	848
11	천안시 쌍용동	현대아이파크홈타	24	79.8	59.36	19,000	16,500	2,500	786
12	천안시 쌍용동	쌍용자이/	34	112.2	84.83	26,400	20,250	6,150	776
13	천안시 쌍용동	월봉태우/	24	77.73	59.88	18,250	15,000	3,250	775
14	천안시 쌍용동	현대아이파크홈타	34	112.68	84.71	25,500	20,000	5,500	747
15	천안시 쌍용동	쌍용두산위브/	33	110.16	84.96	24,500	18,500	6,000	734
16	천안시 쌍용동	쌍용마을뜨란채/	23	76.51	59.95	16,750	14,000	2,750	722
17	천안시 쌍용동	월봉일성(5차)/	24	80.01	59.99	17,500	15,500	2,000	722
18	천안시 쌍용동	쌍용동일하이빌/	36	120.03	84.99	26,250	21,000	5,250	722
19	천안시 쌍용동	천안범양마더빌/	25	82.65	59.97	17,750	15,750	2,000	709
20	천안시 쌍용동	쌍용동일하이빌/	36	120.03	84.99	25,750	20,500	5,250	708
21	천안시 쌍용동	월봉벽산/	32	105.78	85	22,500	20,000	2,500	702
22	천안시 쌍용동	월봉태영/	32	105.78	85	22,500	20,000	2,500	702
23	천안시 쌍용동	현대아이파크홈타	34	112.65	84.71	23,750	19,500	4,250	696
24	천안시 쌍용동	현대아이파크홈타	41	137.13	107.34	28,750	22,000	6,750	692
25	천안시 쌍용동	쌍용자이/	43	143.49	114.1	30,000	24,000	6,000	690
26	천안시 쌍용동	월봉벽산/	29	95.86	75.96	20,000	18,000	2,000	689
27	천안시 쌍용동	월봉태영/	29	95.86	75.96	20,000	18,000	2,000	689
28	천안시 쌍용동	쌍용마을뜨란채/	33	108.03	84.57	22,500	18,000	4,500	687
29	천안시 쌍용동	쌍용동일하이빌/	45	148.46	114.77	30,650	24,000	6,650	681
30	천안시 쌍용동	월봉일성(5차)/	32	106.69	84.9	22,000	18,000	4,000	680
31	천안시 쌍용동	용암동아벽산(2차)	37	123.91	99.91	25,500	21,000	4,500	679
32	천안시 쌍용동	쌍용동일하이빌/	45	148.46	114.77	30,250	23,500	6,750	672

자료:KB 리브온

기로 구분하여 정리를 해준다. 공급면적을 3.3으로 나눠 평수를 구하자(0.3025를 곱해도 된다). 마지막으로 매매 상위평균가에서 평수로 나누면 평당가가 구해진다.

재료 준비는 끝났다. 평당가가 높은 순으로 정렬해보자. 입지가 좋거나 상품성이 가장 좋은 아파트 단지가 상위에 보일 것이다. 이것만으로도 의미가 있다. 이제 위에서부터 아래로 천천히 살피면서 투자금이 적게 들어가는 단지, 즉 실투자금 항목의 숫자가 작은 단지를 살펴보자. 대체로 입지가 안 좋고 저렴한 단지일수록 갭이 적다. 이상과 같은 방식으로 입지가 좋은 순으로 살펴보면 입지가 어느 정도 괜찮으면서 갭이 적은 단지를 빠르게 찾을 수 있다.

일일이 확인하기가 어렵다면 평당가가 높은 순으로 정렬한 다음 실투자금 항목은 3,000만 원 이하로 조건을 걸 수도 있다. 동시에 사전에 구해놓은 월세 수익률 항목이 5퍼센트 이상인 단지를 필터링해볼 수도 있다. 이렇듯 시세 데이터를 손에 쥐고 있으면 내 입맛대로 찾고 싶은 대상을 빠르게 찾을 수 있다.

기왕이면 하나의 동으로 그치지 말고 여러 개의 동을 살펴보길 바란다. 동별로 갭이 적으면서 입지는 무난한 단지를 추려놓자. 그리고 다음 현장 방문 시 해당 리스트의 아파트를 꼭 탐방해보자. 수많은 아파트 중에 어디로 가야 할지 덜 고민하게 될 것이다. 가장 좋은 입지는 아닐지라도 가성비 좋은 아파트가 어디인지 찾는 데 도움이 될 것이다.

매매수요로 전환될
가능성이 큰 아파트 찾기

구도심 편에서 수요의 중요성을 언급했다. 수요에는 매매수요와 임차수요가 있는데, 매매수요가 많을 때는 매매가가 오르고 임차수요가 많을 때는 전세가가 오른다. 매매 및 임차수요는 전세가율을 통해 살펴볼 수 있었다. 전세가율이 높다는 말은 임차수요가 높다는 말이다.

임차수요는 시기에 따라 유동적인데, 10년 동안의 평균 전세가율을 구해보면 해당 아파트의 진면목을 알 수 있다. 부동산 상승기 때는 집을 사려는 사람이 많기 때문에 매매가가 높아져 전세가율이 내려가고, 하락기에는 집을 사지 않으려 하기 때문에 전세가율이 높아진다. 입지가 좋은 아파트는 이런 패턴이 뚜렷하게 나타난다. 반면 입지가 좋지 않은 아파트는 상승기와 하락기 구분 없이 전세가율이 꾸준히 높은 편이다. 그러므로 10년 동안의 평균 전세가율을 구해 현재의 전세가율과 비교해보면 사람들이 집을 많이 사려고 하는 시기인지 아닌지를 알 수 있다.

나는 그 결과를 '임차계수'라고 하며 '거품수치'라고 이야기하기도 한다. 여기서 거품은 아파트 가격 자체라기보다는 매매수요를 가리키는 말이다. 이미 집을 사자는 쪽으로 많이 돌아섰기 때문에 추가로 매매수요가 유입되기 어렵다는 의미다. 투자는 매매수요가 유입될 가능성이 클 때 해야 한다. 임차계수의 수치가 낮을 때가 매입하기 좋은 타이밍이다. 이론은 구도심 편에서 자세히 다뤘으니, 이제 실전으로 들어가보자.

수도권은 2014년부터 지금까지 꾸준히 상승을 이어오고 있다. 특히 2017년부터는 상승폭이 상당했다. 경기도 동판교 지역을 사례로 어떤 아파트가 매매수요로 전환될 가능성이 큰지 찾아보자.

먼저, 10년 동안의 매매 및 전세가 시세로 전세가율 데이터를 만들어야 한다. KB 리브온의 맞춤시세조회를 통해 동판교의 핵심 동인 백현동과 삼평동의 아파트 시세를 앞에서 배운 방법에 따라 엑셀로 정리하자. 전세가율 칼럼을 추가하고 다음 수식을 넣자.

- 전세가율 = 전세가 / 매매가 × 100

마지막으로, 전세가율이 높은 순으로 정렬하자.

판교알파리움1단지 전세가율이 70퍼센트로 가장 높고, 판교푸르지

〈도표 6-23〉 관심 지역 아파트 시세 파일(판교 백현동과 삼평동)

지역	아파트명	공급	전용	매매상위	전세상위	보증금	월세	현전세가율
성남시 백현동	판교알파리움1단지/	124	96.8	126,500	89,000	10,000	240~260	70.3557312
성남시 삼평동	판교푸르지오월드마크/	160	128	170,000	117,500	10,000	400~400	69.1176471
성남시 삼평동	봇들마을8단지/	111	84.9	125,000	77,000	20,000	195~215	61.6
성남시 백현동	백현마을(휴먼시아5단지)/	112	84.7	118,000	71,000	10,000	165~185	60.1694915
성남시 백현동	백현마을(휴먼시아6단지)/	112	85	118,000	71,000	10,000	175~190	60.1694915
성남시 삼평동	봇들마을9단지(금호어울림)/	127	101	130,000	78,000	20,000	195~205	60
성남시 백현동	백현마을(휴먼시아9단지)/	126	101	130,000	76,500	10,000	225~235	58.8461538
성남시 백현동	백현마을(휴먼시아2단지)/	108	84.5	125,000	73,500	10,000	165~175	58.8
성남시 백현동	백현마을(휴먼시아7단지)/	111	84.7	120,000	70,500	10,000	168~185	58.75
성남시 삼평동	봇들마을7단지/	107	84.5	136,000	79,000	10,000	180~190	58.0882353
성남시 삼평동	봇들마을4단지/	112	84.7	105,000	60,500	10,000	140~160	57.6190476
성남시 삼평동	봇들마을1단지(판교신미주)/	109	82.8	109,000	62,000	10,000	140~160	56.8807339
성남시 삼평동	봇들마을2단지(이지더원)/	107	84.3	107,500	60,500	10,000	150~160	56.2790698
성남시 백현동	판교푸르지오그랑블/	121	97.7	160,000	88,500	10,000	240~255	55.3125

자료: KB 리브온

오그랑블 아파트가 55퍼센트로 가장 낮다. 중요한 건 전세가율이 높다고 해서 무조건 매매수요로 전환될 가능성이 크다고 판단해선 안 된다는 것이다. 아파트별 과거 시세를 통해 아파트별 평균 전세가율 대비 현재를 살펴야 한다.

KB 리브온 사이트에서 시세 메뉴로 들어가자. 성남시 분당구 백현동 판교푸르지오그랑블 화면 아래쪽에 보면 '과거시세조회' 버튼이 보인다. 버튼을 누르면 해당 아파트의 과거 시세가 팝업창으로 제시된다(〈도표 6-24〉).

기준월별 시세표가 나오면 마우스로 드래그하여 엑셀에 붙여넣자. 기간은 최대한 길수록 좋다. 나는 2012년 1월부터 최근월까지의 데이터를 정리했다. 기준월, 상위평균가 매매 및 전세로 깔끔하게 정리하자. 오른쪽에 전세가율 칼럼을 추가하고 값을 구하자.

전세가율 평균을 내면 63퍼센트가 나온다. 전세가율 오른쪽에 거품 수치 항목을 넣자(〈도표 6-25〉). 전세가율 평균 63퍼센트에서 해당 월의

과거시세조회 ✳kb

조회조건

물건종류	● 아파트 ○ 오피스텔
지역선택	경기도 ◆ 성남시 ◆ 백현동 ◆
단지선택	판교푸르지오그랑블 ◆ 121.33㎡/97.71㎡ ◆
기간선택	2015 ◆ 년 07 ◆ 월 — 2018 ◆ 년 07 ◆ 월

조회

기준월	매매가(만원)			전세가(만원)		
	하위평균가	일반평균가	상위평균가	하위평균가	일반평균가	상위평균가
2018.07	147,500	151,500	160,000	81,500	84,000	88,500
2018.06	147,500	151,500	160,000	81,500	84,000	88,500
2018.05	147,500	151,500	160,000	81,500	84,000	88,500
2018.04	145,000	149,000	157,500	81,500	84,000	87,500
2018.03	142,000	146,500	154,500	81,500	84,000	87,500
2018.02	138,500	144,000	150,000	81,000	82,500	86,000
2018.01	128,500	132,500	139,000	81,000	82,500	86,000
2017.12	124,500	128,000	137,000	80,000	82,000	85,000

자료: KB 리브온

전세가율을 빼면 거품수치가 나온다. 숫자가 작을수록 거품이 없는 것이고 숫자가 클수록 거품의 정도가 심한 것이다. 다음으로 전세가율을 가지고 그래프를 그려보자. 추이를 한눈에 파악할 수 있다(〈도표 6-26〉).

2012년 1월의 전세가율은 42퍼센트로 가장 낮은 수치를 보였다. 2016년 4월의 전세가율은 75퍼센트로 7년 동안 가장 높았던 시기다. 2017년 10월을 기점으로 전세가율이 서서히 낮아지고 있다. 삼평동과

BI	BL	BO	BP	BQ
판교푸르지오그랑블	매매가(만원)	전세가(만원)		
기준월	상위평균가	상위평균가	전세가율	거품수치
2018.07	160,000	88,500	55	7
2018.06	160,000	88,500	55	7
2018.05	160,000	88,500	55	7
2018.04	157,500	87,500	56	7
2018.03	154,500	87,500	57	6
2018.02	150,000	86,000	57	5
2018.01	139,000	86,000	62	1
2017.12	137,000	85,000	62	1
2017.11	137,000	85,000	62	1
2017.10	134,500	83,500	62	0
2017.09	132,000	83,500	63	-1
2017.08	127,500	83,000	65	-3
2017.07	126,500	83,000	66	-3
2017.06	116,500	81,000	70	-7
2017.05	115,500	80,000	69	-7

자료: KB 리브온

〈도표 6-26〉 판교 푸르지오그랑빌 전세가율

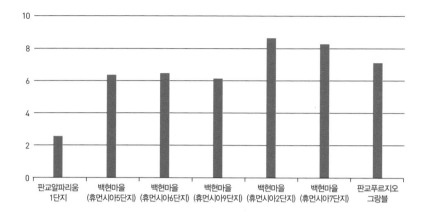

판교알파리움
1단지

백현마을
(휴먼시아5단지)

백현마을
(휴먼시아6단지)

백현마을
(휴먼시아9단지)

백현마을
(휴먼시아2단지)

백현마을
(휴먼시아7단지)

판교푸르지오
그랑블

백현동의 아파트를 샘플링해서 확인해보면 대부분 비슷한 모습이다. 그 중에서 옥석을 가리고 싶다면 이번 달 기준 거품수치를 아파트별로 비교해보자. 숫자가 작을수록 매매수요로 전환될 가능성이 큰 아파트다.

조금 멀리 떨어진 수내동, 서현동, 정자동, 구미동의 아파트도 같은 방식으로 전세가율과 거품수치를 계산하고 아파트별 거품수치를 비교해보자. 몇몇 단지는 중소형뿐만 아니라 중형, 중대형 평형도 살펴보자. 매매수요로 전환될 가능성이 큰 지역과 평형을 찾게 될 것이다.

2017년 6월쯤에 그래프를 그려봤다면 어땠을까? 2017년 6월을 기준으로 과거 10년간 전세가율 평균 수치는 크게 변화가 없었을 것이다. 그러니 데이터가 후행 아니냐고 걱정할 필요가 없다. 데이터는 후행이 맞지만 기준을 어떻게 세우느냐에 따라 의미 있는 결론을 도출할 수 있기 때문이다.

판도라의 상자를 발견하라

> "양치기들이 책을 읽지 않는 건 책보다 양들이 더 많은 것을
> 가르쳐주기 때문이겠죠."
>
> _파울로 코엘료, 《연금술사》 중

자본주의 시대는 모든 사람이 평등하고 하고 싶은 일을 마음껏 할 수 있는 시대라고 한다. 실제로 과거보다 육체적으로 덜 힘들고 편해진 측면이 있다. 그런데 이상하게도 우리는 과거보다 더 바쁘고, 여유가 없는 삶을 살고 있는 것 같다. 생각해보라. 과거에는 외벌이로도 한 가정이 충분히 먹고살 만했는데 지금은 맞벌이를 해도 시원찮다. 맞벌이로 돈을 더 많이 벌면 좀 더 여유로워질 거라 생각했는데, 여전히 아니 예전보다 더 육아의 고충과 가사 노동에 시달린다.

정말로 세상이 공평하고 살 맛 나는 곳이라면 우리는 당장 내일부터라도 출근하지 않을 수 있어야 한다. 주 50시간의 노동, 시간을 담보로

잡힌 노예생활을 할 필요가 없어야 한다. 그러나 현실 속 우리는 눈에 보이지 않는, 철저히 구속된 환경 속에서 살고 있다. 물론 누군가는 눈에 보이지 않는 본질을 파악하고 이 환경에서 탈출하기도 하지만, 대부분은 누군가가 주는 먹이에 길들여져 생존 본능을 잃어버린 채 살아간다. 원하는 것도 많고, 그만큼 문제도 많지만 무엇 하나 해보려 하지 않은 채 말이다. 누군가 대신 풀어주길 기다릴 뿐 스스로 풀 엄두조차 내지 않는다.

나도 그런 사람 중 하나였다. 그러다 부동산을 접하면서 영화 〈매트릭스〉처럼 '빨간약'을 먹고 말았다. 그동안 '당연하다 믿었던 것'들을 의심하기 시작했다. 처음엔 스스로 생각하는 법을 몰라 많이 헤맸다. 하지만 부동산에서만큼은 나만의 법칙을 찾고 싶었다. 모든 해결책을 외부가 아닌 내 안에서 찾기 위해 노력했다. 그렇게 어느 정도 시간이 지나자 마침내 판도라의 상자가 열렸다. 점차 나는 세상의 본질을 하나하나 깨닫기 시작했다.

부동산에서 찾은 '당연함'이라는 키워드는 제 모든 것을 바꿔놓았다. 돈 조금 벌어보려고 시작한 재테크였는데, 전국 투자자를 대상으로 매년 부동산 전망을 하게 되었다. 조금 더 지나서는 세상에서 제일 중요한 건 시간이고, 절대로 타협하지 말아야 할 것도 시간이라는 것을 깨닫게 되었고, 곧 퇴사를 준비해 자유를 선언하고 회사를 나왔다.

중요해 보이는 것과 중요해 보이지만 결코 중요하지 않은 것도 구분하기 시작했다. 가족과의 시간은 지켜야 할 것이고 세상은 이용해야 할 대상임을 기억하고 삶에 하나하나 적용해 나갔다.

일적으로도 예전과는 다르게 임하게 되었다. 아이러니하게도 회사를 나와 부동산에 깊이 빠져들면서 오히려 업의 위대함을 알게 되었다. 그래서 보다 더 소명감을 갖고 일할 수 있기를 바랐다. 부동산이라는 분야에서 나아가 더 넓은 세상으로 내가 깨달은 본질을 적용하고 알리고 널리 나누고 싶었다. 그렇게 시작한 것이 알리알리 사이트와 '시작 컨설턴트'다. 지금까지 내가 고민하고 발견한 것들을 바탕으로 사람들을 좀 더 가까이에서 돕고 싶었다. 특히 '시작캠퍼스'는 1년이나 준비한 일인데, 사람을 통해 세상을 이롭게 바꿀 수 있다는 마음으로 심혈을 기울이고 있다. 유튜브 방송도 비슷한 맥락에서 시작한 일이다. 내가 하는 모든 일들이 하나하나 쌓이고 조금씩 다른 사람에게 전해진다면 전 세계로 뻗어나가는 일도 언젠가는 가능하리라고 생각한다.

앞으로 내가 어디로, 어느 만큼 더 나아갈지 잘 모르겠다. 분명한 건, 앞으로도 내가 이루고자 하는 소망과 자아실현을 위해 잠시도 주저하지 않을 거라는 것이다. 이런 나를 두고 막연히 나와는 다른 사람의 일이라 생각지 마시고 이 책을 선택한 당신 역시 당신 자신의 모습으로 원하는 삶을 선택하고 나아갈 수 있다는 사실을 기억하셨으면 좋겠다.

거창한 제목을 달고 부동산 공부와 투자법에 대해 풀어내고자 노트북에 한글 프로그램을 띄워놓고 수개월 동안 씨름했다. 그러나 내가 여기에 언급한 내용은 이 책을 읽는 당신이 앞으로 경험할 '부동산'의 1퍼센트도 채 되지 않을 것이다. 최고의 배움터는 우리가 매일 접하는 이 도시이지 이 책이 아니다. 그렇다고 해도 내가 풀어놓은 여기 '1퍼센트'

가, 당신이 나머지 99퍼센트를 스스로 깨우쳐가는 데 도움이 되길 바란다. 나아가 당신만의 판도라 상자를 발견한다면 저자로서 더할 나위 없이 기쁠 것이다.

부록 1

초보를 위한
부동산 투자
A to Z

Q. 부동산 투자는 돈이 많아야 하는 거 아닌가요?

소액으로도 가능한가요?

예, 맞습니다. 우리가 일반적으로 많이 하는 예금 및 적금, 보험, 주식 및 펀드, 부동산 중에서 부동산이 보다 많은 투자금을 필요로 하는 것은 사실입니다. 주식만 하더라도 10만 원, 100만 원만 가지고도 시작할 수 있지만 부동산은 부대비용만 100만 원이 훌쩍 넘어가기 때문입니다.

하지만 흔히 생각하는 수준만큼 돈이 많이 필요한 것은 아닙니다. 예를 들어 2억 원 정도 하는 아파트가 있다고 할 때 대부분 사람은 2억 원 이상이 있어야만 부동산을 거래할 수 있다고 생각합니다. 여기서부터 큰 시각 차이가 생깁니다. 투자를 위해 주택을 사면 일반적으로 전세나 월세를 주게 됩니다. 전세를 주면 전세금이라는 레버리지가 발생하고, 월세를 주면 보증금이 적기 때문에 대출 레버리지를 활용할 수 있습니다. 주택의 경우 전세 시세는 현재 나와 있는 시세보다 조금 더 저렴하게 내놓으면 공실 확률이 크게 줄어듭니다.

만에 하나 매매 잔금 때까지 전세가 맞춰지지 않는 경우는 대출로 잔금을 내고 전세가 나갔을 때 대출을 갚으면 됩니다. 이때는 대출 가능 금액과 잔금 액수를 미리 검토해야 합니다. 월세용 투자의 경우는 소액의 보증금만 받고 세를 주기 때문에 주택담보대출을 받더라도 세입자가 최우선변제를 받을 수 있습니다. 그래서 보증금을 떼일 일은 없습니다 (최우선변제금액 한도는 지역마다 다릅니다. 다음 표를 참고하세요).

구분	전세 투자 시	월세 투자 시
매매가	2억 원	2억 원
전월세보증금	1억 7,000만	2,000만/ 50만
대출	–	1억 4,000만 (70퍼센트 가능 시)
투자금	3,000만 원 필요	6,000만 원(초기) 4,000만 원(임대 시)
전세가 안 맞춰질 경우	대출 1억 4,000만 가정 시 6,000만 원 필요	

〈도표 A-2〉 최우선변제금액 한도

기준시점 2016년 3월 31일 ~

지역	임차인 보증금 범위	보증금 중 일정액의 범위
서울특별시	1억 원 이하	3,400만 원
수도권정비계획법에 따른 과밀억제권역 (서울특별시 제외)	8,000만 원 이하	2,700만 원
광역시(수도권정비계획법에 따른 과밀억제권역에 포함된 지역과 군지역 제외), 세종특별자치시, 안산시, 용인시, 김포시 및 광주시	6,000만 원 이하	2,000만 원
그 밖의 지역	5,000만 원 이하	1,700만 원

자료: 주택임대차보호법

결론적으로, 전세 레버리지와 대출 레버리지를 활용하면 실제 투자금은 일반인이 예상하는 수준의 20~30퍼센트 수준입니다. 물론 지역에 따라 정도의 차이는 있습니다. 시기와 방법에 따라 투자금이 정말 적게 들어가는 경우도 많고요.

가끔 투자금을 줄이기 위해 친구나 지인들과 함께 투자하는 경우를 보는데, 투자를 처음 하는 분에게는 추천하지 않는 방법입니다. 온전히 자기 스스로 결정하고 그에 따른 책임을 져봐야 합니다. 그래야 어설프게 결정하지 않습니다.

Q. 부동산을 여러 채 소유하면 세금이 많이 나오지 않나요?

부동산과 관련해서는 크게 세 종류의 세금이 있습니다. 첫째 매수, 둘째 보유, 셋째 매도에 따른 세금입니다.

첫째, 매수할 때 내는 세금은 취득세입니다. 종목마다 취득세율이 다른데 주택의 경우는 매매가의 1.1퍼센트입니다. 그 외 부동산중개수수료와 소유권 이전을 위한 법무사수수료가 있지만 이는 세금으로 보기는 어렵습니다. 대략 매매가의 0.5퍼센트를 잡으면 됩니다. 세금이라 생각하지 마시고 처음부터 조금 비싸게 샀다고 생각하는 편이 좋습니다.

둘째, 보유로 인해 발생하는 세금은 재산세입니다. 재산세는 아파트 합산이 아니라 개별로 청구됩니다. 재산세는 공시지가에 특정 율을 곱한 값으로, 구체적인 수식을 나열하면 복잡해지니 아주 간단하게 예를 들어보겠습니다. 예컨대 3억 원 정도 하는 아파트가 있을 때 한 해 재산세는 35만 원 정도이고 10억 원이라면 100만 원 정도입니다.

또 보유한 주택의 개인별 공시지가 합산금액이 6억 원을 초과하는 경우 종합부동산세 납부 대상이 됩니다. 예를 들어 남편이 소유한 아파트의 공시지가가 합해서 6억 원이고, 부인이 소유한 아파트의 공시지가가 합해서 6억 원이라면 이분들은 종합부동산세 대상이 아닙니다. 공시지가는 매매가의 70퍼센트 선이기 때문에 개인당 9억 원, 부부 합산 18억 원까지는 종합부동산세가 없다고 보면 됩니다. 하지만 만약 남편의 공시지가 합이 10억 원이고 부인이 7억 원이라면 남편은 6억 원을 뺀 4억 원에 대해서 대상이 되고 부인은 1억 원이 대상이 됩니다. 남편은 약 150만 원, 부인은 약 35만 원을 매년 1회 납부해야 합니다.

셋째, 매도할 때 발생하는 세금은 양도세입니다. 다음 표와 같이 양도차액이 크면 클수록 세율이 높아집니다. 예를 들어 양도차액이 2,000만 원이면(공제되는 부분이 많지만 모두 제외하고 간단하게 계산할 경우) 세율이 15퍼센트입니다. 108만 원 개인 공제를 받으면 대략 200만 원이 나옵니다.

〈도표 A-3〉 양도차액에 따른 양도세율

과세표준구간	세율	누진공제
1,200만 원 이하	6%	–
1,200만 원 초과 4,600만 원 이하	15%	108만 원
4,600만 원 초과 8,800만 원 이하	24%	522만 원
8,800만 원 초과 1억 5,000만 원 이하	35%	1,490만 원
1억 5,000만 원 초과 3억 원 이하	38%	1,940만 원
3억 원 초과 5억 원 이하	40%	2,540만 원
5억 원 초과	42%	3,540만 원

양도세는 양도차액, 즉 수익이 클수록 세금이 많고 수익이 없으면 세금이 전혀 없습니다. 서울을 중심으로 수도권 다수의 지역이 조정 대상

지역으로 지정되어 양도세가 중과됩니다. 즉 기존 세율에서 2주택자는 10퍼센트, 3주택 이상 보유자는 20퍼센트가 기본세율(6~42퍼센트)에서 중과됩니다. 예를 들어 2,000만 원의 양도차액이 있다고 보면 과거엔 200만 원만 납부하면 됐지만, 3주택자 이상 보유자가 중과 지역 물건을 매도할 경우 세율이 35퍼센트가 되어 700만 원을 내야 합니다. 그래도 번 만큼 내는 것이고, 조정 대상 지역 이외의 부동산은 중과 대상이 아니니 세금 때문에 투자를 하면 안 된다는 것은 잘못된 상식입니다.

Q. 직장인은 부동산이나 세입자 관리가 어렵지 않나요?

토지는 가보지 않고서는 알 수 없기 때문에 직장인이 하기에는 무리가 있습니다. 하지만 주택이나 상가라면 관리가 그다지 힘들지는 않습니다. 공실이 무서울 뿐 관리 자체가 힘든 것은 아닙니다. 살면서 한 번도 안 해봤기 때문에 낯설고 어렵게 느껴지는 것입니다. 이 역시 사람 간의 관계이기에 커뮤니케이션의 어려움을 이야기하는 분들이 주위에 있긴 합니다. 그렇지만 임대인으로서 배려하는 마음으로 임차인을 대한다면 직장에서 조직생활을 하는 것보다는 훨씬 쉽다고 생각합니다. 임대 기간이 끝나 나가기 직전까지 세입자한테 전화 한 번 오지 않는 경우도 많습니다.

Q. 주부나 직장인도 부동산 투자를 잘할 수 있나요?

사회 초년생 시절부터 부동산에 관심을 가지는 사람은 많지 않습니다. 하지만 모임에 나가보면 40대 이후 분들은 이렇게 이야기합니다. "마흔이 되고부터는 자연스럽게 부동산에 관심이 생기더라."라고 말이죠.

대부분 30대까지는 다양한 일을 시도해보고 돈을 모으고 가정을 꾸리고 안정적으로 이끌어나가는 데 집중합니다. 그리고 40대가 되면 내 집 마련도 하게 되고 어느 정도 안정을 찾아갑니다. 여유자금도 생기는 시점이죠. 일을 만들어가는 게 아니라 돈을 굴리는 것의 중요성을 깨닫는 시기라고 볼 수 있습니다.

부동산 투자에는 나이나 능력의 제한이 없습니다. 부동산 투자는 결코 학벌 좋고 똑똑한 사람이 잘하는 영역이 아닙니다. 주식 투자처럼 회사의 재무 분석을 할 필요도 없습니다. 이따금 현장에 나가볼 수 있는 체력과 부지런함 그리고 어느 정도의 종잣돈만 있으면 누구라도 시작할 수 있습니다. 물론 그 시작에 앞서 이 책에서 소개한 원리를 이해하기 바랍니다. 무엇이 중요한지 알게 돼 시행착오를 줄일 수 있을 것입니다.

Q. 현장에 가면 뭘 어떻게 해야 하나요?

거주하는 사람이라는 느낌으로 그 동네를 둘러보세요. 아침에 눈을 떠 출근한다는 생각으로 주변 교통을 살펴보시고, 자녀를 등교시킨다는 생각으로 학교 가는 길목을 둘러보시고, 평상시 자주 이용하게 되는 마트나 학원, 병원, 커피숍 등을 찾아보세요. 그리고 아파트 주변과 내부를 확인하세요. 조경이 어떤지, 주차장이 아파트와 연결되어 있는지 살펴보세요. 어떤 동이 햇볕이 잘 들고 소음이 없는지도 체크해보세요. 그리고 나서 부동산중개소에 들러 이것저것 질문해보세요. 소장님이 하는 이야기가 더 잘 들릴 거예요. 그리고 동선은 미리 짜두고 움직이는 게 좋습니다. 잘 모르는 동네에 간다면 제일 좋은 아파트부터 돌아보는 게 좋습니다. 비싼 데에는 다 이유가 있으니 왜 비싼지를 역으로 추적하다 보면 입지를 자연스레 익히게 됩니다.

Q. 부동산중개소에 들어가서 무슨 대화를 해야 할까요?

무난한 방법은 두 가지입니다. 이곳에 이사 오기 위해 알아보고 있다고 하는 것과 이곳에 투자를 하기 위해 알아보는 중이라고 밝히는 것입니다. 전자의 경우가 조금 덜 부담스러울 것입니다.

전자의 경우 이 동네에서 가장 인기 있는 아파트는 어디이고 이유는 무엇인지, 이곳에 거주하는 분들은 어디로 출근하는지, 교통은 무엇을 주로 이용하는지, 자녀들 학교는 어디로 보내는지, 편의시설이 있는지 등 거주와 관련된 가장 기본적인 질문부터 하는 것이 좋습니다. 조금 더 나아가서는 저렴하게 나온 매물이 있는지, 어떤 게 좋은 물건인지도 물어보면 좋겠죠.

투자자임을 밝힌 경우는 조금 다릅니다. 질문하기보다는 먼저 내 상황을 알려주는 것이 좋습니다. 내가 가진 투자금과 매입하고 싶은 사이즈와 금액대를 알려주는 게 좋습니다. 나와 있는 매물이 있다면 내부를 살펴보는 것도 좋고, 없다면 해당 지역에 대한 브리핑을 요청하는 게 좋습니다. 이 동네의 장단점은 무엇이고 앞으로 어떤 개발 계획이 있는지와 같은 청사진을 들어야 합니다. 손품으로 잡아내지 못했던 부분들을 많이 포착하게 될 것입니다.

경험상 아마도 당신은 실거주자와 투자자 두 가지 역할을 모두 하게 될 것입니다. 상황에 따라서 자기를 어떻게 소개할지 미리 준비해놓는 것도 좋습니다.

Q. 내 집 마련부터 하는 게 좋을까요? 투자부터 하는 게 좋을까요?

저는 이렇게 조언합니다. 사회 초년생은 내 집 마련을 일찍 하는 것보다 투자를 먼저 하는 게 좋고, 자녀가 학교 들어갈 나이가 됐고 어느 정도 정착을 해야 하는 분들은 내 집 마련부터 고민하는 게 좋다고요. 부동산은 돈을 만드는 게 아니라 굴리는 개념입니다. 소액이라도 한 바퀴, 두 바퀴 돌리다 보면 어느새 커집니다. 그러니 한 살이라도 젊을 때 많은 돈을 깔고 앉아 대출이자를 갚아나가기보다는 투자를 하는 게 좋다고 생각합니다. 정녕 큰 수익을 보지 못한다 하더라도 그 과정에서 얻은 경험과 노하우가 앞으로 큰 자산이 될 것이기 때문입니다.

Q. 경매부터 배워야 하나요?

저도 부동산 공부를 시작하고 얼마 되지 않아 평생교육원에 경매 교육을 받으러 갔었습니다. 운영진을 꾸리고 저도 운영진 중에 한 명이 되어 주기적인 만남을 가졌는데요. 그때 확실히 깨달은 사실이 하나 있습니다. 경매 교육을 받으러 온 대부분 사람이 물건을 싸게 낙찰받으려고만 하지 언제 어디를 사야 하는지에 대해서는 관심이 없더라는 것입니다. 지역 선정과 타이밍의 중요성 자체를 모르고 있었습니다. 저는 당시 여러 도시를 돌아보고 투자를 하던 시점이었지요. 결론적으로 당시 경매 투자를 한 사람들은 오랜 시간을 돌고 돌아 제자리로 왔습니다. 싸게 산다는 게 쉬운 일이 아닐뿐더러 싸게 사더라도 시세가 내리면 아무 소용이 없다는 걸 아는 데 몇 년이 걸린 셈입니다. 경매를 알아두면 큰 힘이 됩니다. 다만 숲을 보지 못하고 나무만 보는 우를 범하지 않았으면 합니다.

Q. 수익형이 좋을까요? 시세차익형이 좋을까요?

정답은 없습니다. 수익형에 투자해도 시세가 떨어질 수 있고, 시세차익형에 투자해도 마찬가지입니다. 한 가지 차이가 있다면 수익형은 매달 들어오는 수익이 있어 시세가 떨어지더라도 리스크를 줄일 수 있다는 것입니다. 대신, 최악의 상황에 대비할 수 있다는 장점이 있는 반면 시세가 상승할 때는 그만큼 수익률은 떨어집니다.

그러므로 자신이 부동산의 흐름을 얼마나 잘 살필 수 있는지에 따라 선택이 달라져야 합니다. 또한 자산을 늘려나가야 하는 시점인지, 지켜야 하는 시점인지에 따라서도 선택이 달라질 것입니다. 워런 버핏이 주식 투자를 하지 않고 부동산으로 월세형 투자만 한다고 생각해보세요. 재능이 아까울 것입니다. 반대로 능력이 없는데 무작정 공격적으로 나가는 것도 문제가 있습니다. 잘 모르겠다 싶을 때는 안전하게 가는 게 좋습니다. 그래서 처음 한두 번은 월세로 투자하는 걸 적극적으로 권합니다. 지역 선정, 계약, 인테리어 수리, 세입자 관리와 같이 한 사이클을 직접 경험해보면 공부만 할 때보다 빠르게 감을 잡을 수 있기 때문입니다.

Q. 전업투자자가 되고 싶은데 어떤가요?

누군가가 멀쩡하게 다니던 직장을 그만두고 전업투자자가 된다고 하면 저는 말리는 편입니다. 투자는 기본이고 자신의 무기가 하나는 더 있어야 한다고 생각하기 때문입니다. 부동산 투자는 일을 만들거나 돈을 만드는 것이 아니라 돈을 굴리는 일입니다. 자본이 많을수록 더 많은 수익을 낼 수 있고 해볼 수 있는 종목도 다양해집니다. 자본이 없을 때는 공부하다가 시간을 다 보내게 됩니다.

이런 고민을 하는 분들은 하나같이 이렇게 생각합니다. '지금 다니는 직장을 그만두고 전업으로 하면 투자를 이전보다 훨씬 더 잘할 수 있지 않을까? 시간도 많고 가고 싶은 곳을 다 가볼 수 있으니까'라고요. 하지만 곰곰이 생각해보세요. 정말로 시간이 없어서 발품을 팔지 못했고, 정말로 시간이 없어서 남들과 다르게 접근하지 못했는지 말이에요.

다니고 있는 직장이 마음에 안 든다 하더라도 투자를 병행하며 실적을 내야 합니다. 실적이 조금씩 나는데 그 크기가 작다면 그것은 시간 부족의 문제가 아닙니다. 묻어둔 돈을 몇 바퀴 굴리려면 그 기간을 버틸 수 있어야 합니다.

부록 2

부동산 빅데이터 활용 사례

(알리알리를 이용하라)

부동산 관련 데이터는 셀 수 없을 정도로 다양한 종류가 있다. 한 종류의 데이터를 수집하고 업데이트하는 일만 해도 보통 일이 아니다. 그러니 여러 종류의 데이터를 관리하고 업데이트하려면 개인의 노력만으로는 어려운 게 사실이다. 이러한 한계를 극복하기 위해 만든 것이 알리알리다.

스타트업 관련 책을 읽어보면 좋은 아이디어는 나의 불편함을 해소하는 데서 출발한다는 이야기가 나온다. 자신에게 꼭 필요한 것을 만들면 다른 사람들도 기꺼이 그것을 쓰려고 한다는 것이다. 알리알리에는 내가 투자를 해오는 동안 부동산 투자법에 대한 문제의식을 느끼고 답을 찾기 위해 고군분투한 과정과 답이 고스란히 녹아 있다. 가설과 생각으로만 존재하던 것을 데이터로 검증해주는 툴이다.

오늘도 부동산 책을 펼쳐놓고 이론으로만 고민하고 있지는 않은가? 알리알리를 활용해 전국의 흐름을 살피고 좋은 투자 지역을 발굴한 사례를 소개한다. 부동산 빅데이터를 활용해 제대로 된 투자를 하는 계기가 되었으면 한다.

빅데이터 분석을 통한 부동산 투자의 이점

시대가 변했다. 개개인이 손품, 발품 팔아가며 정성적으로 분석하던 시절은 지나가고 지금은 기초 작업은 모두 되어 있는 상태에서 자신이 궁금한 것 위주로 쉽게 찾아볼 수 있는 환경이 됐다. 나는 당신이 빅데이터 전문가가 되길 바라는 것이 아니다. 컴퓨터를 많이 사용한다 해서 운영체제를 만들어야 하는 것도 아니고 엑셀을 많이 쓴다 해서 엑셀 소프트웨어를 만들어야 하는 것도 아니잖은가. 툴을 잘 활용하여 자신이 원하는 것을 찾을 수만 있어도 그 가치는 충분하다고 본다.

알리알리 사이트에는 투자자가 필요로 하는 핵심 정보가 담겨 있다. 다른 투자자들 손에는 대포가 있는데 나는 소총을 들고 전쟁터에 나가야 한다면 너무 억울하지 않은가?

본격적으로 빅데이터 알리알리를 활용한 투자법을 소개하기에 앞서 꼭 알아야 할 사항이 있다. 부동산에 대한 최소한의 지식은 필수라는 점이다. 많은 지식이 요구되진 않지만 부동산 지식이 많을수록 활용도와 가치가 높아지는 것은 사실이다. 그러니 앞에서 이야기한 내용을 내 것으로 만드는 데 소홀해선 안 된다.

또 한 가지, 알리알리는 도깨비 방망이가 아니라는 점이다. 모든 걸 알려주는 도깨비 방망이가 아니다. 정답이 '짠!' 하고 나오는 게 아니라. 당신의 손품 시간을 획기적으로 줄여준다는 데 의미가 있다. 손품으로는 도저히 하기 힘든 일들을 쉽게 처리해주기도 한다. 알고리즘 기반으로 사람이 주관적으로 판단해야 할 것을 객관적으로 인지할 수 있도록 정보를 가공해 제공하기도 한다. 툴이 있으면 시간을 획기적으로 줄일 수 있다. 줄인 시간으로 더 값진 일을 하길 바란다. 현장을 더 자주 찾아가고 생각을 더 많이 하길 바란다.

좋은 질문에서 좋은 답이 나온다

예전에는 질문을 던지더라도 검증할 수가 없었다. 예를 들어 '최근 1개월 동안 서울 동작구에서 가장 많이 오른 아파트가 어디일까?'라는 질문을 할 필요가 없었다. 해봤자 일일이 조사할 수도 없고, 알아볼 방법이 없었기 때문이다. 하지만 이제는 이 정도의 질문은 1초 만에 답이 나온다. 그러니 보다 호기심 어린 질문을 떠올릴 필요가 있다. 다음은 모두 알리알리에서 몇 초 만에 답을 찾을 수 있는 질문들이다.

– 경기도에서 평당가가 가장 낮은 아파트는 어디일까?
– 서울에서 전세 끼고 아파트를 살 경우 실투자금이 가장 적게 들어가는 아파트는 어디일까?
– 수원에서 최근 6개월 동안 전세 상승이 가장 컸던 단지는 어디일까?
– 전국에서 공급이 가장 많은 곳은 어디일까?
– 경남에서 미분양 위험이 가장 높은 곳은 어디일까?
– 인천에서 최근 3개월 동안 미분양 수가 가장 많이 감소한 구는 어디일까?
– 부동산 날씨가 흐림에서 맑음으로 바뀌어가는 곳은 어디일까?
– 최근 6개월 동안 매매가는 적게 오르고 전세가는 유독 많이 오른 지역은 어디일까?
– 최근 1년 동안 서울에 거주하는 투자자들이 가장 많이 투자한 지역은 어디일까?

– 최근 1년 동안 부산에서 가장 많이 오른 단지 100개는 어디일까?
그 아파트들의 동, 연식, 평수는 어떻게 될까?

알리알리를 써보면 그동안 얼마나 비과학적으로 투자해왔는지 뼈저리게 느낄 것이다. '왜 이런 걸 이제 알았을까?' 하는 사람도 있을 것이다. 전문가들도 인정하는 서비스이기에 당신에게도 도움이 되리라 생각한다. 알리알리를 활용하면 정량적인 데이터뿐만 아니라 입지와 같은 정성적인 부분까지도 쉽게 분석할 수 있다. 이제 본격적으로 알리알리를 활용한 투자법을 자세히 살펴보자.

전국 부동산 흐름을 읽는 법

〈도표 B-1〉은 2017년 7월부터 2018년 7월까지 최근 1년 동안 전국 부동산의 상승 정도를 나타낸 것이다.

색이 진한 곳일수록 많이 상승한 곳으로 보면 된다. 그렇게 볼 때 서울의 상승이 돋보인다. 서울의 상승은 다른 지역 전체 상승분 절반을 넘어설 만큼 크다. 서울 다음으로 세종, 광주, 대구, 경기 순이다.

서울이 이렇게 상승한 이유는 간단하다. 매매수요는 넘치고 공급은 부족하기 때문이다. 다른 곳의 상승도 비슷하다. 수요는 시기에 따라, 정책에 따라 다르지만 공급은 예측 가능하다. 앞으로 전국에서 공급이 부족해질 지역과 넘칠 지역이 어디인지 살펴보자.

2017-07~2018-07

자료: 알리알리

　〈도표 B-2〉는 서울부터 세종까지 전국을 요약한 표다. '날씨' 항목은 현재 날씨를 의미한다. 수도권 지역이 '흐림'으로 나오고 있는데 강력한 부동산 억제 정책으로 상승을 잠시 쉬어가는 모습이다. 물론 구 단위로 보면 상승하고 있는 지역이 절반은 되지만 평균적으로 그렇다는 것이다. 지방은 대체로 흐리거나 비가 오고 있다. 조정을 받고 있거나 하락하고 있는 것이다. 현재 날씨가 좋은 곳은 대구, 광주, 전남 지역이다. 그렇다면 앞으로도 상승할 수 있는 지역은 어디일까?

　알리알리에서는 '신호등'이라는 항목으로 이를 보여준다. '매수, 보유, 매도'로 구분하고 있는데 '매수'는 앞으로 상승 여력이 충분한 곳이다. '보유'는 팔거나 사기에 고민이 필요하며 성급하게 판단해선 안 되는 지역이다. '매도'는 지금이라도 매도를 하는 편이 나은 곳이다. 매수 시기뿐 아니라 매도 시기까지 안내해주는 것이다.

　전국에서 매수해도 좋을 지역은 서울, 인천, 대전, 울산, 전남 지역이

기준일: 2018년 7월 20일

	지역명	날씨	공급지수%	공급상태	미분양지수%	미분양상태	상승률%	신호등
1	서울	흐림	85%	부족	1%	매우양호	31%	매수
2	경기	흐림	216%	과잉	73%	양호	17%	보유
3	인천	흐림	119%	적정	43%	매우양호	19%	매수
4	부산	비	136%	과잉	67%	양호	60%	보유
5	대전	흐림	66%	부족	61%	양호	35%	매수
6	대구	일부구름	101%	적정	8%	매우양호	81%	보유
7	광주	일부구름	133%	과잉	24%	매우양호	73%	보유
8	울산	비	149%	과잉	91%	양호	49%	매수
9	강원	흐림	208%	과잉	342%	매우위험	48%	매도
10	충남	흐림	71%	부족	468%	매우위험	39%	매도
11	충북	비	209%	과잉	306%	매우위험	54%	매도
12	경남	급정체	181%	과잉	476%	매우위험	40%	매도
13	경북	비	115%	적정	297%	매우위험	50%	매도
14	전남	일부구름	96%	부족	73%	양호	26%	매수
15	전북	흐림	109%	적정	109%	위험	27%	보유
16	제주	흐림	43%	부족	220%	매우위험	66%	매도
17	세종	번개	705%	과잉	0%	매우양호	9%	보유

자료: 알리알리

다. 울산은 조선 경기 문제로 고심해야 할 부분이 남아 있다. 그렇지만 그 영향이 미치지 않는 지역은 확실히 공급이 부족하고, 미분양이 적고 상승할 여지가 남아 있다.

매수 · 매도를 신중하게 판단해야 할 지역은 경기, 부산, 대구, 광주, 전북, 세종 지역이다. 모두 공급이 다소 많은 게 부담이다. 경기는 워낙 크기 때문에 시도별로 구분해서 봐야 할 듯하다. 세종은 신도시로 만들어지는 곳이기 때문에 공급이 많을 수밖에 없다. 이런 지역은 공급보다 미분양을 봐야 하는데 현재 미분양이 제로다. 인기를 실감할 수 있는 부분이다. 광주는 부산보다 기대되는 곳이다. 공급은 비슷하지만 미분양이 적기 때문이다. 대구는 조금 특이한 지역이다. 공급도 부족하고 미분양도 적다. 하지만 대구는 그간 급하게 많이 올랐다는 점을 염두에 둬야한다. 급하게 오르면 상승의 피로감으로 쉬어가는 시기가 도래한다.

마지막으로 앞으로 지속적인 하락이 예상되는 곳은 강원, 충남, 충북, 경남, 경북, 제주다. 강원은 앞으로 예정되어 있는 공급도 많지만 현재 미분양이 너무 많은 상태다. 강원에서도 원주가 대표적이다. 충남은 앞으로 예정된 공급은 많지 않지만 이미 발생한 미분양이 너무 많다. 천안, 서산, 계룡이 특히 그러하다. 충북은 공급도 많고 미분양도 많다. 청주, 충주, 제천 모두 그렇다. 경남, 경북, 제주 모두 마찬가지다. 특히 경남, 경북은 지금도 공급으로 심각한 침체를 겪고 있다.

도, 군 단위가 아닌 시도로 살펴보면 보다 세밀한 분석이 가능하다. 대표적으로 경기도를 살펴보면 다음과 같다(〈도표 B-3〉).

현시점에 경기도에서 집을 매수하면 안 될 지역은 김포, 남양주, 안성, 양주, 평택 지역이다. 여전히 공급과 미분양이 많아 당장은 시세 상승을 기대하기 어려운 곳이다. 반대로 매수해도 좋을 지역은 과천, 광명, 구리, 군포, 동두천, 부천, 성남, 수원, 안양, 이천에 이르기까지 매수로 표현된 곳이다. 이 중 입지가 좋은 지역이면서 주변 지역의 공급이 적고, 미분양도 적으며, 시세 상승도 적게 한 곳이라면 금상첨화일 것이다. 호재까지 있으면 말할 것도 없다. 경기도에서는 입지를 놓고 볼 때 수원이 가장 적게 올랐음을 확인할 수 있다. 주변 화성의 공급 영향일 것이다. 그 외 고양부터 화성은 보유 지역이다. 공급이 많거나, 미분양

기준일: 2018년 7월 20일

	지역명	날씨	공급지수%	공급상태	미분양지수%	미분양상태	상승률%	신호등 ▲	설명
1	김포시	흐림	306%	과잉	397%	매우위험	22%	매도	
2	남양주시	비	292%	과잉	235%	매우위험	14%	매도	8.2대책 조정대〈
3	안성시	흐림	344%	과잉	756%	매우위험	29%	매도	
4	양주시	흐림	471%	과잉	252%	매우위험	7%	매도	
5	평택시	급정체	464%	과잉	249%	매우위험	26%	매도	
6	과천시	일부구름	89%	부족	0%	매우양호	29%	매수	8.2대책 투기과〈
7	광명시	맑음	75%	부족	0%	매우양호	35%	매수	8.2대책 조정대〈
8	구리시	매우맑음	93%	부족	43%	매우양호	22%	매수	
9	군포시	흐림	68%	부족	0%	매우양호	20%	매수	
10	동두천시	흐림	0%	부족	0%	매우양호	6%	매수	
11	부천시	일부구름	40%	부족	13%	매우양호	18%	매수	
12	성남시	맑음	62%	부족	0%	매우양호	34%	매수	8.2대책 조정대〈
13	수원시	일부구름	75%	부족	1%	매우양호	14%	매수	
14	안양시	맑음	31%	부족	8%	매우양호	28%	매수	
15	이천시	흐림	79%	부족	79%	양호	29%	매수	
16	고양시	비	159%	과잉	45%	매우양호	18%	보유	8.2대책 조정대〈
17	광주시	흐림	152%	과잉	61%	양호	10%	보유	
18	시흥시	흐림	733%	과잉	10%	매우양호	14%	보유	
19	안산시	비	216%	과잉	18%	매우양호	14%	보유	
20	오산시	비	353%	과잉	0%	매우양호	19%	보유	
21	용인시	맑음	211%	과잉	83%	양호	15%	보유	
22	의왕시	일부구름	477%	과잉	0%	매우양호	23%	보유	
23	의정부시	흐림	276%	과잉	11%	매우양호	14%	보유	
24	파주시	흐림	232%	과잉	4%	매우양호	13%	보유	
25	하남시	일부구름	848%	과잉	12%	매우양호	17%	보유	8.2대책 조정대〈
26	화성시	흐림	627%	과잉	135%	위험	10%	보유	

자료: 알리알리

이 많거나, 그것도 아니면 이미 상승을 많이 한 경우라 볼 수 있다.

전세가 상승이 뒷받침되는 곳은 어디일까?

〈도표 B-4〉는 최근 1년 동안 매매가와 전세가의 상승 정도를 나타낸 것이다. 서울이 독보적임을 알 수 있다. 매매가 상승도 1등이지만 전세가 상승도 1등이다. 다음으로 눈여겨봐야 할 지역은 전세가 상승은 높지만 아직은 매매가 상승이 높지 않은 지역들이다. 광주, 대전, 전남, 대구 지역이 대표적이다. 이들 지역은 전세가 상승이 뒷받침되면서 안정적인 매매가 상승이 예상된다.

실거주자와 투자자는 어느 지역에서 임차가 아닌 매수 카드를 꺼내

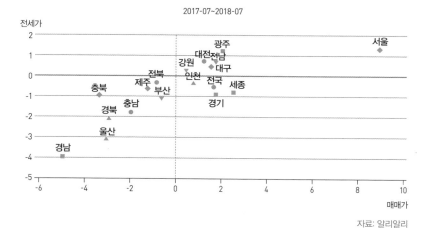

〈도표 B-4〉전국 부동산 전세가와 매매가 상승 정도

들었을까? 거래량으로 확인해보자. 다운계약 등의 편법을 사용해 금액을 속일 수는 있지만 거래 건수는 속일 수 없다.

〈도표 B-5〉는 최근 1년 동안의 거래량과 매매가 상승 정도를 나타냈다. 서울은 유독 거래도 많고 가격의 상승도 컸다. 세종은 어떤가? 이곳은 작년 한 해 유독 공급이 많았다. 다음으로 거래량이 100퍼센트를 넘긴 곳은 경기, 전남, 대구, 인천이고 뒤이어 광주와 대전이 보인다. 거래는 많은데 가격이 적게 오른 곳에 관심을 가져야 한다.

나아가 거래 주체를 세분화해보자. 실거주자와 서울 투자자 그리고 지방 투자자로 나눠 살펴보자.

〈도표 B-6〉은 실거주자의 거래량 데이터다. 평상시 거래량 대비 100퍼센트를 넘긴 지역만 추린 것이다. 먼저 전국 수치를 보면, 125퍼센트로 거래가 평상시보다 꽤 많았음을 알 수 있다. 서울은 전국 평균의

〈도표 B-5〉 전국 부동산 거래가 매매가 상승 정도

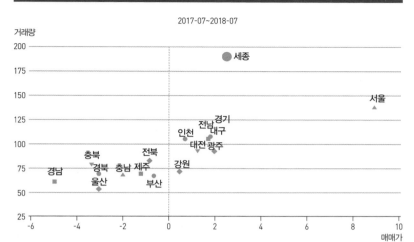

2017-07~2018-07

자료: 알리알리

〈도표 B-6〉 최근 1년간 실거주자 거래량 증감

	지역명	거래량증감
1	서울	205.3
2	세종	158.5
3	대구	158
4	경기	142.1
5	인천	134.9
6	광주	127.7
7	전국	125.1
8	대전	122.7
9	전남	120.7
10	부산	101.3

자료: 알리알리

2배 가까이 된다. 서울은 새 아파트 입주도 있었지만 그것보다는 구축 아파트의 거래가 많았다.

세종은 기존에 분양한 아파트의 입주 시기가 됨에 따라 거래량이 늘었다. 대구와 경기, 인천, 광주 지역은 실거주를 위한 내 집 마련을 많이한 것이다. 대전과 전남도 거래가 활발했는데, 실거주자의 비중이 투자자보다 압도적으로 많다. 투자자의 비중이 10퍼센트 정도라면 실거주는 90퍼센트 이상이다. 실거주자가 움직일 때 큰 폭의 시세 상승이 동반된다. 서울의 상승폭이 큰 이유 역시 실거주자가 움직였기 때문이다.

서울 투자자들은 전국 어디에 투자했을까?

세종의 거래량이 가장 많았다(〈도표 B-7〉). 세종 아파트의 분양을 서울 사람들이 많이 받았다는 뜻이다. 앞서 실거주자의 거래량에서도 세종은 2등이었다. 이어서 살펴보겠지만 지방 투자자가 가장 많이 투자한곳도 세종이다. 즉, 세종은 전국 투자자들이 가장 많은 관심을 가지고

〈도표 B-7〉 최근 1년간 서울 투자자의 거래량 증감

	지역명	거래량증감
1	세종	523.2
2	전남	303.3
3	경기	127.7
4	전국	114.2
5	대전	107.5
6	인천	105.1
7	충북	100.6

자료: 알리알리

투자한 지역이다. 두 번째로 전남의 거래량이 상당히 많았다는 것을 알 수 있다. 3등은 경기도다. 대전과 인천, 충북은 전국 평균보다 거래량 증가폭이 작았다.

전국 투자자들은 어디에 투자했을까?

서울 투자자와 마찬가지로 세종의 거래량이 가장 많았다(〈도표 B-8〉). 다음으로 서울에 투자를 많이 했음을 알 수 있다. 1등과 2등의 거래량이 압도적이고 3등부터는 차이가 많이 난다. 경기도, 대전, 인천, 전북은 국지적으로 거래가 있었음을 알 수 있다. 전국 투자자는 가장 확실한 지역에 투자하는 경향을 보이고 있다.

부동산 투자가 2018년 4월 1일 이전과 이후로 나뉠 만큼 이번 부동산 정책은 강력하다. 양도세 중과가 적용되고 보다 강화된 대출규제가 적용됨에 따라 투자자들의 지역 선정이 수도권에서 비수도권으로 옮겨가는 모습이 포착되고 있다. 2018년 4월부터 최근 3개월 동안의 거래량을 통해 앞으로 유망 지역을 찾아보자.

〈도표 B-8〉 최근 1년간 전국 투자자의 거래량 증감

	지역명	거래량증감
1	세종	168.6
2	서울	160.6
3	경기	112.6
4	대전	108.8
5	인천	103.6
6	전북	101.3

자료: 알리알리

실거주			서울			서울을 제외한 전국 투자자	
	지역명	거래량증감		지역명	거래량증감		지역명	거래량증감
1	세종	164.1	1	세종	170.1	1	세종	140.8
2	대구	154.2	2	제주	135.9	2	충북	101.2
3	광주	133.5	3	대전	121.9			
4	서울	132.6	4	전북	104			
5	전남	126	5	경기	103.4			
6	경기	125.2						
7	인천	120.7						
8	전국	109.3						
9	대전	108.5						

자료: 알리알리

실거주자의 최근 3개월 전국 거래량은 109.3퍼센트(〈도표 B-9〉)로 최근 1년간 전국 거래량 125퍼센트(〈도표 B-6〉) 대비 상당히 준 것을 알 수 있다. 서울과 전국 투자자의 거래량도 마찬가지다. 실거주자는 세종, 대구, 광주, 서울, 전남, 경기, 인천 순으로 거래가 많다. 부동산 대책이 나왔음에도 수도권의 거래는 꾸준한 편이다. 거주할 집은 꼭 필요하기 때문이다. 공급이 적은 대구, 광주, 전남 지역의 경우에도 여전히 거래가 활발하다.

서울 투자자들은 세종 다음으로 제주, 대전을 선택하고 있다. 그 이유를 생각해보면 서울의 큰 상승을 고려하면 제주가 저렴하다고 판단하는 듯하고, 대전은 공급도 부족하지만 세종의 공급으로 그동안 상승을 하지 못해 다른 광역시 대비 저렴하다고 판단하는 듯하다.

서울을 제외한 전국 투자자의 거래는 급감했다. 세종을 제외하고는 딱히 거래하는 곳이 없다. 움직이지 않고 기회를 엿보고 있다는 표현이

구분	1	2	3	4	5	6	7	8
최근 1년간 매매가 상승 순위	서울	세종	광주	대구	경기	전남		
부동산 날씨 매수 유망 지역	서울	인천	대전	전남	울산			
미분양이 적으면서 앞으로 공급이 적은 곳	서울	인천	대전	대구	전남	전북		
매매가 상승 대비 전세가 상승이 높은 곳	광주	대전	전남	대구	강원	인천	경기	세종
최근 3개월간 거래량 순위(실거주)	세종	대구	광주	서울	전남	경기	인천	
최근 3개월간 거래량 순위(서울)	세종	제주	대전					
최근 3개월간 거래량 순위(전국)	세종							

〈도표 B-10〉 거래량 비교를 통해 투자 유망 지역 찾기

정확할 것이다. 서울 투자자는 그나마 수도권의 부동산 경기가 살아 있어 원정 투자에도 관심을 가지고 있지만 지방 투자자들은 지방의 부동산 경기가 워낙 안 좋기 때문에 원정 투자를 주저하는 심리가 깔려 있을 것이다.

지금까지 살펴본 내용을 표로 정리하면 〈도표 B-10〉과 같다.

각각의 조건을 만족하는 지역을 기입해보면 몇 개의 도시를 제외하고는 대부분 겹친다. 수도권에서는 서울과 인천 그리고 경기 모든 지역이, 충청권에서는 세종과 대전 지역이, 전남권에서는 광주와 전남 지역이 2018년에도 상승을 이어갈 것으로 보인다.

부동산 관련 자료는 네이버, 다음, KB부동산, 한국감정원, 국토교통부 등 마음만 먹으면 원하는 만큼 충분히 확보할 수 있다. 하지만 너무 산발적으로 퍼져 있고, 수많은 자료를 모아 의미 있는 정보로 도출하기까지는 다소 어려운 측면이 있다. 이런 점 때문에 부동산 투자를 관계자나 전문가의 영역으로 보고 진입을 망설이는 사람도 많다. 하지만 알리알리에서는 각종 자료를 모아 해석하고 의미 있고, 쉽게 이해할 수 있는 정보로 제공한다. 그런 점에서 알리알리는 손품을 팔 때 시간과 노력을 최소화해주는 유용한 도구가 되어줄 것이다. 나아가 부동산 투자를 고려할 때 어떤 알고리즘과 기준을 세워야 하는지 가늠해볼 수도 있다.

10년 동안 적금밖에 모르던 39세 김 과장은
어떻게 1년 만에 부동산 천재가 됐을까?